乡村振兴战略背景下城乡融合发展中的闲置土地政策研究

Research on Idle Land Policy in Urban-rural Integration Development under the Background of Rural Revitalization Strategy

王宏新　等◎著

中国经济出版社
CHINA ECONOMIC PUBLISHING HOUSE
北 京

图书在版编目（CIP）数据

乡村振兴战略背景下城乡融合发展中的闲置土地政策研究 / 王宏新等著. -- 北京：中国经济出版社，2025.3. -- ISBN 978-7-5136-8027-1

Ⅰ. F321.1

中国国家版本馆 CIP 数据核字第 2025S8V962 号

责任编辑　赵静宜
责任印制　马小宾
封面设计　久品轩

出版发行　中国经济出版社
印 刷 者　河北宝昌佳彩印刷有限公司
经 销 者　各地新华书店
开　　本　710mm×1000mm　1/16
印　　张　19.5
字　　数　270 千字
版　　次　2025 年 3 月第 1 版
印　　次　2025 年 3 月第 1 次
定　　价　98.00 元
广告经营许可证　京西工商广字第 8179 号

中国经济出版社 **网址** http://epc.sinopec.com/epc/ **社址** 北京市东城区安定门外大街 58 号 **邮编** 100011
本版图书如存在印装质量问题，请与本社销售中心联系调换（联系电话：010-57512564）

前言 Preface

我国作为“人多地少、分布不均”的国家，人口占世界总人口的22%，但人均耕地面积仅为1.4亩，约为世界人均水平的三分之一，其中稳产高产的高标准农田面积占比更是不到40%。① 与此同时，随着我国工业化和城镇化进程的不断加快，大量农村人口涌入城市寻求发展，耕地面积被大量占用以建造房屋等，再加上原有制度设计的缺陷以及保留老宅基地的传统思想（风水好、落叶归根等思想）等原因，导致农村出现大量闲置的宅基地和闲置房屋，造成了土地资源的浪费。根据农业农村部抽样调查数据，2019年全国闲置的宅基地占到全国宅基地数量的18.1%。而从2000年到2022年，我国农村常住人口减少了将近40%，宅基地闲置程度可能远超于此。② 面对如此紧迫的耕地现状和严重的土地闲置问题，如何破解土地利用结构性困境，又如何提高土地利用率？

《中共中央 国务院关于实施乡村振兴战略的意见》提出要激活主体、要素和市场，以完善产权制度和要素市场化配置为重点，深化农村土地制度改革，强化乡村振兴制度性供给。《乡村振兴战略规划（2018—2022年）》提出完善城乡融合发展体系，推动土地要素与人才、资本等要素双

---

① 黄守宏．2022年农业农村工作抓三件大事［EB/OL］．新华社新媒体．https://mp. weixin. qq. com/s/YJAMzrXjB－Iyow5oPDTOaA.

② 陆铭，魏东霞．对跨省劳动力流动倾向下降要防止趋势性误判［EB/OL］．21世纪经济报道．https://finance. eastmoney. com/a/202402242993779689. html.

向流动，盘活农民闲置宅基地和闲置农房在内的存量建设用地。盘活农村闲置土地，是城乡融合发展和乡村振兴的必然要求，也是新时期全面深化改革中的一项重要理论与政策创新命题。

本著作系国家社科基金重点项目“乡村振兴战略背景下城乡融合发展中的闲置土地政策研究”（编号：19AGL024）的总结性研究成果。

一、研究缘起与过程

本课题的立项，得益于课题负责人自2010年以来先后在棕地（工业废弃地）和城市闲置土地领域进行的系统研究。课题负责人曾主持完成教育部人文社科研究规划基金项目“新型城镇化背景下闲置土地生成机制与治理研究”（14YJA630057，2014—2018），旨在厘清新型城镇化背景下，中国城市和工业闲置土地的生成机制及其主要影响因素，尤其侧重于对开发商的土地开发动机与影响因素研究，提出针对市场因素的闲置土地予以治理及防控的政策建议，给本项目聚焦于乡村振兴背景下的城乡融合发展中的农村闲置土地政策研究奠定了坚实基础。

农村土地闲置，既有宏观经济与产业层面因素，也有微观（家庭、企业）决策原因。综合考虑经济社会发展水平和地域差异，本课题研究的初衷是运用经济学、管理学和社会学理论，在科学分析乡村振兴战略背景下的农村建设用地需求和闲置土地供给的基础上，建构起一套系统的人才、土地、资本等要素城乡双向流动模型。为此，拟选取中西部地区具有代表性的乡镇、村庄，以问卷、访谈、观察、实验等方法，系统全面了解农村闲置用地现状、结构特征、存在问题，总结农村闲置土地治理典型模式和经验教训，探索一般规律。

然而，过去的五年，无论是经济社会发展，还是国际国内形势，都发生了深刻变革。百年未有之大变局，已影响到方方面面，对本研究也产生了深刻影响。

首先，新冠病毒疫情的严重冲击。突如其来的疫情，打乱了全国上下的工作生活节奏。时而吃紧，时而放松的管控，彻底阻碍了研究计划的顺利进行。在有限的调研时间里，只能缩短调研目的地距离、减少调研目标数量，并充分利用好各种社会资源，以获取高质量的调研成果。“柳暗花明又一村”。也正是在更加聚焦东中西部地区选取合适的调研对象进行深入研究过程中，有了许多新发现。这一点，下面着重说明。

其次，战略与政策新形势发展很快，旧的研究思路必须摒弃。

本研究申请时，拟通过选取典型地区、典型乡村，结合产业、资本与劳动力等要素进行案例和比较研究，实证分析乡村振兴战略背景下的农村建设用地市场需求总量与结构等，对乡村振兴用地保障需求进行科学预测。提出这一研究目标，是建立在农村集体土地征收、集体经营性建设用地入市改革试点基础上的思路。运用实物期权理论、博弈论、行为经济学等相关理论，分析“三权分置”下农村集体建设用地投资开发决策，理解其行为背后驱动因素，从而推导出农村闲置用地流转与开发的最佳强度和时机，探索出供给总量与供给结构，这是推动农村集体土地市场化研究的科学路径，有着非常强的经济学和政策学意义。

然而，伴随近几年来的乡村振兴战略及与之配套的相关政策不断推出，形势已经发生根本性的变化。自城镇化、工业化以来的一贯做法，即农地征收后进行国有建设用地“变性”，这种既侵犯农民个体和集体利益，又不利于社会和谐稳定，更不利于共同富裕的分配方式已根本性地终结。随后，由于“撤乡并村”和脱贫攻坚战的完成，整村搬迁而产生的农村集体建设用地也被建设用地城乡“增减挂钩”政策大批量、整体性地消化。相比之下，随着实施乡村振兴战略，掌握在村集体手中的学校、供销社、村部办公用房等建设用地需要深入研究，而闲置农房、宅基地如何盘活和再利用，已经成为乡村振兴战略和城乡融合发展中的重点和难点问题。

因此，项目申报之初提出的重点和难点，就必须进行相应调整。第一，原申请书中提及的如农村建设用地指标审批政策问题，无论是在本课题涉及的访谈村中，还是课题负责人承担的乡村振兴评估所到村中了解到的，均不存在除宅基地以外的建设用地指标需求问题，农村集体建设用地市场模型构建也无必要。第二，随着国家对粮食安全问题的重视，耕地保护政策已是一个更加重要的独立问题，耕地闲置或者说撂荒问题已基本得到了治理，不属于闲置土地政策研究范围。第三，由于占补平衡、增减挂钩政策问题，尚未退出历史舞台，而且在乡村振兴和城乡融合发展中应予以重新审视，因此继续纳入本研究之中。第四，乡村振兴战略提出以来，农村人口持续减少，城市人才与民间资本下乡尚未形成气候，现有数据不足以支撑“要素城乡双向流动模型”的构建。

最后，“政策整合”新研究范式的出现。这一点在后文专门阐释。

“真研究问题，研究真问题”。基于上述情势变化，本课题研究进行了相应调整，进而形成本书现有结构与内容。

二、结构与内容

“土地是财富之母”。40多年来的改革开放实践证明，把土地盘活起来、让农民富裕起来，是持续推进农村土地制度改革、解放和发展农村生产力的根本目的，也是新时期加快实现农业现代化和深入实施乡村振兴战略的中心任务。农村闲置土地，是万亿级规模的“沉睡资产”。盘活农村闲置土地资源，可以实现农村土地、房屋等大量闲置固定资产再利用，使得农民“闲地”变“母鸡”；同时，也可破解乡村振兴战略巨大资金缺口难题，成为新时期地方政府推动农村高质量发展新的抓手。

全书分为六篇，共计十七章。

第一篇为概述，由两章组成。

第一章从农村闲置土地内涵与特征着手，探析农村土地闲置的原因及发展历史，为破解农村土地闲置难题、提高资源利用效率和实现乡村振兴战略目标提供研究依据。然而，从微观上讲，农村土地闲置是非常具体的。研究农村土地闲置问题，必须“解剖麻雀”。第二章以中部地区山西省大同市云州区聚乐乡西关村为例，就乡村振兴中集聚提升类乡村的闲置土地状况进行案例分析。西关村不是一个孤立的案例，该村闲置土地类型多样、成因复杂，研究团队对这个村进行了近20次调研、考察，其成果也为全书布局和篇章结构提供了整体思路。

第二、三篇旨在研究农村集体所有且经营的土地闲置问题。

第二篇以教育用地为例，着重分析农村公共管理与公共服务用地闲置问题。闲置教育用地兼具教育和建设用地双重属性，在农村公共管理与公共服务事业闲置土地中数量最大、分布最广、所有权属性最为复杂。本篇以闲置教育用地为例，旨在深入剖析农村公共管理与公共服务用地闲置治理之道：第三章对中国农村闲置地——教育用地规模进行测算；第四章对闲置教育用地治理政策进行梳理，总结闲置教育用地治理政策成效与困境；第五章通过大同市云州区案例，探索教育用地再利用方式。

第三篇旨在对除宅基地以外的农村集体建设用地政策进行探讨。农地被城市政府征收后“变性”为国有土地的大势已去，农村建设用地进行“增减挂钩”而复垦复绿的制度仍在运行，其结果是保障了城市建设需要，但反过来又进一步加剧了城乡二元结构。不仅如此，大量农村集体建设用地指标的政府性流转，也极大地消耗了农村的未来建设用地指标，必然影响到乡村振兴战略的用地保障。第六章对现行城乡“增减挂钩”制度进行了重新审视和评估。第七章参考城市土地储备制度，对农村集体建设用地储备制度进行了探讨，旨在为农村土地政策创新找到方向。第八章以广东大湾区村级工业园“增减挂钩”政策为例，进行案例研究，以对广大中部地区产业发展与乡村振兴提供借鉴。同时，乡村振兴是个系统工程，不能一蹴而就，农村建设用地也不能一卖了之，而要适度“留白”，这是目前农村土地制度的一个空白。

集体所有、农户使用的宅基地闲置是我国农村工作长久以来的难题，也是乡村振兴战略中的重点和难点。本书第四、五、六篇为全书重点，旨在从城乡融合和乡村振兴角度来系统深入分析农村宅基地治理问题。

第四篇是闲置宅基地治理的文献研究与政策分析，由三章组成。第九章对闲置宅基地进行文献研究；第十章对闲置宅基地治理政策进行了梳理；第十一章以湖北省S市三个村庄不同治理阶段为切入点，探讨各地闲置宅基地再利用的不同模式，旨在为全国不同类型地区闲置宅基地治理寻求解决途径。

第五篇为城乡融合与宅基地流转。随着城乡融合发展进程的加快和愈演愈烈的“城市病”，城市居民下乡居住生活、投资兴业的呼声越来越高。农村宅基地“三权分置”政策的提出，为打通城乡宅基地流转提供了机遇。为促进人才、资本由城市流向农村，助力城乡融合、实现乡村振兴，第十二章结合相关理论，提出农村宅基地使用权流转必将从“内部封闭”走向“对外开放”，城市居民参与农村宅基地流转未来可期。第十三章选择西部新疆阿克苏地区温宿县为例，通过问卷调查研究了市民参与农村宅基地流转的意愿及影响因素，论证了闲置宅基地城乡流转政策的意义与可行性。在确保农民利益不受损、生态环境不受破坏、基本农田不受侵占的前提下，应该适度放活农村宅基地流转范围，优化完善教育、医疗等农村公共服务水平，规范宅基地流转管理和流转流程，进一步提升农村宅基地对市民的吸引力，促进城市居民利用掌握的资本投身乡村振兴建设，推动城乡融合向纵深发展。

第六篇为基于乡村振兴战略的宅基地盘活利用政策整合研究，也是本研究最重要的创新部分，由四章组成。首先，第十四章介绍了政策整合的概念、理论与框架；接着，第十五章对中央农村闲置宅基地盘活利用政策文本进行整合梳理，分析了乡村振兴背景下农村闲置宅基地盘活利用政策的基础特征，对政策整合目标、行动者目标与政策工具进行深入探究。在此基础上，第十六章将政策整合目标、行动主体和政策工具相结合进行综合分析，分别将宅基地盘活利用政策与城乡融合发展、农村产业发展、返乡创新创业和耕地保护四类政策目标进行整合探讨。第十七章以大同市云州区易地扶贫整体搬迁为例，探讨了乡村振兴中闲置土地治理的多维政策目标。

三、创新探索

在开展研究之初，本课题提出的可能创新之处为：运用政策工具理论和政策文本计量方法，对闲置土地治理政策工具进行分类，能为城乡融合发展的闲置土地治理政策体系优化提供理论支撑。这一点已相应地体现在本书第四篇和第六篇。值得一提的是关于政策整合，国外学者进行了多年的理论建构，已被证明适用于环境保护、经济发展、技术创新等存在跨部门政策领域。然而，国内仅有少量学者研究使用政策整合概念，结合乡村振兴和闲置土地政策的研究尚属空白。本研究过程中引入政策整合，并以《基于系统耦合视角的乡村振兴政策整合研究》《乡村振兴背景下农村闲置宅基地盘活利用政策研究——基于政策整合视角》为题，指导博士、硕士学位论文研究。因此，将政策整合引入，是本研究最重要的创新探索。

本研究第二个创新探索之处，在于研究方法上的文献研究、文本分析和个案研究相结合。这一创新要归功于研究团队近20次出入大同市西关村的田野调查。正是在这个“解剖麻雀”的过程中，形成了农村公共管理和公共服务用地、建设用地以及宅基地三大农村闲置用地类型，并得出以闲置宅基地为重点和难点的论断。基于此，本书确定了六篇十七章的框架结构，并在每一篇中辅以恰当的个案分析，形成了文献研究、文本分析和个案研究的有机结合。本书选取的案例对象，跨越东、中、西部地区，涵盖城区、产业园区、社区和乡村；在乡村研究中，既包括了集聚提升类村庄，也包括了搬迁撤并类村庄，完全满足城乡融合和乡村振兴研究需要。课题研究过程中，还有一些案例研究没有吸收进来，将在今后研究成果中予以体现。

本研究第三个创新探索之处，体现在一些具体问题研究上的突破。比如，首次对我国农村闲置教育用地作了规模测算；首次提出对农村建设用地进行储备。再如，明确提出城乡“增减挂钩”政策与城乡整合发展、乡村振兴战略不相适应，应考虑政策退出；从政策整合视角，提出了农村闲置宅基地盘活利用的政策工具创新；等等。

回顾立项之初，本课题追求的研究价值是“通过引入一种动态、协同的政策工具视角，为保障乡村振兴用地需求提供一个新的城乡融合发展理论框架，推动闲置土地政策理论创新；在此基础上，将理论转化为促进决策部门在乡村闲置土地储备、流转与开发实践的政策体系创新，实现农村存量建设用地盘活目标，为乡村振兴注入新动能”。本研究通过将农村闲置土地与乡村振兴进行政策整合，实现了理论上的创新，文献计量研究、文本分析和个案研究等方法相结合，并提出诸多切实可行且富有创新性的研究结论和政策观点，完全达到了预期研究目标。

需要指出的是，由于研究时长、疫情影响及团队分工等因素，书中各章内容保持相对独立，文中体现的研究时间（尤其是文献研究中）也不尽一致；部分研究成果已在前期发表，在收录进本书时又进行过修润。但是，某些时间尺度或行文表述上的不一致，并不影响对内容的理解，对研究结论也没有影响。

四、研究展望

一是加强系统性研究，尤其是推进生态文明政策融合研究。

在课题研究的四年里，课题负责人推出了《土地政策学》第3版（北京师范大学出版社，2023年8月）。这部教科书于2009年初版、2017年第2版，它将广义的土地资源（包括水、湿地、矿产等资源）作为研究对象，兼容了我国从土地管理局到国土资源部，再到自然资源部的国家机构改革历程。第3版修订，是对土地政策学又有了新的理解，即“土地政策学是以国家治理体系和治理能力现代化为导向，为实现山水林田湖草整体保护、系统修复、综合治理的一门新兴的跨学科、综合型、应用性学科。它是以经济学、管理学、地理学、环境学以及生态学等相关学科理论为基础，综合运用各种知识和方法来研究经济—社会—生态系统和自然资源政策过程，以探求自然资源政策本质，从而科学地制定自然资源政策，实现自然资源可持续利用与生态环境保护的整体目标”。之所以在此引用，是想强调：农村土地闲置治理政策是系统性的，不应囿于经济、管理和政治层面，还应将生态文明、气候变化、可持续发展等层面纳入进来。

事实上，本课题研究团队也是这样做的。我们投入大量的精力，并以阶段性成果发表在《中国人口资源环境》《自然资源学报》等刊物上，还有相关研究成果发表在*Science*或国内报刊，这些研究成果尚未纳入本书。随着研究累积和深入，越发感到农村土地闲置问题研究，需要结合美丽乡村建设行动计划。中共中央、国务院先后印发《农村人居环境整治提升五年行动方案（2021—2025年）》《乡村建设行动实施方案》《关于学习运用“千村示范、万村整治”工程经验有力有效推进乡村全面振兴的意见》等文件，明确了美丽乡村建设有关战略要求和主攻方向。生态环境部等部门印发了《农业农村污染治理攻坚战行动方案（2021—2025年）》，农业农村部等部门印发《“十四五”全国农业绿色发展规划》《关于开展美丽宜居村庄创建示范工作的通知》等文件，这些都为未来研究提供了新的任务和方向。

二是着眼于乡村振兴的农村土地政策体系重构和整合而继续延伸研究。

本课题还提出了“促进城乡融合发展和乡村振兴的农村土地政策体系重构”的研究目标。这一点的确很重要，因为土地问题与全面深化改革中的经济体制改革、政治体制改革、社会体制改革和生态文明体制改革均有密切关系，如经济体制改革要求“建立城乡统一的建设用地市场”，健全城乡发展一体化体制机制要求“赋予农民更多财产权利”，加快生态文明制度建设要求“健全能源、水、土地节约集约使用制度”（参见王宏新等著《全面深化改革中的土地政策创新研究（修订版）》，中国经济出版社，2021 年版）。可以说，土地问题直接关系到完善和发展中国特色社会主义制度、推进国家治理体系和治理能力现代化。必须深刻认识到现行农村土地制度严重制约了农村建设用地市场生成与培育、运行与发展，也是制约乡村振兴战略实施的制度障碍。然而，农村土地制度创新不能背离中国特色社会主义制度，也无法脱离中国特色社会主义国情。中国特色社会主义的土地制度，仍需要在社会主义初级阶段的框架内进行一系列的政策探索、政策累积，才能从量变到质变，诱发制度创新的出现。本研究在政策体系重构的宏大目标中解决了一些具体问题，或者说进行了一些微观探索，达到了促进农村土地政策体系重构的任务目标；进一步促进了城乡融合发展和乡村振兴的农村土地政策体系重构和整合，并将成为本研究下一步的自然延伸。

目录 Contents

第一篇 概 述

第二篇 公共管理与公共服务用地：以教育用地为例

第五篇 城乡融合与宅基地流转

第六篇　乡村振兴政策整合

第一篇

概　述

第一章　农村土地闲置①

土地是农业发展的命脉，是农民增收致富之本、农村活力焕发之源。然而，过去的40多年里，随着我国经济社会发展和城镇化持续推进，资金、土地、人才等各项要素由农村单向流入城市。在城市经济繁荣的同时，乡村却逐渐走向衰落，集中表现为农村“空心化”、农业“空壳化”、农户“空巢化”和农民“老龄化”。与之相对应，大量承包地、宅基地、村集体建设用地处于闲置或半闲置状态，成为一笔巨大的“沉睡资源”。②

2015年11月，习近平总书记在中央扶贫开发工作会议上指出，要通过改革创新，让贫困地区的土地、劳动力、资产、自然风光等要素活起来，让资源变资产、资金变股金、农民变股东，让绿水青山变金山银山。[1]党的十九大报告提出乡村振兴战略，擘画出“产业兴旺、生态宜居、乡风文明、治理有效、生活富裕”的和美乡村蓝图。《中华人民共和国国民经济和社会发展第十四个五年规划和2035年远景目标纲要》强调要完善农村承包地所有权、承包权、经营权分置制度，进一步放活经营权，允许农村集体在农民自愿前提下，依法把有偿收回的闲置宅基地、废弃的集体公益性建设用地转变为集体经营性建设用地入市，保障乡村振兴战略用地需求。③

---

① 本章撰写：徐甜、崔兴平、陈晨、梁炜好、岑润银、潘榆烨。

② 我国农村集体经济组织拥有土地等资源性资产66.9亿亩，各类账面资产2.86万亿元。国务院新闻办公室．农业部介绍农村集体产权制度改革有关情况[EB/OL].(2014-01-03).https://www.gov.cn/xinwen/2014-01/03/content_5156007.htm.

③ 新华社．中华人民共和国国民经济和社会发展第十四个五年规划和2035年远景目标纲要[EB/OL].(2021-03-13).https://www.gov.cn/xinwen/2021-03/13/content_5592681.htm?eqid=fe1ee7870027ddd90000000464576dfe.

第一节　内涵与特征

一、农村土地闲置界定

国内对农村闲置土地的界定，主要有狭义与广义两种观点。

狭义的农村闲置土地界定以孙云梅为代表，指在自然生长周期内或规划开发后一段时间内未被开发和使用的农村土地，可分为农业闲置土地和非农业建设闲置土地：未按期耕种的为农业闲置土地，未按期进行建设开发的为非农业建设闲置土地。[2]关于闲置时长，朱林兴认为衡量农地闲置与否，可以根据农作物的生长周期（半年）判断，若某块农田抛荒半年以上，即可认定为农村闲置土地。[3]

广义的农村闲置土地界定主要有两种代表性观点。第一种是土地利用程度延伸，如张容军等认为农村闲置土地既包含农村已经开发但未使用的土地，也包含利用不充分的土地。[4]第二种是闲置土地类型及标准扩展，如喻瑶等认为农户闲置宅基地以户籍所在地为依据；闲置耕地以垦殖指数和撂荒时间为依据；工矿废弃地以及乡镇企业、学校建设用地主要以企业停产和学校停学时间为准；园地、林地等其他农用地的闲置则可以实际投入与产出量之间的一个集约度来衡量。[4][5]

综合考虑农村闲置土地的狭义与广义界定，可将农村闲置土地界定如下：农村闲置土地是指在农村地区，土地被规划或开发后，由于主观或客观原因造成半年及以上未按规定利用而处于闲置或荒废状态，或无法充分发挥其土地职能的农村土地及地上建筑物。进一步地，根据土地使用类型，可以划分为如下几类：

耕地闲置，是指农用地承包个人或单位在获得土地承包权后，既未利用又未流转而撂荒达半年及以上，经济、社会、生态效益未充分实现；

宅基地闲置，作为农村闲置建设用地中较大的部分，是指农户经审批而获取的宅基地，无论批而未建或批而未用，导致闲置时长达半年及以上；

公共管理与公共服务用地闲置，是指在农村地区，按审批计划用于工厂、商业和教育等公共服务类用地，由于内外部因素影响导致批而未建或建后闲置达半年及以上，影响土地价值的充分发挥。

二、农村土地闲置特征

（一）类型多样

在社会主义市场经济下，广大农村地区仍留有不少计划经济产物，如闲置或废弃学校、信用社、供销社、粮站、食堂以及各种“小工厂”等。

（二）区位分散

农村宅基地建设受地形、区位环境影响较大，农户居住分散，闲置宅基地、闲置住房分布也就较为零散。同时，家庭联产承包责任制的施行使得农地碎片化和分散化问题严重。

（三）主体多元

农村土地闲置涉及政府、农户和合作社、村办企业等多主体要素，与政府部门审批、企业开发、农户观念等诸多因素也密切相关。

（四）价值综合

农用地闲置使得直接农业产出减少，导致农业收益或农地流转收益减少；建设用地闲置使得农村集体经营收入减少，影响农民生活水平。

（五）成因复杂

农村土地闲置既受到区位、气候、地形等客观资源禀赋影响，也受环境污染、产业发展、人为撂荒等因素影响。此外，农村地区土地确权、流转制度不健全、农民对土地政策不了解等也是造成土地闲置的重要原因。详见下节分析。

第二节　成因分析

农村是一个复杂的经济社会生态系统，乡村振兴的核心目的是构建人口、土地、产业等多种发展要素的系统耦合格局。[6]土地利用变化中出现的土地闲置，是客观环境改变和人类活动共同作用的结果，受到如人口、产业等多种内外部要素驱动力的综合影响。

一、自然条件限制

农村资源禀赋、生态退化或自然灾害等客观原因会导致土地闲置。我国大部分的农村土地为农业用地，农业用地对自然环境的依赖性强，其利用与开发受到地形地貌、地质环境、气候、交通区位等多方面因素影响，这些因素不仅决定着土地利用难易程度，也影响着土地开发利用效率。以地形为例，在以平原、盆地为主的地区，土地集约化成本小，农民依靠土地种植农产品作为主要生存资料来源，对土地重视度高，土地开发利用积极性强；在以高原、山地、丘陵为主的地区，土地开发利用成本高，与开发收益不匹配，整合难度大，土地碎片化严重。气候方面，一般来说，以温和性气候为主的地区，土地闲置程度要低于极端气候地区。交通区位优势地区，土地可开发利用机会多、产值高，从而带动所在地农户扎根就业，闲置程度低；交通闭塞、出行条件差的地区，土地本身对所在地农民的吸附性低，而随着国家相关政策要求，交通条件恶劣地区可能被交通便利、交通优势村合并，形成整村搬迁，旧村闲置宅基地全部收归集体后，二次开发利用难度大。

二、传统观念制约

土地可持续利用不仅受到外在自然条件的影响，人为开发利用及土地观念也是造成土地资源浪费的重要原因。随着市场经济快速推动，市场为农村劳动力提供了丰富的就业机会，农民务工收入远高于种地收入，农民逐渐形成“种粮不挣钱、种地不如打工”的观念，这是城乡“推拉理论”下的必然结果（图1-1）。首先，农村居民年龄结构大多以弱劳动能力或无劳动能力的村民为主，他们由于耕种、收割能力不足，难以完成需要大量劳动力的耕种作业，因而对耕地重视程度不足，耕地撂荒逐渐增多。其次，农户子女在上初高中时大都选择去城里，大学生毕业后也都选择在城里打拼，有些农户全家都在城市里生活，从而形成大量闲置宅基地和闲置农房。最后，由于农业转移人口市民化引发村庄合并，导致村委会、学校等公共事业用地随之荒废，农村闲置土地类型和规模都逐渐增多。

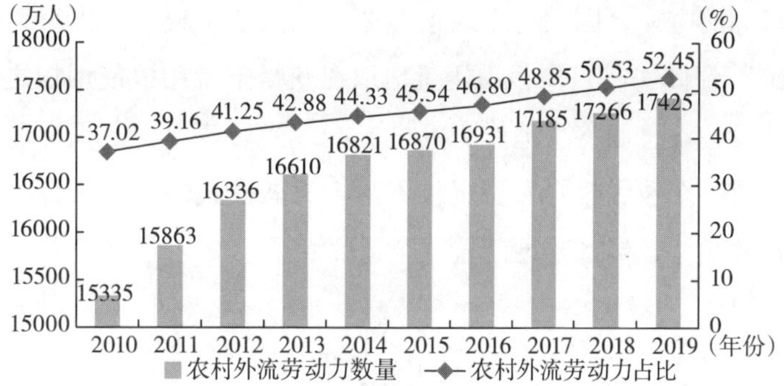

图1-1　农村外流劳动力变化趋势

数据来源：《中国统计年鉴》（2011—2020年）、《农民工监测调查报告》（2010—2019）。

中央多次强调“三权分置”，以加强闲置土地的流转。然而，农业是农民生活和生存的主要依靠，特别是大部分农民受教育程度低，对新事物的接受度较弱，他们并不了解“三权”等有关土地政策，“宅基地私有”“祖宅”观念是造成土地闲置的传统因素。正因如此，在小农观念的影响下，农民将农村视为自己的“根”，“恋地”情结严重，即使在大城市生活安稳、生活水平高，他们仍然不会废弃自己农村的旧房子，而是将农村旧房子作为老年之后的备用住房，以备不时之需。近年来，受脱贫攻坚和乡村振兴战略提出的影响，许多在城市务工的农民意识到了农村土地的价值，出现了类似城市房地产市场中的“捂盘惜地”现象，认为即使进城务工，也要将“祖宅”作为固定资产进行投资，等待升值变现，这些因素也阻碍了宅基地流转和退出进程。

三、土地开发监管体制滞后

城镇化背景下，城郊农村一度依靠出租流转集体土地获得租金作为村集体收入来源，甚至有地方政府将土地流转收入作为农村 GDP 考核的一项重要指标；地方政府为拉动经济增长、刺激地方就业，运用征收集体土地后转为国有土地出让，并以变相减免土地出让收入等多种优惠措施招商引资。上述两种情况均造成土地因过度出让而闲置（图 1－2）。企业作为以营利为目标的主体，因农村土地租金低、升值空间较大，也很可能陷入一味“圈地”怪圈，盲目申报占用土地；在获得审批用地使用权之后，不按时进行开发建设，而将土地作为投机资本等待升值，一定程度上导致了土地闲置。也有企业因自身发展定位不清、发展模式落后，获得土地使用权后因经营效益差，导致土地闲置甚至被废弃。

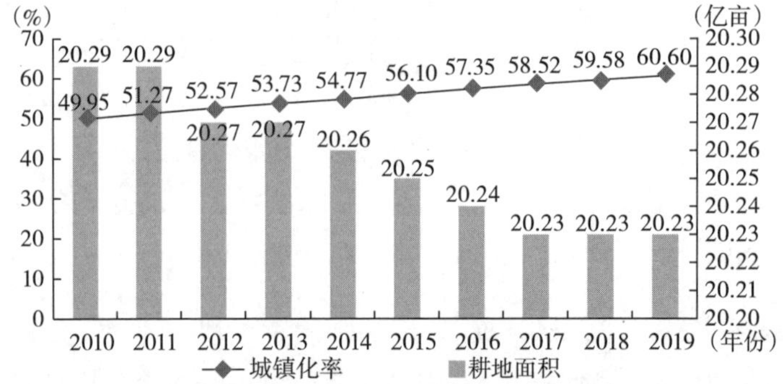

图 1－2　城镇化率与耕地面积变化趋势

数据来源：《中国统计年鉴》（2011—2020 年）、《自然资源公报》（2010—2019）。

从地方政府监管角度来看，一直以来地方政府对于土地出让“重审批轻管理”，工作重心放在招商引资及供地审批环节，而对产业后续发展，特别是对产业发展中土地利用过程缺乏监管，这就使部分厂商在市场利益驱动下，对土地大肆开发或囤积，导致土地被过度开发或大量闲置。此外，地方政府在供地合同中缺乏对土地利用的限制条件，对土地滥用惩治力度不够，以致难以通过合同约束力打击土地闲置行为。

四、“公地悲剧”

与城市日新月异的变化不同，广大农村地区的土地利用变化要慢很多，有部分土地还保留着计划经济体制的痕迹，如供销合作社、粮站（库）和人民公社等旧址，虽早已退出农村历史舞台，但由于行业管理体制尚存，与农村集体土地使用权的历史性关系还存在，因而一直处于闲置状态。并村后的自然村，除一部分土地实施退耕还林以外，宅基地等建设用地长期未得到开发利用，虽然在卫星像片图、航拍条件下仍呈现为建设用地，但大量土坯房和宅基地早已严重风蚀、地表裸露，生态环境脆弱。此外，由于缺乏搬迁后的土地整治配套政策，部分原自然村村民又回到原自然村开展种植、养殖活动，不仅对生态系统造成破坏，更加大了闲置土地治理难度，制约了闲置土地综合治理进程。

第三节　历史回顾

新中国成立后，随着土地改革制度变迁和城镇化推进，农民在城乡间流动呈现阶段性特征。农民不同历史阶段背景下的城乡流动意愿与不同政策背景下的土地管理意愿直接作用于农村土地利用，成为各阶段农村土地闲置的重要影响因素。

一、农村土地闲置问题出现（新中国成立到改革开放前）

1950 年 6 月 30 日，《中华人民共和国土地改革法》颁布实施，确立了新中国私有土地制度，在土地改革法的制度设计与分配方式上规定了农民土地所有权人地位。在重工业优先发展战略推动下，大规模农村人口向城镇流动，部分农村宅基地空闲。

一方面，城镇劳动力需求增加为农民流向城市提供了拉力。新中国成立初期城市化水平起点低，“一五”计划掀起了第一次大规模工业建设的狂潮，确立了重工业优先发展战略，为城市化加速发展提供机会。除了政府有计划地招收农村劳动力外，一些单位在用人需求较强时还会私自招收农民。因此，大量城镇就业岗位缺口吸引农民进城。据北京市劳动局统计，1950 年到 1955 年底，从外地招工 13 万人次；1956 年，工业建设进入施工高潮，大批携带职工家属的施工队伍进入城市，上半年仅从河北农村招工就达 2.6 万余人，城市人口迅速增加。[7] 另一方面，城乡发展差距拉大为农民流向城市提供了推力。新中国成立初期，全国各地旱、冻、虫、风、雹、水、疫等自然灾害频发，与城市较为稳定的工作相比，从事农业生产收入低。农民即使在城市做临时性工作，其收益也远高于农业收入。在政府对农村居民进城许可证发放较为宽松的背景下，各地农民大量涌入城市。

但是，在农村流动人口中，只有极少部分农村精英群体能够长期定居城市而放弃农村居民身份，绝大多数流动人口并未取得城市居民身份，出于生活保障需要，后者仍保留闲置状态的农村宅基地。

随着“三大改造”和第一个五年计划完成，城市就业趋于饱和，国家和各地政府相继出台各类政策限制农民自由进城，禁止各类部门私自招收农村剩余劳动力，农村人口开始回流，土地闲置趋于缓解。主要体现为以下几点。

一是严格的二元户籍制度促使农民被迫回流。1959 年中共中央发出《关于制止农村劳动力流动的指示》，要求必须严格执行计划供应制度和户口管理制度，没有迁移证件不准申报户口，没有户口不供应粮食。户籍制度将城乡割裂成两部分，二元体制形成，城镇人口比重由 1960 年的 19.7% 降低到 1963 年的 16.8%。[7]

二是特殊的时代背景导致城市人口流入农村。这一阶段国家鼓励城市知识青年参与“上山下乡”运动，农村人口大幅增加，宅基地闲置现象几乎消失。但是，大量的开垦荒地与新建房的产生，又成为日后农村闲置土地出现的原因之一。

三是农村宅基地制度变迁减少宅基地随意处置问题。1957 年土地改革规定，农村土地所有权由农民个人私有逐渐转变为集体公有，农村宅基地的所有权与使用权分离，宅基地所有权归生产队，禁止个人私自将宅基地使用权出租或买卖。与此相应，农业生产合作社的快速发展也提高了宅基地利用效率，土地闲置问题有所减弱。

二、农村土地闲置问题趋于复杂（1978 年到 20 世纪末）

1978 年，安徽凤阳小岗村首次试行家庭联产承包责任制：将土地产权分为所有权和经营权，所有权仍归集体所有，经营权则由集体经济组织按户均分，包给农户自主经营。这一统分结合式的改革，使得农民由单纯的集体经济劳动者变成家庭经济自主经营者，激发了农民生产生活积极性，提高了农业生产力，大大改善了农民收入水平。

随后，1982 年至 1984 年，党中央连续发布三个农村工作“一号文件”，全国农业生产力得以解放，大批农民留在农村从事农业生产或发展副业；与此同时，农民进入城市建房买房需求被压制，进一步促进了农村宅基地的有效利用，尤其是新婚农民青年可以自立门户人数的增加，导致新建住宅数量大幅增加。[8] 1979—1989 年，全国农村新建住宅 67 亿平方米，相当于前十年建设总量的 2 倍；每年建房量达 6 亿 ~ 7 亿平方米。全国约有 8000 万户农民迁入新居，占全国总农户的 42.4%。每个农民住房平均面积从 1978 年的 10.7 平方米增到 1989 年的 19.59 平方米。[9]

然而，随着改革开放的推进，城市化开始进入持续快速发展阶段，农村人口流动速度再次加快。普查资料显示，2000 年我国人口城镇化水平为 36.09%，与 1990 年的 26.23% 相比上升了近 10 个百分点。[10] 在此背景下，土地闲置问题再次出现，并趋于复杂化。

首先是农业生产边际收益相对较低。家庭联产承包责任制实行初期取得的农业生产率显著，但是由于产权主体不明，农民缺乏对土地的自由处置权。一方面，农村生产方式仍处于小农状态，农田规模化经营被限制，分散经营导致生产效率低下，农业生产收入少，农民生产积极性下降。另一方面，城乡二元的土地制度导致土地要素在城乡市场上配置不平等，农村土地价值难以显化。[11]由于担心耕地撂荒被处罚或被村集体收回，农民把经营土地作为义务，目的仅是保留承包土地权利；而为寻求更广泛的经济来源，他们又常常徘徊在留守农村与外出择业之间，使得宅基地处于闲置或半闲置状态。

其次是城乡流动限制放松。改革开放不断深化，城市发展进程也不断加快，城镇在医疗、就业、教育、公共设施等多方面的公共服务供给水平对农民的吸引力不断增强；与此同时，束缚农民移动的户籍制度有所松动。自 1984 年起，农民可以自理口粮到小城镇落户务工经商，大量农民又开始涌入城市寻找机会。[12]在外因与内因共同推动下，外出择业农民数量大幅上涨，农村闲置宅基地随之增加。

最后是土地制度几次变迁致使农村宅基地管理失控。1990 年，《国务院批转国家土地管理局关于加强农村宅基地管理工作请示的通知》，明确提出加强农村宅基地管理，严格限制宅基地申请，并提出选择在经济基础较好、耕地资源紧张的地区，有步骤地开展宅基地有偿使用试点。农村新增宅基地需求随之下降。但是，邓小平南方谈话之后，中央又开始出台措施减轻农民负担。在 1993 年颁布的《关于涉及农民负担项目审核处理意见的通知》中，取消农村宅基地有偿使用费和超占费，宅基地再次实行无偿使用。[13]1998 年，印发《国务院关于进一步深化城镇住房制度改革加快住房建设的通知》，要求“停止住房实物分配，逐步实行住房分配货币化”。宅基地的松弛管理和住房市场化使得城市居民涌向城乡接合部购买农房，有些地方甚至出现以开发“果园”“庄园”为名的炒卖地皮现象，农村圈地和土地闲置问题也同时出现。[14]

三、农村土地闲置问题加剧（21 世纪初至党的十八大前）

进入 21 世纪，我国城乡关系进入新阶段，城乡间劳动力流动速度加快，农村耕地和宅基地闲置问题日趋严重。

一方面，农业生产成本迅速上升，农业经营效益恶化。在粮食价格下跌的同时，农业生产资料价格上升，农业生产出现投入与产出倒挂的现象，农民种地收益下降，甚至出现亏本，大大削弱农民的种田积极性。与此同时，城乡关系步入新阶段，农民从事个体户经营或外出打工人数增多，所获得收入远超从事农业生产活动所得。在收入反差的强烈刺激下，农民种地兴趣下降，纷纷进入城市谋生，致使大量耕地荒废和农房闲置。[15]

另一方面，城市优质资源加速推动农村人口流出。随着城镇化进程推进和日益发达的新闻资讯，城乡差距更加明显摆在农村人面前。为寻求更多渠道的经济来源、享受更好的教育医疗公共资源，越来越多农民离开农村涌入城市，出现大量“农转非”人口，这些农村“精英”在城镇中定居买房，同时享有农村和城市多套住宅。第二次全国农业普查资料显示，2006 年末全国 22108 万户农民中拥有 2 处住宅的有 1421 万户，占 6.4%，拥有 3 处以上住宅的有 77 万户，占 0.4%。[16]

农村人口流向城市，农村空闲土地增多，但土地使用权无法流转使得这类土地无法直接进入市场交易，直接导致大量闲置宅基地产生。与此同时，随着农村宅基地流转市场进一步扩大，形成了以自发流转为特征的农村宅基地隐形交易市场，大量宅基地以买卖、出租、抵押等形式流转出现，典型的如“小产权房”。[17]

四、农村土地闲置问题得以遏制（党的十八大以来）

党的十八大以来，随着城乡融合发展的提出和各类治理政策相继出台，农村土地闲置趋势得以遏制。

首先，“三权分置”制度首次在 2014 年政策文件中被提出，通过将土地承包权与经营权分离，改变了原有的耕地使用方式，促进了土地高效利用，降低了土地闲置数量。“三权分置”即土地所有权、土地承包权、土地经营权“三权”的分离，是中国农村土地制度改革的一项重要措施。由于我国特定的历史背景与制度规定，农村家庭土地的所有权属于村集体，不可进行跨村流转。承包权与经营权的分离可以鼓励土地经营者更加积极地继续使用土地，以获取更高的经济效益。若土地经营的效益欠佳，农民可以重新考虑将自己的土地承包给更有生产能力的人继续进行种植，同时自身寻求其他收入渠道；同时，这一举措还可以鼓励土地经营者进行农业现代化和农业科技创新，实现规模化种植，提高土地的产出效率和经济效益，进一步减少耕地荒废。

其次，为促进农村土地有效利用，缓解城市化进程中的土地紧张问题，国家出台一系列土地政策，旨在完善农村土地治理体系，加强农村土地监督与管理。一是推进土地流转政策，实现农村土地的有效利用和合理转化。鼓励农村集体经济组织和农民将闲置土地有计划、有组织地流转给经营者或企业，发展产业或承包种植，使闲置土地得到有效利用。同时，逐步开放城镇居民出租农用土地的限制，引导和规范土地流转，盘活土地供应市场，逐步实行土地出让挂牌制度，通过定期或不定期公示方式让土地流通市场更加透明，也为推进土地利用提供了更多可靠的市场机制。二是完善土地审批制度改革，减少不规范土地申请。政府推出土地审批制度改革措施，加强耕地的合规性和合法性审批，限制了耕地非农化行为，也减少了土地非法占用和闲置情况。三是加强耕地闲置监管，采用强制性收回等行政手段，也对农村闲置土地减少发挥了积极作用。

最后，环境变化强化农村闲置土地问题认知。一方面，市场环境发生变化。随着中国市场规模的扩大和经济结构的持续优化升级，对土地利用和资源效率需求越来越高。土地资源价值不断提升，鼓励农业和土地资源的高效规划和利用，降低了耕地闲置的被动性。另一方面，政策支持力度加大。政府的相关政策法规鼓励和支持耕地保护、流转和利用，提高农民耕地保有量和收益水平，鼓励农村人口对土地进行探索创新，促进了农村经济和农业产业可持续发展。

参考文献

[1]汪晓东,刘毅,林小溪．让绿水青山造福人民泽被子孙——习近平总书记关于生态文明建设重要论述综述[J]．新华月报,2021(13):48－60.

[2]孙云梅. 农村闲置土地利用与管理的对策建议[J]. 科技风,2014,256(22):221.

[3]朱林兴. 土地闲置问题的严重性、成因及其处置[J]. 探索与争鸣,2006(11):8-12.

[4]张容军,段建南. 供给侧改革背景下农村闲置土地的概况与利用研究[J]. 江苏农业科学,2017,45(19):39-45.

[5]喻瑶,刘高见,段建南,等. 闲置土地利用初步研究:农用地定级估价与农地流转[M]. 北京:中国大地出版社,2009:332-340.

[6]龙花楼,张英男,屠爽爽. 论土地整治与乡村振兴[J]. 地理学报,2018,73(10):1836-1849.

[7]宋学勤. 1949—1965 年农民进城与社会管理——兼及城乡二元管理体系的形成[J]. 毛泽东邓小平理论研究,2014(8):58-63+92.

[8]卢向虎,杨延梅,蒋宗杰. 农村宅基地土地整理的再思考[J]. 农村经济,2005(6):25-27.

[9]韩征. 村镇建筑知多少[J]. 乡镇论坛,1990(10): 28.

[10]于弘文. 从 2000 年人口普查看我国人口状况的几个特点[J]. 人口研究,2001(4): 11-18.

[11]鲁春阳,李会杰,文枫,等. 农村闲置宅基地治理研究[J]. 农村经济与科技,2019,30(3):43-45.

[12]周一星,曹广忠. 改革开放 20 年来的中国城市化进程[J]. 城市规划,1999(12):8-13+60.

[13]刘俊杰,岳永兵,朱新华. 农村宅基地制度改革的政策演变与实践探索[J]. 江南大学学报(人文社会科学版),2020,19(3):11-19.

[14]刘同山. 农村宅基地制度改革:演进、成就与挑战[J]. 农林经济管理学报,2018,17(6):706-716.

[15]钟顺清,黄恩齐,邹兴才,等. 农村耕地撂荒现象剖析及解决办法[J]. 四川农业科技,2013(9):55-58.

[16]张汉飞,石霞. 我国现行农村宅基地制度及创新[J]. 农业经济问

题,2010,31(12):89-92.

[17]任小兴. 所有权社会化下农村宅基地使用权流转的法律思考[J]. 农村经济,2009,320(6):11-13.

第二章 探索性案例：西关村①

《乡村振兴战略规划（2018—2022 年）》明确提出“集聚提升类”村庄是现有乡村类型中的大多数，也是乡村振兴的重点，要“在原有规模基础上有序推进改造提升，激活产业、优化环境、提振人气、增添活力”。集聚提升类村庄可通过乡村自身发展与周边资源相结合，实现人口、农业、工业等资源的融合汇聚，其闲置土地治理需求相比其他类型村庄也更为迫切。针对乡村振兴背景下集聚提升类村庄土地闲置这一新现象和新事物，在相关理论尚不成熟的情况下，本文通过探索性案例研究，选取有代表性的集聚提升类村庄——山西省大同市云州区聚乐乡西关村，利用问卷调查、深度访谈、查阅档案等方式深入调查其土地利用现状与演变，探讨集聚提升类村庄闲置土地现状、成因与对策，以期为乡村振兴战略中的闲置土地治理提供借鉴。

在城镇化、工业化快速发展进程中，农村地区土地闲置问题日益凸显。目前，众多学者围绕宅基地闲置、耕地抛荒等问题开展了富有成效的探索，闲置宅基地研究主要涉及宅基地闲置程度及成因[1]，宅基地退出机制[2]、退出意愿及影响因素[3-9]，宅基地综合治理[10-15]等，耕地闲置研究则集中于抛荒规模[16]、原因[17-22]、影响[23]及治理方式[24][25]等。这些研究虽为农村闲置土地治理提供了有益借鉴，但农村闲置土地类型众多，除宅基地和耕地外，其他闲置建设用地也广泛存在，如工矿废弃用地、集体经济萎缩产生的闲置用地、闲置中小学校园校舍、供销社旧

---

① 本章撰写：崔兴平、邵俊霖。

址和粮库旧址等，现有研究尚未涉及。现有成果研究对象大多为地（宅基地、耕地）和人（农户），鲜有研究以村为对象，农村闲置土地碎片化严重，开发和治理难度比城市闲置土地更大。本章以大同市云州区聚乐乡西关村作为切入点，全面细致了解农村闲置土地的现状、特征、成因及影响因素，探寻农村闲置土地系统解决方案，试图以此为盘活农村闲置土地、充分发挥闲置土地潜能、提高土地集约利用水平、加强乡村振兴用地保障提供现实参考。

第一节 案例背景

西关村，地处云州区西北部阴山山脉的余脉——采凉山南麓，是山西省大同市云州区聚乐乡的行政村，距区政府所在地西坪镇20公里左右，京包铁路、大张公路过境，与301省道相邻，交通便捷。地形地貌上，西关村属于黄土丘陵沟壑区，西高东低。全年气候干燥，长冬严寒，春迟秋早，年平均降水量380毫米，无霜期125天，属典型的温带大陆性半干旱季风气候。旱灾常有发生，土地贫瘠，农民靠种植小杂粮和杏果维生。全村在册农业人口435户1008人，60岁以上243人，常住村人口200户459人。耕地面积3360亩，其中水浇地100亩，林地面积2600亩（其中退耕地1740亩、经济林860亩），荒地7500余亩。闲置土地类型复杂，呈碎片化分布，土地闲置历史问题遗留已久，治理难度大。

西关村是一个合并行政村，由原西关村和6个搬迁村合并而成（包括东羊坊、麻地沟、马家梁、水沟寺、鸦儿崖、鹰咀墩）。2003年，《中共中央 国务院关于促进农民增加收入若干政策的意见》提出，进一步精简乡镇机构和财政供养人员，积极稳妥地调整乡镇建制，有条件的可实行并村。2003年，结合6个自然村发展困境及西关村发展需要，西关村北部鹰咀墩村、东羊坊村、麻地沟村、鸦儿崖村、马家梁村、水沟寺村6个自然村共计104户201人并入西关村，全部搬迁至西关村东部安置点。随着西关村人口规模、土地利用需求的增多，西关村闲置土地开发任务紧迫。

在村内产业、集体经济方面，西关村被认定为贫困村，并由晋商银行作为定点单位精准帮扶。脱贫之后，西关村继续挖掘资源优势，大力发展林果产业及黄花种植产业，取得了很好的成效。在当地政府支持下，该村尝试对闲置土地进行整体性综合开发治理。在同类型农村乡村振兴战略实施过程中，发现该村闲置土地治理具有一定的代表性与示范性，通过实地调研该村闲置土地发展现状及闲置成因，可为同类型乡村发展振兴工作提供借鉴意义。根据国家对农村发展规划要求，结合西关区位优势条件、经济作物发展现状、土地资源优势与不足等，将西关村作为分析集聚提升类代表村庄进行深入调查研究，具有科学合理性。

第二节　土地利用状况

为获得第一手真实材料，本研究采用村“两委”座谈、村部档案资料查阅、入户走访与实地考察相结合的方式，全面摸查西关村土地利用与闲置、村庄人口与人民生活、精准扶贫产业与效果等情况。本次调查将访谈对象分为村“两委”成员、6 个自然村搬迁村民以及原西关村村民 3 类，共回收村座谈记录 4 份、入户访谈问卷 89 份。同时，研究团队向云州区自然资源局申请获取土地利用现状地图与数据，并将各类闲置土地实际测量数据与地图测算数据相比较，保证数据真实、准确。

按照《土地利用现状分类》（GB/T 21010 – 2017），将西关村土地分为农用地、建设用地、未利用地三大类（表 2 – 1）。

表 2－1　西关村三大类土地利用现状①　　　　单位：亩

行政区划			西关	东羊坊	麻地沟	马家梁	水沟寺	鸦儿崖	鹰咀墩
农用地	耕地	旱地	1022.20	0	0	0	0	0	0
	园地	果园	1449.20	0	0	0	0	0	0
	林地	有林地	322.54	471.14	2219.98	0	0	67.41	223.19
		灌木林地	1188.30	394.26	2315.68	2298.51	1504.41	1511.19	463.92
		其他林地	1340.20	2426.03	723.96	1491.30	1733.43	2992.02	3914.91
	交通用地	农村道路	274.19	59.14	36.37	94.99	14.65	52.37	115.59
	水域及水利设施用地	坑塘水面	0	0	0	0	0	0	3.24
	其他土地	沟渠	11.35	0	0	0	0	0	0
		设施农用地	99.71	10.10	0	0	0	3.29	0
		田坎	93.43	0	0	0	0	0	0
	合计		5801.12	3360.67	5295.99	3884.8	3252.49	4626.28	4720.85
建设用地	交通用地	公路用地	57.84	0	0	0	0	0	0
	水域及水利设施用地	水库水面	0	1.17	0	0	0	9.49	0
		水工建筑物	0	6.90	0	0	0	0	0
	城镇村与工矿用地	住宅用地	346.92	3.80	2.17	6.15	2	2	17
		商服用地	54.22	0	0	0	0	0	0
		公共管理与公共服务用地	86.62	0	0	0	0	0	0
		其他建筑用地	28.78	44.01	5.28	18.42	49.59	20.64	6.36
	合计		574.38	55.88	7.45	24.57	51.59	32.13	23.36

① 数据来源：2019 年云州区自然资源局统计数据，“三大类”土地含农用地、建设用地、未利用地。

续表

行政区划			西关	东羊坊	麻地沟	马家梁	水沟寺	鸦儿崖	鹰咀墩
未利用地	草地	其他草地	1522.24	752.12	3288.41	2788.53	4159.9	1098.74	812.15
	水域及水利设施用地	内陆滩涂	130.27	111.88	126.82	0	143.32	0	67.31
	其他土地	裸地	13.45	0	305.18	90.25	209.02	0	0
	合计		1665.96	864	3720.41	2878.78	4512.24	1098.74	879.46
总面积			8041.46	4280.55	9023.85	6788.15	7816.32	5757.15	5623.67

为更清晰反映各类型土地在各村庄占比大小，绘制了西关村（含原6个自然村）土地利用分类占比图（图2-1）。从土地类型来看，大同市西关村土地类型复杂多样，具备国家土地类型中的三大类土地，其中还包括各种特色类土地。

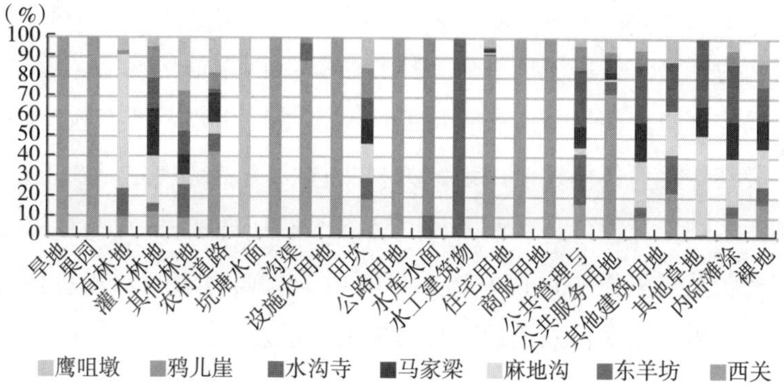

图2-1　西关村（含原6个搬迁自然村）土地利用占比统计

一、农用地

农用地类型中，西关村耕地、园地占有很大比例，园地主要分布在西关村南部，林地主要分布在北部一带。根据2019年统计数据，原西关村有农用地，原6个搬迁村已无可用耕地，已全部转为建设用地。6个搬迁村耕地、园地占比为0。这与入户访谈结果一致，原自然村现已无农用地，在农用地类型上也反映出了整村搬迁。根据入户访谈结果，入户访谈89户村民中有27户家庭已无农用地（其中10户农用地已流转至村集体，用于集体种植黄花，发展扶贫产业）。62户村民有农用地，其中23户农用地主要种植哈密杏和杨树，占比达37%；有大约31%的农户种植小杂粮，包括土豆、玉米、黍、山药等，这是由当地的地形及气候条件决定的，只能种植部分对气候条件要求不高的杂粮作物，从而导致农作物种植受限，再加上人均耕地面积较少，农产品种植收益率不高。

二、建设用地

建设用地中，西关村占比达72%，其余6个搬迁自然村建设用地占比较少。在建设用地中，宅基地面积占很大一部分。特别是随着脱贫攻坚战的打响以及震后重建两个国家政策，该村为全村98%的农民建设了新房。根据入户访谈，村民普遍表示房屋改造或者震后重建政策从一定程度上解决了住房保障问题，但也有3户五保户老人，表示出不想搬、不愿搬的意愿，他们认为原自然村房屋仍可用于居住。按照国家危房改造、震后重建政策相关规定，农户使用新房必须将旧房宅基地使用权及所有权交回村集体所有，最终转化为集体建设用地，为村集体实施土地规划以及土地发展创新提供更多的资源保障。从西关村（含6个搬迁自然村）2005—2020年土地利用现状及规划图中可以看出，目前西关村尚有农村居民点用地，6个搬迁村尚有零星的居民点用地，分布较为分散。

三、未利用地

未利用地是三大类土地中的一类，主要是指利用技术难以开发或者开发成本较高的土地。草地多是为防止水土流失种植。裸地是指那些在主客观因素努力下仍无法实现植被覆盖的土地。总的来说，西关村及原6个搬迁村未利用地面积达到了总面积的33%，具有再利用开发价值。

第三节　闲置土地及成因

在对西关村土地利用现状总体认识的基础上，通过访谈与实地考察测算，获得各自然村搬迁至西关后闲置宅基地面积，以及原自然村各类闲置建设用地面积（表2－2）。

表2－2　西关村及原自然村闲置土地面积及占比　单位：亩

闲置类型			行政区划							闲置时长（年）	闲置面积占比（%）
			西关	东羊坊	麻地沟	马家梁	水沟寺	鸦儿崖	鹰咀墩		
闲置农用地	耕地	坡耕地、贫瘠区	10	0	0	0	0	0	0	≥2	0.98
闲置建设用地	宅基地	搬迁村旧址	0	3.50	1.50	6.15	2	2	16.5	≥15	8.32
	商服用地	零售商业店铺	0.10	0	0	0	0	0	0	3	0.18
	公共管理与公共服务用地	教育用地	0	0	0	0	0	0	0	0	0
		煤检站	11	0	0	0	0	0	0	>3	12.69
		废物回收间	3	0	0	0	0	0	0	2	3.46
		医疗用地	0.30	0	0	0	0	0	0	4.50	0.35

一、闲置耕地：资源禀赋不足

西关村人多地少，面临着人均耕地面积不足的问题。同时，西关村气候高寒，农作物种植对地形、气候条件要求较高，耕地产值逐年下降，弃耕地增多。西关村煤炭资源、矿物资源丰富，但是早期煤炭、矿产产业的发展以摧毁耕地为代价，近些年耕地面积逐渐缩小，使得西关村土地产值面临严峻的形势。同时，为发挥规模效应，西关村要求农户流转土地最低面积标准必须达到5至6亩以上，在一定程度上限制了土地的流转，土地流转碎片化比较严重。目前，西关闲置撂荒耕地2宗，占地10亩，位于村中部和南部地区呈条带状分布，属于村路交通落后的坡地、洼地，耕地质量较低，闲置期2~3年。根据入户访谈结果，其中一宗耕地承包权所有人表示由于家中无劳动力，难以承担耕种任务而导致耕地闲置。另一宗耕地农户表示撂荒耕地并不是主观意愿，更多是由于长期风化、气候干旱等客观条件导致土地难以耕种。

目前西关村闲置耕地较少，闲置耕地规模一直通过流转方式得以控制。流转方式可分为有偿流转与无偿流转，有偿流转又包括流转给私人和流转给集体两种形式。西关村有闲置农用地的农户大多将土地通过户口过户的方式流转给了子女，部分农户有偿流转给本村村民或流转给村集体，流转给村民后补偿金额及方式由双方纸质协定或口头协定，价格与流转给集体的价格持平。如2019年，西关村集体就以240元/亩·年的流转价格从农户土地中流转86.94亩用来大规模种植黄花，形成黄花产业，支付流转金额20856.6元[①]。

我国农村土地大部分为农业用地，但是农业利用与开发受到地形地貌、地质环境、气候、交通区位等多方面因素的影响，这些因素不仅决定着土地利用难易程度，也决定着土地开发利用效率。西关村处于黄土丘陵沟壑区，土地类型复杂多样，气候干旱、长冬严寒、土地贫瘠，部分农作物生长条件受限，只能种植小杂粮和杏果等经济林，且由于人口较多，人均耕地不足0.07公顷，耕地资源尤其宝贵。闲置耕地面积仅占所有耕地的0.98%，闲置规模一直通过流转、出租等方式得到有效控制，现有闲置耕地因自身资源禀赋不足、利用价值不大而无法流转或出租，因此被弃置。

二、闲置宅基地：政策衔接不足

宅基地是农户个人或者单位通过审批，用于建造住宅及其附属设施的

① 数据来源：西关村访谈、村集体土地流转记录台账。

集体建设用地。2019 年 9 月，中央农村工作领导小组办公室、农业农村部发布《关于进一步加强农村宅基地管理的通知》（中农发〔2019〕11 号），提出要“严格落实‘一户一宅’”“促进宅基地高效利用”。对西关村闲置宅基地面积的调查、测算，涉及现行政村址和搬迁的 6 个自然村原址两部分。其中，现行政村闲置住房 70 处，占地 49 亩，房屋结构与质量完好，可再次用于居住。从本质上说，由于城镇化发展，部分农户前往城镇外出务工，对农村宅基地的依赖性逐渐降低，房屋空置时长超过 1 年，这种房屋空置现象属于农村建设用地低效利用行为，应纳入低效用地范畴，不在闲置宅基地测算范围。6 个自然村旧址距离 2003 年搬迁已有 15 年之久，除少量房屋继续由原村民使用（东羊坊 1 户、麻地沟 3 户、鹰咀墩 1 户）以外，其余均已风蚀倒塌、衰败不堪，完全丧失了房屋居住功能，属于典型的宅基地闲置行为。根据对 6 个自然村的实际走访，通过人工测量，共统计到闲置宅基地面积 31.65 亩，闲置面积占比 8.32%。

三、闲置公共管理与公共服务、商业服务用地：城乡经济体制变迁与产权关系不清

闲置宅基地作为农村闲置土地的主体，备受学界关注。然而，调研发现农村公共管理与公共服务用地闲置情况也不容忽视，这也恰恰是现有研究中关注较少的。近来，已有文献关注农村闲置教育用地问题。受农村人口流向城市、农村学龄人口减少及教育资源质量不高等因素影响，我国农村中小学学校数量呈缩减态势，大量校园校舍闲置或被废弃；而尚处运行中的多数中小学也因学生数量过少而呈低效利用状况。据统计，全国中小学校数量由 1996 年的 71.72 万所下降至 21.38 万所，减少了 70%。大量被撤并校舍一直处于闲置状态，其中 90% 以上位于农村，均未进行处理和开发[5][8]。作为集聚提升类型的中心村，西关村属于后者，现仍运行的西关村小学建筑面积 480 平方米。截至 2019 年，学校仅有学生 4 名，在职老师 6 名，从用地角度来看，土地资源利用较为低效。

然而，与前期问卷设计及在区政府层次的访谈结果不同的是，实地调

研发现教育用地和供销社用地并不是农村公共管理与公共服务用地的全部，甚至也不是主体部分。在对西关村的调研中发现，毗邻交通主地平线的村庄，与交通运输相关的公共管理与公共服务用地比例更高一些。如西关村尚有闲置煤运公司煤检站用地 1 宗，约占 11 亩，建筑面积 1200 平方米，闲置已 3 年多，占比 12.69%；废物回收站 4 个，约占 3 亩，建筑面积 80 平方米，闲置期 2 年，占比 3.46%；临路零售商业店铺 3 间，占地 0.1 亩，建筑面积 70 平方米，闲置期达 3 年，闲置面积占比 0.18%；闲置医疗用地占地 0.3 亩，闲置 4.5 年之久，闲置占比 0.35%。总的来看，公共管理与公共服务闲置用地闲置面积占比最大，合计占比达 16.5%。

农村土地利用变化相对城市要慢很多，不少土地还留有计划经济体制痕迹，如供销合作社、粮站（库）和人民公社等，虽随着经济社会变迁早已退出农村历史舞台，但由于行业行政管理体制尚存，与农村集体土地使用权的历史性关系还存在，因而一直处于闲置状态。调研发现，云州区目前尚存农村供销合作社用地 16 宗，其中 10 宗闲置；农村粮站（库）用地 8 宗，其中仅有 1 宗再利用，其余 7 宗闲置。西关村虽然没有供销合作社、粮站（库），但与计划经济下的煤炭运销体制相适应的煤检站一直闲置，是西关村最大的单宗闲置土地。此类土地产权虽属于村集体，但其上附属设施往往由其他政府部门或团体管理，二者对相应土地缺乏统一明确的认识，因此导致土地长期闲置。

第四节　小结

土地联系着人与产业，在目前阶段是农村最有价值的资源。抓住乡村振兴战略机遇，充分挖掘农村闲置土地资源，促进产业发展，吸引人才回流，通过人才回流提振人气，从而进一步推动农村空置房和闲置土地再利用，可以形成乡村振兴与闲置土地治理“一盘棋”。本章以山西省大同市云州区西关村为研究对象，详细测算了该村各类闲置土地规模，分析了闲置土地成因，并结合西关村产业发展需求和国家政策给出了治理建议，可为乡村振兴战略背景下农村闲置土地治理提供一定借鉴。然而，本章相关探讨局限于集聚提升类村庄，同时涉及搬迁撤并类村庄，其余两类村庄（城郊融合类、特色保护类）则没有提及。不同类型村庄在乡村振兴战略中具有不同地位，闲置土地治理方式也必然存在差异，开展不同类型村庄闲置土地治理方式的比较分析，是值得进一步探讨的方向。

参考文献

[1]李婷婷，龙花楼，王艳飞．中国农村宅基地闲置程度及其成因研究[J]．中国土地科学，2019(12).

[2]欧阳安蛟，蔡锋铭，陈立定．农村宅基地退出机制建立探讨[J]．中国土地科学，2009，23(10)：25－30.

[3]龙开胜，刘澄宇，陈利根．农民接受闲置宅基地治理方式的意愿及影响因素[J]．中国人口·资源与环境，2012，22(9)：83－89.

[4]杨玉珍．农户闲置宅基地退出的影响因素及政策衔接——行为经济学视角[J]．经济地理，2015，35(7)：140－147.

[5]佟艳，牛海鹏，樊良新，等．农户闲置宅基地退出意愿及影响因素研究——以河南省为例[J]．干旱区资源与环境，2017，31(10)：25－30.

[6]朱新华．户籍制度对农户宅基地退出意愿的影响[J]．中国人口·资源与环境，2014，24(10)：129－134.

[7]孙鹏飞，赵凯，贺婧．农村人口老龄化、社会信任与农户宅基地退出——基于安徽省金寨县614户农户样本[J]．华中农业大学学报(社会科学版)，2019(5)：136－145＋173.

[8]金细簪，周家乐，储炜玮．三权改革背景下土地权益与农民永久性迁移分析——来自浙江4个县市4个行政村的实证[J]．人口学刊，2019(5)：101－112.

[9]黄贻芳，钟涨宝．不同类型农户对宅基地退出的响应——以重庆梁平县为例[J]．长江流域资源与环境，2013，22(7)：852－857.

[10]曾芳芳，朱朝枝．休闲农业视野下闲置宅基地开发合理意蕴探析

[J]. 东南学术,2013(3):114－123.

[11]陈铭,亢德芝,伍超,等. 村庄闲置空间规划中的"庭院经济"策略[J]. 规划师,2014,30(6):105－110.

[12]杨遂全,张锰霖,钱力. 城乡一体化背景下农村闲置房屋的出路[J]. 农村经济,2015(1):11－18.

[13]祁全明. 我国农村闲置宅基地的现状、原因及其治理措施[J]. 农村经济,2015(8):21－27.

[14]李欢,张安录. 农村宅基地退出前后农户福利测度及其动态变化——以浙江省德清县201户农户为例[J]. 农业技术经济,2019(7):79－90.

[15]XUESONGKONG,YAOLINLIU,PINGJIANG,et al. A novel framework for rural homestead land transfer under collective ownership in China[J]. Land-UsePolicy,2018(78):138－146.

[16]李升发,李秀彬,辛良杰,等. 中国山区耕地撂荒程度及空间分布——基于全国山区抽样调查结果[J]. 资源科学,2017,39(10):1801－1811.

[17]李永萍. 土地抛荒的发生逻辑与破解之道[J]. 经济学家,2018(10):90－96.

[18]熊正德,姚柱,张艳艳. 基于组合赋权和SEM的农田抛荒影响因素研究——以农民个人资本为视角[J]. 经济地理,2017,37(1):153－161.

[19]李赞红,阎建忠,花晓波,等. 不同类型农户撂荒及其影响因素研究——以重庆市12个典型村为例[J]. 地理研究,2014,33(4):721－734.

[20]宋世雄,梁小英,梅亚军,等. 基于CBDI的农户耕地撂荒行为模型构建及模拟研究——以陕西省米脂县冯阳坬村为例[J]. 自然资源学报,2016,31(11):1925－1937.

[21]杨通,郭旭东,于潇,等. 基于多源数据的村域撂荒驱动力分析及模型模拟[J]. 干旱区资源与环境,2019,33(11):62－69.

[22]巩杰,陈利顶,傅伯杰,等. 黄土丘陵区小流域土地利用和植被恢

复对土壤质量的影响[J]. 应用生态学报,2004,15(12):2292-2296.

[23]罗明忠,刘恺,朱文珏. 产权界定中的农户相机抉择及其行为转变:以农地确权为例[J]. 财贸研究,2018,29(5):43-53.

[24]郑沃林,罗必良. 农地确权颁证对农地抛荒的影响——基于产权激励的视角[J]. 上海财经大学学报,2019,21(4):90-99.

[25]时可,张娜. 对农村中小学闲置校园校舍利用的若干思考[J]. 教育研究,2011,32(7):31-34.

第二篇

公共管理与公共服务用地：以教育用地为例

第三章　闲置规模测度[①]

第一节　问题提出

根据《土地利用现状分类》（GB/T 21010－2017），教育用地归属公共管理与公共服务用地一级类，是指各类教育用地，包括高等院校、中等专业学校、中学、小学、幼儿园及其附属设施用地等。从土地性质来看，农村教育用地属于农村集体建设用地中的公益性公共设施用地，其中大部分所有权属农村集体所有。具体来看，农村闲置教育用地是由于中小学撤并导致闲置且目前暂无明确用途的农村教育用地。

闲置教育用地是世界范围尤其是东北亚范围内的普遍现象，日本、韩国、新加坡、中国香港、中国台湾等国家和地区都面临闲置教育用地处置与再利用问题[1-3]。改革开放以来，随着工业化、城市化进程不断加快，我国义务教育适龄人口数不断减少，小学生数量和中学生数量均呈现下降趋势，尤其是农村地区，中小学人数由2001年的1.17亿人降至2017年的3419万人，不到20年时间减少近71%，有些地方甚至出现老师比学生多的现象。为解决农村地区学校分散、教师素质参差不齐等问题，提高教学质量，我国2001年启动“撤点并校”工作，该政策显著降低了农村地区儿童辍学的概率，但也直接造成了大量农村中小学闲置。这些学校闲置

---

① 本章撰写：邵俊霖、王英杰、于姝婷。本章主要内容以《乡村振兴战略背景下我国农村闲置教育用地规模测度与治理分析》为题，发表于《社会治理》2022年第5期。

后，课桌、讲台等可移动资产大多被本乡镇学校利用，而不可移动的土地作为重要的农村教育资源，又是宝贵的农村建筑用地，却一直未得到充分利用，造成了严重的资源浪费。[4][5]

《中共中央 国务院关于实施乡村振兴战略的意见》和《乡村振兴战略规划（2018—2022 年）》指出要盘活农村存量建设用地，作为乡村振兴的用地保障。作为农村建设用地的一部分，全国闲置教育用地规模有多大?在乡村振兴中如何发挥作用？这些问题尚未引起学界关注和重视。在乡村振兴战略背景下，对农村现有闲置教育用地进行估算并探讨其再利用途径，具有重要的理论和现实意义。

第二节　农村教育用地规模变化

根据《中国教育统计年鉴》，可获得 2003—2017 年全国普通中小学占地面积数据。此间，中小学占地面积逐年减少，2003 年占地 290727 公顷，2017 年减少至 152842 公顷，减少 47.43%，其中 2010—2011 年减少最为明显（图 3 - 1），原因在于 2011 年教育部使用了国家统计局新颁布的《统计用城乡划分代码》，将原来的城市、县镇、农村三分类调整为城区（含主城区、城乡接合区）、镇区（含镇中心区、镇乡接合区、特殊区域）和乡村（含乡中心区、村庄）三大类七小类。根据国家统计局相关规定，镇

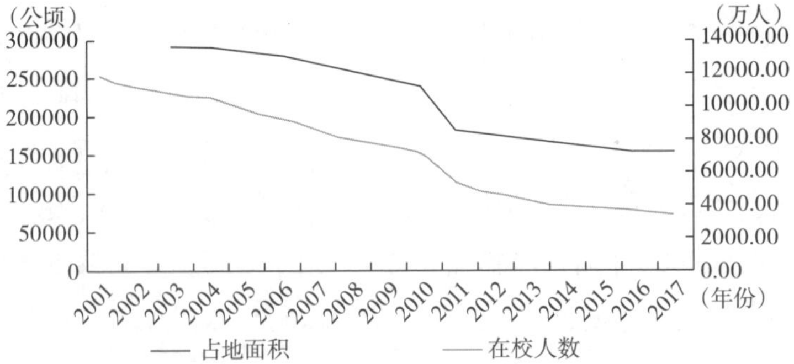

图 3 - 1　全国（不含港澳台）农村中小学占地面积、在校人数

乡接合区指与镇的公共设施、居住设施等部分连接的村级地域，口径调整前的乡村指城镇地区以外的其他地区，包括集镇和农村。《中国教育统计年鉴》2010 年及以前统计的农村中小学占地面积应包含 2011 年及以后年鉴中的镇乡接合区中小学占地面积。2011 年镇乡接合区中小学占地面积约为 42513 公顷，加上乡村中小学占地面积 182904 公顷，合计 225417 公顷，比 2010 年 238773 公顷减少 13356 公顷，与其他年份趋势一致。

分地区看，东、中、西部和东北分别减少 41294 公顷、36371 公顷、35648 公顷、24573 公顷。分省份看，上海、浙江、西藏分别增加 21 公顷、1209 公顷、181 公顷；除此之外，其余省份均减少，其中江苏减少约 13737 公顷，在所有省份中占比最大，黑龙江、湖北、辽宁、山东、内蒙古、广东等省（自治区、直辖市）减少均超过 8000 公顷（图 3－2）。

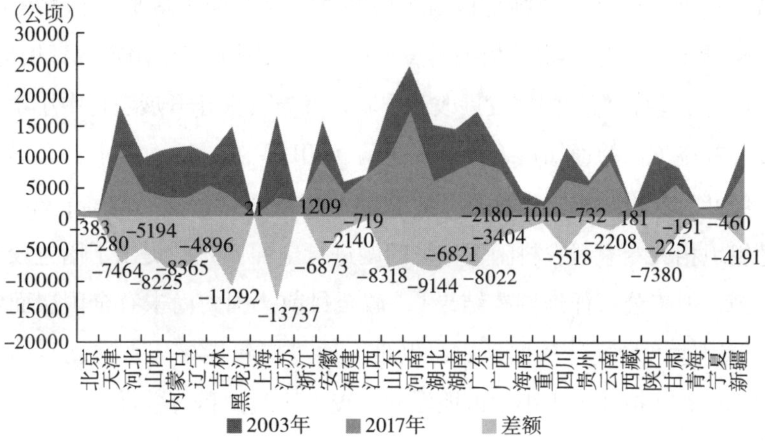

图 3－2 各省（自治区、直辖市）2003 年与 2017 年中小学占地面积对比

第三节 闲置规模测算方法

闲置土地规模测度一直是学界研究的难点，目前此类研究主要有两类方法。第一类是通过土地利用规划数据或实地勘查方式对某地区闲置土地规模进行计算[6]。第二类是针对全国性且分散的、无法通过土地利用规划数据或实地勘查的闲置土地资源，又可分为两种计算方法：一是通过构建指标体系和逐步回归法对闲置土地数量进行估算，如利用税收额、财政收入额、工业收入等经济因子与开发区闲置土地数量存在相关关系，并通过逐步回归分析出开发区闲置土地总量[7]；二是通过抽样结果来表征，如运用中国家庭收入调查（CHIP）数据对闲置耕地时空变化特征进行分析，虽不能直接测量出我国闲置耕地总面积，但可用耕地闲置面积比（调查农户闲置耕地面积占农户总耕地面积的比）来表征中国耕地闲置水平[8]。

根据《土地利用现状分类》（GB/T 21010－2017），教育用地归属于公共管理与公共服务用地一级类，是指各类教育用地，包括高等院校、中等专业学校、中学、小学、幼儿园及其附属设施用地等。闲置教育用地与闲置校舍概念不同，闲置教育用地是由于撤并等导致闲置且目前暂无明确用途的教育用地；闲置校舍则是指因布局调整、生源流失等原因撤并停办的校舍，包括土地、建筑物及相关附属设施等，范围上广于闲置教育用地。

2011 年，教育部、国家发展改革委联合发布《关于开展农村中小学闲置校园校舍普查工作的通知》（教基一厅函〔2011〕11 号），要求对布局调整中撤并停办的农村中小学土地面积、权属、建成年代等进行普查；2013 年，教育部组织相关专家对农村闲置校舍问题进行全面调查，提出了闲置校舍的处置措施，但未公布详细调查结果①。截至目前，国内尚未有全国层面农村闲置教育用地相关统计数据披露，也难以通过构建指标体系并逐步回归分析。因此，本文拟通过中小学占地面积、竣工建筑面积等数据，结合《农村普通中小学建设标准》，对全国农村闲置教育用地进行测算。

第四节　测算过程与结果

设 y_t 表示第 t 年新增农村闲置教育用地面积，m_t^i 表示第 t 年处置的第 i

① 教育部:《关于政协十二届全国委员会第四次会议第 0842 号(教育类 092 号)提案答复的函》,http://www.moe.gov.cn/jyb_xxgk/xxgk_jyta/jyta_jcys/201701/t20170104_293879.html,访问日期:2022 年 2 月 18 日。

年形成的农村闲置教育用地面积，s_t 表示第 t 年农村中小学占地面积，n_t 表示第 t 年新建农村中小学占地面积，则有

$$s_t = s_{t-1} + n_t - (y_t + m_t^i) \tag{1}$$

设第 t 年新增农村中小学建筑面积为 k_t，其中新建学校建筑面积占比为 α，建筑面积与用地面积之比为 β，则

$$n_t = \alpha k_t/\beta \tag{2}$$

由式（1）、式（2）可得，

$$y_t = s_{t-1} + \alpha k_t/\beta - s_t - m_t^i \tag{3}$$

式（3）中，s_t、s_{t-1}、k_t 均可从《中国教育统计年鉴》获取。1996 年发布的《农村普通中小学建设标准（试行）》和 2008 年发布的《农村普通中小学建设标准》都根据学校类别及规模制定了生均建筑面积和生均用地面积相关标准，据此可计算出不同类别学校的 β 值（表 3－1）。β 值越小，y_t 值越大。经综合比较，本文取 β 值为 0.3。

由于闲置土地处置周期较长，当年产生当年处置的情况较为少见，因此在全国角度 m_t^i 可近似为 0。式（3）可简化为

$$y_t = s_{t-1} + \alpha k_t/\beta - s_t \tag{4}$$

取 α 为 1、0.5 或 0，可分别测出 2003—2017 年历年新增闲置教育用地面积及累计新增面积（表 3－2）。

表 3－1 生均用地面积与建筑面积标准

学校类别及规模		1996 年版			2008 年版		
		生均用地面积（m^2）	生均规划建筑面积（m^2）	建筑面积与用地面积比	生均用地面积（m^2）	生均规划建筑面积（m^2）	建筑面积与用地面积比
非完全小学	4 班	22	4.78	0.22	25	5.58	0.22
完全小学	6 班	28	7.02	0.25	34	8.25	0.24
	12 班	22	5.98	0.27	29	7.81	0.27
	18 班	18	5.47	0.30	23	6.75	0.29
	24 班	—	—	—	20	6.54	0.33

续表

学校类别及规模		1996 年版			2008 年版		
		生均用地面积（m^2）	生均规划建筑面积（m^2）	建筑面积与用地面积比	生均用地面积（m^2）	生均规划建筑面积（m^2）	建筑面积与用地面积比
初中	12 班	26	10.25	0.39	30	10.00	0.33
	18 班	24	9.72	0.41	29	8.92	0.31
	24 班	23	9.41	0.41	25	8.56	0.34

累计新增闲置教育用地面积减去累计减少闲置教育用地面积即净增闲置教育用地面积，用 Y_t 表示第 t 年净增闲置教育用地面积，可得

$$Y_t = \sum_1^t y_t - \sum_1^t \sum_1^i m_t^i \tag{5}$$

由于 $\sum_1^t \sum_1^i m_t^i \geqslant 0$，故 $Y_t \leqslant \sum_1^t y_t$，截至 2017 年全国累计净增农村闲置教育用地上限范围为 9.5 万～17.4 万公顷。

历年处置农村闲置教育用地准确数据不可得，但 2017 年教育部经商国家发展改革委，在答复全国政协关于合理利用农村闲置教育资源的相关提案时提及，2010—2015 年，全国新建改扩建幼儿园 12 万所，主要方式就是利用农村闲置校舍新建改扩建幼儿园和增设农村小学附属幼儿园①。按照每所闲置校舍 0.4 公顷计算，则累计处置闲置教育用地 4.8 万公顷，剩余闲置教育用地 4.7 万～12.9 万公顷。

综合上述两种估算方法，全国闲置教育用地规模保守估计在 5 万公顷至 10 万公顷，相当于一个中等县城的国土面积。

① 教育部:《关于政协十二届全国委员会第五次会议第 4071 号(教育类 417 号)提案答复的函》, http://www.moe.gov.cn/jyb_xxgk/xxgk_jyta/jyta_jijiaosi/201803/t20180309_329430.html, 访问日期:2022 年 2 月 18 日。

表 3-2 2003—2017 年历年新增闲置教育用地面积及累计新增面积

参数	项目	2003 年	2004 年	2005 年	2006 年	2007 年	2008 年	2009 年	2010 年	2011 年	2012 年	2013 年	2014 年	2015 年	2016 年	2017 年
—	占地面积	290727	291342	284545	280197	267225	257721	247864	238773	182904	174314	169980	163610	159532	155429	152842
—	新增建筑面积	1377	1344	1418	1617	1299	1310	1707	1811	1048	1141	1682	2037	2090	2490	2523
$\alpha=1$	新增占地面积	4591	4481	4727	5390	4330	4366	5690	6036	3492	3803	5608	6789	6965	8300	8410
	新增闲置面积		3866	11525	9738	17302	13869	15547	15127	16848	12393	9942	13159	11044	12403	10998
	合计新增	173758														
$\alpha=0.5$	新增占地面积	2295	2240	2364	2695	2165	2183	2845	3018	1746	1901	2804	3394	3483	4150	4205
	新增闲置面积		1626	9161	7043	15137	11686	12702	12109	15102	10491	7138	9764	7561	8253	6793
	合计新增	134566														
$\alpha=0$	新增闲置面积		-615	6797	4348	12972	9503	9857	9091	13356	8590	4334	6370	4079	4103	2587
	合计新增	95373														

参考文献

[1]张中豹,杨倩茹. 日本“废校利用”研究[J]. 全球教育展望,2017,46(03):93-102+117.

[2]汤志民. 校园闲置空间再利用之探析[J]. 校园建筑与运动空间活化再利用(第3-63页).

[3]香港特别行政区政府地政总署.《政府用地包括空置校舍(短期用途):以短期形式使用空置的政府用地作社区、团体或非牟利用途》,https://www.landsd.gov.hk/tc/vgl/vgl.htm,2021,访问日期:2022年2月18日。

[4]张为伟. 撤点并校政策、父母外出务工与我国农村地区儿童辍学[J]. 科学决策,2017(5):79-94.

[5]时可,张娜. 对农村中小学闲置校园校舍利用的若干思考[J]. 教育研究,2011,32(7):31-34.

[6]龙开胜,秦洁,陈利根. 开发区闲置土地成因及其治理路径——以北方A市高新技术产业开发区为例[J]. 中国人口·资源与环境,2014,24(1):125-131.

[7]何书金,苏光全. 开发区闲置土地的数量、分布与利用潜力[J]. 地理科学进展,2000(4):343-350.

[8]金芳芳,辛良杰. 中国闲置耕地的区域分布及影响因素研究[J]. 资源科学,2018,40(4):719-728.

第四章　治理政策成效与困境①

本课题组通过“北大法宝”数据库、政府门户等多种渠道全面检索和收集，整理出涉及“农村闲置校舍”“农村闲置校园”相关内容的政策性文件共1610份，其中中共中央、国务院、中共中央办公厅、国务院办公厅等中央政策文件12份；教育部、财政部、人力资源和社会保障部、民政部、农业农村部、卫生健康委、国家发展改革委、团中央等部委政策文件34份；各省（自治区、直辖市）、地级市和区县等地方性政策文件共1564份，覆盖了全国31个省、自治区和直辖市。

第一节　回顾

一、政策模糊时期

我国农村闲置教育用地的第一个时期是2002年到2011年，这一时期涉及闲置教育用地利用的中央和各部委政策较少，并且不同部门之间的指导意见存在矛盾（表4－1）。2002年，教育部基础教育司发布《关于加强基础教育办学管理若干问题的通知》（教基〔2002〕1号，2007年废止）指出，中小学布局调整后的公办学校闲置校产需由教育行政部门进行统筹，并规定继续用于举办基础教育或社区教育机构。即使无法继续办学，

① 本章撰写：邵俊霖、王英杰、于姝婷。部分内容以《乡村振兴战略背景下我国农村闲置教育用地规模测度与治理分析》为题，发表于《社会治理》2022年第5期。

校产置换所得资金也必须全部用于基础教育。后于2006年，教育部再次发布《关于实事求是地做好农村中小学布局调整工作的通知》，要求闲置的校园校舍应由县级教育行政部门统一处置，处置所得应用于当地发展义务教育。而中共中央办公厅、国务院办公厅于2005年发布的《关于进一步加强农村文化建设的意见》（中办发〔2005〕27号）指出，学校布点整顿中腾出的闲置校舍，可改造为村文化活动基地。2007年，为加强农村劳动力实用技术培训，提高农民生产的能力，教育部职业教育与成人教育厅发布《关于2006年教育系统农村实用技术培训情况及2007年工作计划的通报》（教职成厅〔2007〕15号）指出，一些地方撤点并校闲置的校舍应作为农民培训和开展学前教育的场所。同年，国务院办公厅和国务院农村综合改革工作小组发布《关于开展清理化解农村义务教育"普九"债务试点工作意见的通知》（国办发〔2007〕70号）指出，为化解我国在农村推行普及九年义务教育制度时产生的债务，可以通过盘活闲置校产筹集偿债资金。

表4-1　闲置教育用地再利用政策颁布历程（2002—2007年）

发布部门	时间	政策名称	涉及内容
教育部基础教育司	2002年	《关于加强基础教育办学管理若干问题的通知》	中小学布局调整后的公办学校闲置校产需由教育行政部门进行统筹，并规定继续用于举办基础教育或社区教育机构。即使无法继续办学，校产置换所得资金也必须全部用于基础教育
中共中央办公厅、国务院办公厅	2005年	《关于进一步加强农村文化建设的意见》	学校布点整顿中腾出的闲置校舍，可改造为村文化活动基地
教育部基础教育司	2006年	《关于实事求是地做好农村中小学布局调整工作的通知》	闲置的校园校舍，应由县级教育行政部门统一处置，处置所得应用于当地发展义务教育
教育部职业教育与成人教育厅	2007年	《关于2006年教育系统农村实用技术培训情况及2007年工作计划的通报》	一些地方撤点并校闲置的校舍应作为农民培训和开展学前教育的场所

续表

发布部门	时间	政策名称	涉及内容
国务院办公厅和国务院农村综合改革工作小组	2007 年	《关于开展清理化解农村义务教育“普九”债务试点工作意见的通知》	可以通过盘活闲置校产筹集偿债资金

注：表格内容由作者根据政策文本整理而成。

二、政策规范时期

为妥善处置“撤点并校”后出现的大量农村闲置教育用地，防止农村教育资源浪费，各项政策陆续出台。2011 年，教育部办公厅、国家发展和改革委员会办公厅发布《关于开展农村中小学闲置校园校舍普查工作的通知》（教基一厅函〔2011〕11 号），要求对农村中小学闲置校舍进行普查，制定相关管理办法。2012 年，中共教育部党组发布《关于教育系统认真学习贯彻党的十八大精神的通知》，要求教育系统督促各地出台贯彻落实制定义务教育闲置校园校舍综合利用的指导意见。随后教育部也将制订义务教育闲置校园校舍综合利用的指导意见纳入 2013 年的工作重点（表 4－2）。

表 4－2 闲置教育用地再利用政策颁布历程（2011—2015 年）

发布部门	时间	政策名称	涉及内容
教育部办公厅、国家发展和改革委员会办公厅	2011 年	《关于开展农村中小学闲置校园校舍普查工作的通知》	对农村中小学闲置校舍进行普查，制定相关管理办法
中共教育部党组	2012 年	《关于教育系统认真学习贯彻党的十八大精神的通知》	要求教育系统督促各地出台贯彻落实制定义务教育闲置校园校舍综合利用的指导意见
教育部	2012 年	关于印发《国家教育事业发展第十二个五年规划》的通知	改造中小学闲置校舍和新建幼儿园相结合扩大学前教育资源
农业部办公厅	2012 年	《关于做好 2012 年农民创业工作联系点工作的通知》	地方政府可利用闲置校舍建设农民创业基地（园），并给予相关改造金融支持
教育部	2013 年	《2013 年教育部工作重点》	制订义务教育闲置校园校舍综合利用指导意见

续表

发布部门	时间	政策名称	涉及内容
财政部、教育部	2013 年	《关于做好 2013 年中西部农村偏远地区学前教育巡回支教试点工作的通知》	可利用农村闲置校舍设置巡回支教点以加强农村偏远地区学前教育
国家发展改革委	2013 年	关于印发《2012 年西部大开发工作进展情况和 2013 年工作安排》的通知	学前教育投入进一步加大，重点支持利用农村闲置校舍改扩建幼儿园
教育部、司法部、中央综治办等 5 部门	2013 年	《关于进一步加强青少年学生法制教育的若干意见》	利用闲置的校舍场地，规划建设专门的青少年法制教育基地
农业部办公厅、中国民生银行	2014 年	《关于推荐 2014 年农产品加工业休闲农业农民创业项目的通知》	地方政府可利用闲置校舍建设农民创业基地（园），并给予相关改造金融支持
教育部、共青团中央、全国少工委	2015 年	《关于加强中小学劳动教育的意见》	充分利用闲置校舍建立工业生产、农业生产、财经贸易、商业服务等各行业劳动教育实践基地，提高广大中小学生的劳动素养

注：表格内容由作者根据政策文本整理而成。

这一时期的地方政府响应程度有一定提升，部分省、市出台或制定相应的政策和方案，相关市、县政府出台了带有领导小组、处置工作步骤、时间安排和具体措施的闲置校园校舍综合利用方案，如江西、新疆、安徽、广西、陕西都于 2011 年发布开展农村中小学闲置校园校舍普查工作的通知。但仍有大量省、市并未出台相关方案。

三、政策落实时期

2016 年，国务院发布《关于统筹推进县域内城乡义务教育一体化改革发展的若干意见》（国发〔2016〕40 号）指出，要合理制定闲置校园校舍综合利用方案，严格规范权属确认、用途变更、资产处置等程序，并优先用于教育事业。并在 2017 年 1 月印发的《〈国家教育事业发展“十三五”规划〉的通知》（国发〔2017〕4 号）中再次指出，要合理制定闲置校园校舍综合利用方案，优先用于教育事业发展，统筹规划城乡教育发展。同年3月，国务院办公厅发布《关于进一步激发社会领域投资活力的意见》（国办发〔2017〕21号），要求教育部牵头会同民政部、国家卫生计生委、文化部、体育总局等部门负责制定闲置校园校舍综合利用方案，优先用于教育、养老、医疗、文化、体育等社会领域。2018年，中共中央、国务院发布《关于学前教育深化改革规范发展的若干意见》指出，农村中小学闲置校舍以租赁、租借、划转等形式举办公办园，拓宽学前教育的资源供给途径。2019年，国家发展改革委、教育部、人力资源和社会保障部关于修订印发《教育现代化推进工程实施方案》《教育现代化推进工程中央预算内投资项目管理办法》的通知提出，支持利用闲置校舍装修改建幼儿园园舍，努力挖潜扩大增量；国家发展改革委、中央宣传部、教育部等关于印发《〈加大力度推动社会领域公共服务补短板强弱项提质量 促进形成强大国内市场的行动方案〉的通知》（发改社会〔2019〕0160号）提出，利用闲置校舍建立婴幼儿看护中心，补强非基本公共服务弱项；国家发展改革委、民政部、卫生健康委《关于印发〈城企联动普惠养老专项行动实施方案（试行）〉的通知》（发改社会〔2019〕333号），将闲置校舍改建养老服务设施列为中央预算内投资支持内容；自然资源部印发的《关于加强规划和用地保障支持养老服务发展的指导意见》提出，鼓励盘活利用乡村闲置校舍建设敬老院、老年活动中心等乡村养老服务设施。2020年，教育部、浙江省人民政府发布《关于推进职业教育与民营经济融合发展助力"活力温台"建设的意见》（浙政函〔2020〕136号）提出，对优质教育品牌民办学校利用公办闲置校舍办学给予低租金优惠，激发企业参与职业教育新动能（表4-3）。

表4-3 闲置教育用地再利用政策颁布历程（2016—2020年）

发布部门	时间	政策名称	涉及内容
国务院办公厅	2016年	《关于支持返乡下乡人员创业创新促进农村一二三产业融合发展的意见》	鼓励将闲置校舍用于返乡下乡人员创业创新

续表

发布部门	时间	政策名称	涉及内容
国务院	2016 年	《关于统筹推进县域内城乡义务教育一体化改革发展的若干意见》	合理制定闲置校园校舍综合利用方案，严格规范权属确认、用途变更、资产处置等程序，并优先用于教育事业
国务院	2017 年 1 月	关于印发《〈国家教育事业发展“十三五”规划〉的通知》	合理制定闲置校园校舍综合利用方案，优先用于教育事业发展，统筹规划城乡教育发展
国务院办公厅	2017 年 3 月	《关于进一步激发社会领域投资活力的意见》	要求教育部牵头会同民政部、国家卫生计生委、文化部、体育总局等部门负责制定闲置校园校舍综合利用方案，优先用于教育、养老、医疗、文化、体育等社会领域
中共中央、国务院	2018 年	《关于学前教育深化改革规范发展的若干意见》	农村中小学闲置校舍以租赁、租借、划转等形式举办公办园，拓宽学前教育的资源供给途径
国家发展改革委、教育部、人力资源和社会保障部	2019 年	《教育现代化推进工程实施方案》《教育现代化推进工程中央预算内投资项目管理办法》	支持利用闲置校舍装修改建幼儿园园舍，努力挖潜扩大增量
国家发展改革委、中央宣传部、教育部	2019 年	《加大力度推动社会领域公共服务补短板强弱项提质量 促进形成强大国内市场的行动方案》	利用闲置校舍建立婴幼儿看护中心，补强非基本公共服务弱项
国家发展改革委、民政部、卫生健康委	2019 年	《城企联动普惠养老专项行动实施方案（试行）》	将闲置校舍改建养老服务设施列为中央预算内投资支持内容
自然资源部	2019 年	《关于加强规划和用地保障支持养老服务发展的指导意见》	鼓励盘活利用乡村闲置校舍建设敬老院、老年活动中心等乡村养老服务设施
教育部、浙江省人民政府	2020 年	《关于推进职业教育与民营经济融合发展助力“活力温台”建设的意见》	对优质教育品牌民办学校利用公办闲置校舍办学给予低租金优惠，激发企业参与职业教育新动能

注：表格内容由作者根据政策文件整理而成。

通过政策历程梳理可以看出，中央层面和各部委不断放宽农村闲置教育用地的利用方式，并不断推动地方政府进行利用（图4－1）。

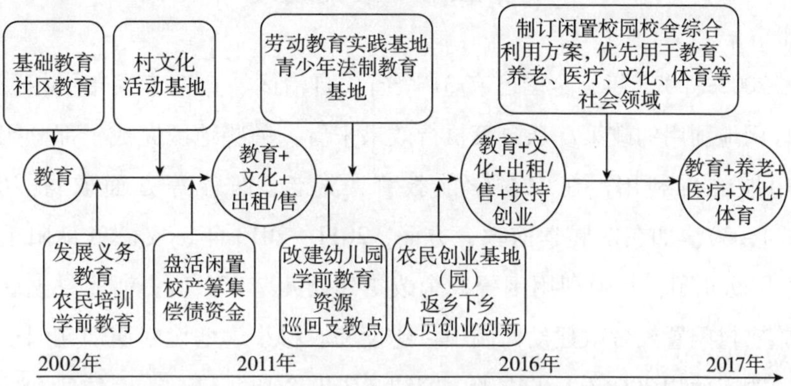

图4－1　闲置教育用地可利用方式变迁

同时，自2016年开始，地方政府对于闲置教育用地再利用的政策响应也不断增强。尽管政策性文件总量丰富，但直接出台的专项政策和方案仍较少。截至2019年，仅有24篇直接针对闲置校园校舍的地方规范性文件或地方工作文件，闲置教育用地的再利用情况仍不乐观（图4－2）。

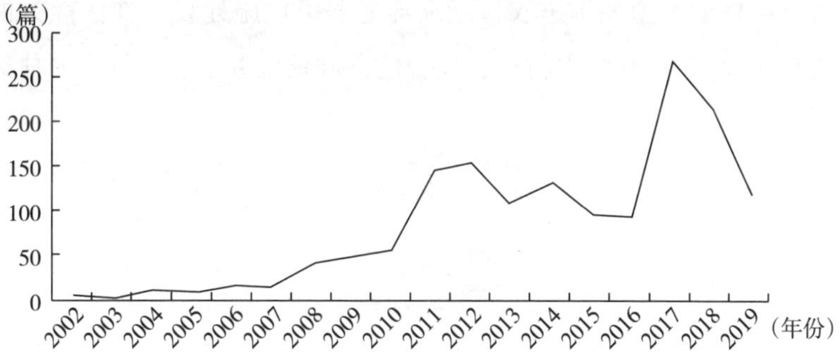

图4－2　相关政策年度趋势

第二节　政策成效

2002—2023 年，全国已有 31 个省、自治区、直辖市发布了相关闲置教育用地利用的政策。从政策执行效果来看，一些地区完成了部分闲置教育用地的再利用，在农村学前教育、养老、医疗等方面取得了成效（图 4－3）。如在发展学前教育方面，2011—2013 年，安徽省阜阳市建设 371 所幼儿园，其中利用闲置校舍改扩建幼儿园 173 所；河北省先后组织实施农村闲置校舍改建幼儿园项目建设和农村小学增设附属幼儿园项目建设，改建面积 396.7 万平方米，容纳 2.3 万个幼儿班，入园幼儿 68 万名；2019 年，河北省邯郸市“一村一园”项目计划积极争取中央专项资金支持，共投资 987 万元，利用农村闲置校舍改建 8 所幼儿园。在养老服务方面，云南省文山州在“十三五”期间共整合农村闲置校舍改扩建老年活动中心 100 个以上，达成每个县均有 1 所照料护理型养老服务机构目标，服务能力大幅增强；福建省于 2017 年新建 300 所农村幸福院，充分利用闲置校舍等社会资源，全面推进农村互助养老服务设施建设。在医疗方面，宁夏中卫市于 2013 年整合农村闲置校舍建立病残服务中心，提升农村医疗服务质量。

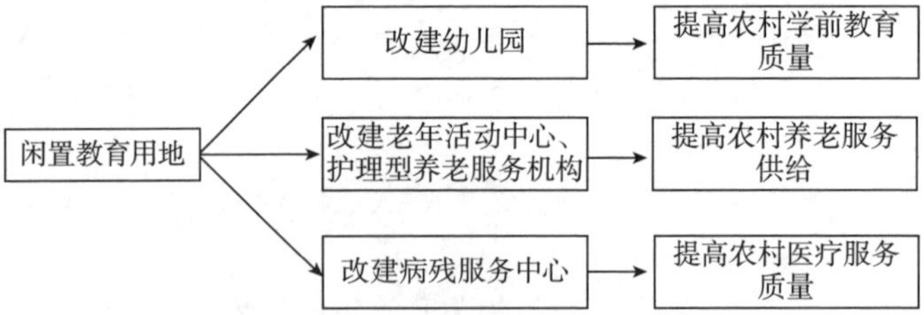

图 4－3　政策执行效果

与此同时，闲置教育用地政策也存在以下主要问题。

一、政策强度低

通过对国家层面政策文本研究可以发现，党中央、国务院以及教育部、国家发展改革委等部委从开始关注农村闲置教育用地问题到不断推动的过程中，对于闲置教育用地的利用方式呈现不断放宽的趋势。但专项文件一直未出台，涉及闲置校园校舍的意见均散见于“农业农村”“教育事业”“区域发展”“社会投资”等其他主题文件中。[1]由于专项国家性政策的缺失，整体政策的规范强度低，导致地方政府缺乏出台相关专项政策的政策动力，普查闲置教育用地现状、设计再利用方式的积极性低。

二、政策落实差

通过对地方层面政策文本研究可以发现，地方层面政策文件存在专项政策文件较少、法律效力层级较低的特点。从政策内容上看，农村闲置教育用地利用原则、方式、层序以及规定时间等具体要求存在严重缺失，导致政策的可操作性弱。同时由于农村教育用地再利用涉及教育、国土资源、财政等多部门，需要多部门合作才能有效解决。但非专项政策往往难以规定相关领导小组的成立，使得责任主体不明确，执行性弱。

三、政策扩散少

虽然从整体来看，农村闲置教育用地再利用的专项政策较少，但仍存在明显的省际差异。如福建、安徽两省于2006年和2011年就出台了农村中小学闲置校园校舍处置工作的指导意见，意见包含处置范围、原则、程序、方式，并对以往出现的产权不清、管理主体缺位等问题进行了具体规定。随后两省市、县级地方政府也做出了积极响应，虽然农村闲置教育用地再利用过程中仍存在利用效率低、利用方式不可持续等问题，但相对来说问题得到了较好解决。然而福建、安徽的政策经验并没有及时扩散到其他省份，时至2020年，仍有部分省份没有出台具体的指导意见，农村闲置教育用地的利用情况仍处于模糊当中。

第三节　治理困境

为妥善处置闲置校舍，教育部早在2002年就发布《关于加强基础教育办学管理若干问题的通知》（教基〔2002〕1号，2007年废止）指出，中小学布局调整后的公办学校闲置校产由教育行政部门进行统筹。《教育部关于实事求是地做好农村中小学布局调整工作的通知》（教基〔2006〕10号）、《教育部关于“十二五”期间加强学校基本建设规划的意见》（教发〔2010〕7号）、《国务院办公厅关于支持返乡下乡人员创业创新促进农村一二三产业融合发展的意见》（国办发〔2016〕84号）、《国务院办公厅关于全面加强乡村小规模学校和乡镇寄宿制学校建设的指导意见》（国办发〔2018〕27号）等文件，都对闲置校舍综合利用工作提出了要求和指导性意见。地方上，福建省教育厅2006年联合财政厅、民政厅共同发布《关于福建省农村中小学闲置校舍处置的意见》（闽教财〔2006〕66号），要求各地成立由教育、财政、民政等部门共同组成的农村中小学闲置校舍处置领导小组，及时处理农村中小学闲置校舍；2009年又进一步发布通知，对辖区内仍未处置的农村中小学闲置校舍进行排查、核实，通过规定程序置换、变卖或调整用于乡镇公益教育事业机构管理，无法按照上述方式处置的，交付给村委会作为集体财产管理使用。然而，历经十余年，闲置校舍与闲置教育用地问题依然无法得到有效解决。近年来，江西、贵州等省份纷纷开始加大农村闲置校舍的处置力度，要求全面排查农村闲置中小学位置、数量、质量、占地面积、建筑面积和土地使用权、房屋所有权等情况。造成闲置校舍处置困难的原因是多方面的，主要包括：

（1）房屋、教学设备等固定资产产权不清。与城市学校由政府财政单一投入不同，农村学校资产来源是多方面的，学校建立之初，村民、集体、国家均参与投入，包括财政投资建设、村集体集资建设、个人或企业捐建等，产权情况复杂，且多数学校由于历史久远、早期资产管理不规范等原因，诸多共有资产难以划分各投资主体的权属比例，固定资产处置无法推进，则闲置教育用地问题亦无法进一步解决：闲置后对于校舍完好、利用价值大、交通便利的部分，存在产权之争；对于校舍破损严重，交通不便的部分则相互推诿。[2]

（2）不同层级权责利划分不清。2003 年前后，全国推行农村税费体制改革，建立了“以县为主”的农村义务教育体制，乡镇、村在义务教育管理中的责任逐渐弱化，而县级教育部门对农村中小学管理能力有限，导致很多闲置学校处于村不管、乡不管、教育行政部门不管的“三不管”状态。此外，乡村与县级教育管理部门在如何分配闲置学校处置收益问题上存在纷争，难以达成一致，进而导致闲置学校处置困难。

（3）不同部门联动不足。现阶段无论中央还是地方，关于闲置校舍处理的文件中都未见土地管理部门参与，农村闲置校舍处置主要由教育部门负责，部分地区联合财政、民政等相关部门共同处置，但这些部门只负责校产处理，一直未触及闲置教育用地再利用问题，不利于闲置学校问题的解决。

第四节　再利用方式

乡村振兴战略中将村庄划分为集聚提升类、城郊融合类、特色保护类、搬迁撤并类四大类，处于不同村庄的闲置教育用地情况不同，应以县为单位，由县政府相关部门如教育局及乡（镇）政府、村委会等管理主体共同研究制定处置方案，结合乡村振兴战略，根据所处乡村不同发展现状、区位条件以及产权是否清晰等，实行分类处置利用（图 4－4）。

一、继续用于教育用途

针对集聚提升类村庄和城郊融合类村庄建筑质量较好的闲置教育用地，优先考虑教育系统内部调整使用，如复校储备用地或作为其他教育用地。在乡村振兴战略中，集聚提升类村庄属于中心村，是成为乡村振兴的重点；城郊融合类村庄，则具有向城市转型的条件，未来将会有更多的人口转移至集聚提升类和城郊融合类村庄。随着人口增加，教育需求也会增

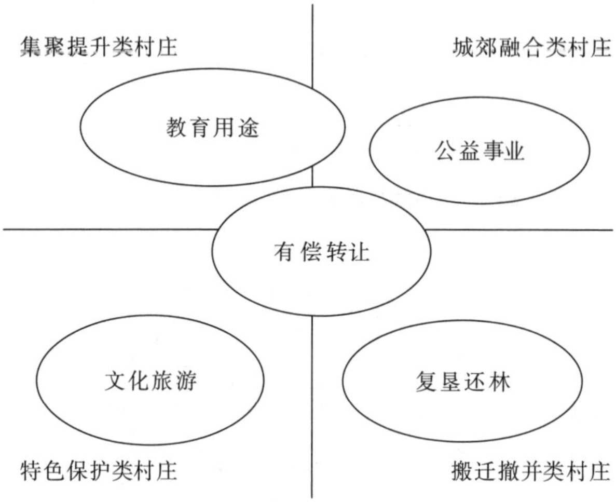

图4－4　农村闲置教育用地再利用方式

加，应综合考虑未来人口数、适龄儿童数量以及当地教育投入能力等，适当进行复校或预留复校土地。这既符合乡村振兴过程中乡村的发展趋势，又能确保乡村振兴战略的主体乡村有一定教育资源，让乡村留得住学校，留得住乡村文化阵地，促进乡村振兴战略的实施。如在云州区，就已有两个村庄完成复校。

二、农村公益事业

随着脱贫攻坚工作的推进，各地一般根据乡村需要，将部分闲置教育用地改造成养老院、社区服务中心等[3]。针对城郊融合类村庄适宜居住但又难以进行复校，或教育系统不再使用的闲置校园校舍的地区，可考虑将闲置教育用地用作农村公益事业。城郊融合类村庄需要承担城市外溢，可将闲置的校舍改成仓库或者行政楼[4]。特色保护类村庄历史文化资源丰富，可重点发展乡村旅游和特色产业。上述两类村庄均会承载更多的人口，需要提升公共服务能力，将两类村庄闲置教育用地用于公益事业、乡村旅游用地或设施等，将有助于丰富当地居民生活设施，提高村庄公共基础设施配置比率，提升村庄公共服务和产业发展水平。

三、复垦还林

搬迁撤并类村庄大都生存条件恶劣，“一方水土养不了一方人”。这类村庄易地搬迁或撤并后，原村庄闲置教育用地应该与住宅用地、公共基础设施用地等一起，及时拆除并进行复垦还林。截至2020年底，各地区顺利完成960万建档立卡贫困户的搬迁工作①。异地扶贫搬迁村庄，撤并后应由迁入村庄统筹考虑公共服务设施用地需求（如当地村庄有没有复校或扩大公共建设需求等）与复垦还林还绿工作。此外，对于属于D级危房的闲置教育用地也应及时拆除，因地制宜进行复垦还林，提高生态绿化面积，改善乡村生态环境。

四、有偿转让

大规模的教育用地闲置导致土地利用率不高，这无疑与政府主导的体制机制密切相关。土地闲置既有市场失灵的原因，也有政府治理缺陷的存在[5][6]。对于闲置教育用地来说，主要体现为政府失灵，且发生于政府内部，体现为计划管理机制的失效。因此，应积极引入市场机制弥补治理缺陷，如通过公平、公正、公开的方式，有偿转让、出租闲置教育用地，以提高闲置教育用地资产使用效率。对于以上三类村庄中不适宜继续用于教育事业，但仍有一定利用价值的闲置教育用地，即可以采用有偿转让方式提高土地再利用率。

第五节 小结

乡村振兴战略为农村土地整治提供了驱动力，同时农村土地整治也为实现乡村振兴提供了着力点[7]。激活农村土地资源资产价值，是乡村振兴

① 光明网:《5年960多万人“挪穷窝”,这项任务难在哪儿?》,https://m.gmw.cn/2020-12/09/content_1301920823.htm,访问日期:2022年3月1日。

战略的内在要求，可以提高土地资源利用率，保障乡村振兴用地需求。本文利用《中国教育统计年鉴》中2003—2017年农村中小学占地面积、新增建筑面积等数据，结合建筑面积与占地面积的比例关系，初步估算2003—2017年我国农村中小学闲置教育用地面积，并与部分省市公开数据进行相互印证，具有较高可信度。鉴于农村闲置教育用地规模较大，充分再利用闲置教育用地可以为乡村振兴提供必要的用地资源保障。建议抓住乡村振兴战略契机，紧密结合《乡村振兴战略规划（2018—2022年）》，顺应村庄发展规律和演变趋势，在分类推进乡村发展中高效利用闲置土地：集聚提升类村庄考虑继续保留教育用地功能（复校储备用地），城郊融合类村庄可用于公益事业，特色保护类村庄可用于乡村文化旅游，搬迁撤并类村庄考虑复垦还林还绿；不适宜继续用于教育事业，但仍有一定利用价值的闲置教育用地，则可采用有偿转让方式提高土地再利用率。

参考文献

[1]李涛,邬志辉. 农村校舍闲置难题破解:思路与策略[J]. 教育研究,2020,41(3): 83-94.

[2]钱晓萍,魏晓春. 农村义务教育闲置资产产权界定问题探讨——基于陕西省调查统计[J]. 陕西行政学院学报,2011,25(3):80-84.

[3]牟彪,李钟国. 农村闲置学校再利用探讨——基于农村人口变化与服务设施完善视角[J]. 农学学报,2015,5(4):126-134.

[4]黄亚婷. 美国:预算削减,各学区如何处理闲置校舍[J]. 比较教育研究,2011,33(4):93.

[5]孔小伟. 我国闲置土地处置中的政府功能与政策选择分析[J]. 经济与管理,2015,29(2):35-40.

[6]曲福田,高艳梅,姜海. 我国土地管理政策:理论命题与机制转变[J]. 管理世界,2005(4):40-47.

[7]孔雪松,王静,金志丰,等. 面向乡村振兴的农村土地整治转型与创新思考[J]. 中国土地科学,2019,33(5):93-102.

第五章　案例：大同市云州区①

现有文献呈现问题形态诊断单一、缺乏实证性田野研究的特点，容易导致作为社会科学应用研究范畴的闲置教育用地治理问题缺乏解释科学度和实践信效度。[1] 本章以山西省大同市云州区为例，深入分析地方政府、社区、村集体、村民等多主体对于闲置教育用地的利用困境原因，并对未来的再利用政策创新方向提出思路。

第一节　案例背景

云州区，原名大同县，隶属山西省大同市。位于山西省北部，大同盆地东北边沿。东西相距约 45 千米，南北相隔约 60 千米，总面积 1497 平方千米，截至 2024 年 6 月，下辖 3 个镇、6 个乡：西坪镇、倍加造镇、周士庄镇、吉家庄乡、峰峪乡、杜庄乡、党留庄乡、聚乐乡、许堡乡。截至 2023 年末，全区常住人口为 146118 人，常住人口城镇化率为 50.3%。云州区特色产业为黄花种植，种植总面积达到 15 万亩。闲置教育用地方面，截至调研时间，云州区闲置中小学共计 38 所。

目前我国绝大多数农村出现教育用地闲置情况始于 2001 年“撤点并校”教育改革。在“撤点并校”教育改革过程中，全国小学减少 371470 所，其中农村小学减少 302099 所。在分别对全国各省及直辖市 2001 年和 2011 年小学数量的变化情况进行统计后，可以明显看出山西省小学数量减

① 本章撰写：潘墨涛、冯钰、翟天豪。

少总量和减少比例均位于中原六省之首，其减少总量更是位居全国第二，仅次于四川省（图5－1）。因此，选取山西省内区域作为闲置教育用地资源再利用的案例点具有典型性和代表性。

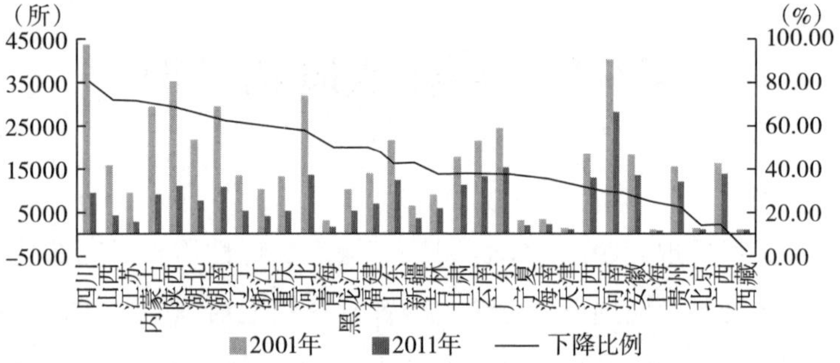

图5－1　各省（含直辖市）“撤点并校”前后小学数量统计

调查共经历三个阶段：第一阶段为2018年底到2019年初，通过问卷法进行预调查，选取山西省大同市云州区10个乡镇173个村作为研究样区并发放调查问卷。了解当地学校数量、师生数量、闲置学校数量、闲置原因、闲置教育用地的地上建筑情况。第二阶段为2019年8月至10月，该阶段对云州区当地村民、村干部、乡干部进行实地访谈，从多个方面了解当地人民对于教育的需求、对闲置教育用地治理的理解、利用意愿以及教育、医疗、养老等公共服务需求。第三个阶段为2020年1月至2020年12月，对第二阶段的访谈对象进行回访，进一步了解当地闲置教育用地的利用情况和村民对公共服务的需求，确保第二阶段调研所得信息的真实性、可靠性。

第二节　再利用需求

本研究采取“自上而下”的顶层设计和“自下而上”的再利用需求相结合的方式。对闲置教育用地再利用需求分析扩大到农村村民、区县政府、国家战略多层次主体，将闲置教育用地的治理由问题导向转型为目标导向。

一、自上而下

从国家顶层设计方面，对于农村闲置教育用地的再利用需求主要为四个方面。

（1）提高农村义务教育质量，发展乡镇寄宿制学校和乡村小规模学校。《国家中长期教育改革和发展规划纲要（2010—2020 年）》第七条指出："加快农村寄宿制学校建设，优先满足留守儿童住宿需求。"《关于全面加强乡村小规模学校和乡镇寄宿制学校建设的指导意见》（国办发〔2018〕27 号）同样对乡村寄宿制学校提出要求："乡村小规模学校（指不足 100 人的村小学和教学点）和乡镇寄宿制学校是农村义务教育的重要组成部分。坚持优先发展农村义务教育，公共资源配置对两类学校重点保障。加强分类指导，精准施策，立足省情、县情、校情，从最迫切的需求入手，推进学校基础设施建设和教学装备配备，补齐两类学校办学条件短板。加强经费投入使用管理，切实保障两类学校正常运行。"

（2）有效地利用和发挥教育资源，促进城乡义务教育的均衡发展。《乡村振兴战略规划（2018—2022 年）》第三十章对农村基础教育作出了明确要求："统筹规划布局农村基础教育学校，保障学生就近享有有质量的教育……发展农村学前教育，每个乡镇至少办好 1 所公办中心幼儿园。"《中国教育现代化 2035》提出："提升义务教育均等化水平，建立学校标准化建设长效机制，推进城乡义务教育均衡发展。"对农村等教育相对薄弱的地区，要"推动各级教育高水平高质量普及。以农村为重点提升学前教育普及水平，建立更为完善的学前教育管理体制、办园体制和投入体制，大力发展公办园，加快发展普惠性民办幼儿园。提升义务教育巩固水平，健全控辍保学工作责任体系"。

（3）增加农村公共服务供给。《乡村振兴战略规划（2018—2022 年）》第三十章"增加农村公共服务供给"总要求中指出"继续把国家社会事业发展的重点放在农村，促进公共教育、医疗卫生、社会保障等资源向农村倾斜，逐步建立健全全民覆盖、普惠共享、城乡一体的基本公共服务体系，推进城乡基本公共服务均等化”。第四节“提升农村养老服务能力”中更是指出“鼓励村集体建设用地优先用于发展养老服务”，要统筹规划建设公益性养老服务设施，50%的乡镇建有一所农村养老机构。除此之外，在中共中央、国务院颁布的《关于抓好“三农”领域重点工作确保如期实现全面小康的意见》中第二大部分“对标全面建成小康社会加快补上农村基础设施和公共服务短板”中也对农村的基础设施、教育、医疗卫生、公共文化等方面提出了要求。

(4) 非经营性资产统一运行管护。在《中共中央、国务院关于稳步推进农村集体产权制度改革的意见》中对农村集体资产做了三种类型的界定，包括资源性资产、经营性资产、非经营性资产。其中，针对“用于公共服务的教育、科技、文化、卫生、体育等方面的非经营性资产”，要建立健全集体公益设施等非经营性资产统一运行管护机制。此外，“对于非经营性资产，不宜折股量化到户，要根据其不同投资来源和有关规定统一运行管护”。农村闲置教育资产属于政策划分类的非经营性资产，需要一个统一的运行管护机制。这一政策要求规定了各地方政府、村集体要承担起教育资产这类非经营性资产管理维护的主要责任，关联着农村统一规划、统一建设的各项具体要求，规范了这类资产利用管理的责、权、利以及各项程序，进而影响着闲置教育资产的再利用程度和具体方式。

二、自下而上

在乡村振兴的背景下，自下而上的再利用需求主要从地方政府和村民两方面分析。地方政府需要教育资源和建筑用地资源来提升当地教育质量，提升农村公共服务，从而完成农村公共服务计划，进一步实现当地乡村振兴。在访谈调查过程中，地方官员表现出了对于利用闲置教育用地的意愿（表5-1）。

国家对于农村公共服务供给的要求和村民日益增长的精神文化需求都对地方政府的工作提出了挑战。同时由于农村的存量建筑用地较少，拥有良好房屋的建筑用地更是少之又少，而可利用性强的教育用地如果长期闲置则是对于资源的严重浪费。

表 5 –1　乡干部访谈

访谈对象	闲置教育用地利用意愿
某副乡长 A	我谈谈我的感受，因为现在的脱贫攻坚使乡村都已经脱贫了，村民物质需求基本满足，接下来主要是从精神方面提供公共服务。我来了以后感觉这几年村民对文化生活基本上还是比较重视吧。在文化方面，实际上政府也比较支持，我们经常举办各种各样的活动。 村里面的小学实际上是属于村里面的资产。比如说村委会以前离学校比较近，可能就是挨着的，然后就把这个小学改造成一个办公场所，包括就像刚才那些文化事业用的场所，有的地方办成日间照料中心，还有一些地方办成村民的红白喜事宴会厅，都已经利用起来了。实际上农村的房子和土地是比较紧张的，所以说，一般都是利用起来了。

由于目前农村人口外流，老龄化较为严重，云州区大部分农村常住人口以五十岁以上的中老年人居多，且许多为孤寡老人以及身体较为虚弱的半劳动力。通过实地访谈发现，村民和村集体干部对于村公共服务基础设施的要求不明显，但对于精神文化方面需求较高，特别是部分老年人仍有较强的教育需求（表 5 –2）。

表 5 –2　村干部及村民访谈

访谈对象	公共服务需求情况
某村村书记 B	我们村里有个 3000 多平方米的广场，有三套完整的健身器材，还有卫生室、凉亭。村里都有村医，可以服务村民。村里现在生活条件也可以，大家都挺满足。 在精神文化方面，我觉得这个需求非常大，村里应该搞一个老年活动中心。玩点棋牌什么的，让老年人老有所乐。让他们站在街上活动也不是个事情。教育方面，咱村子里的人，对于这种学习技术，需求比较高。之前乡里面说了，而且咱们区委主持会的师傅也说了，疫情来了，培训不停，他准备试试设计一下网络培训。
某村村书记 C	县里乡里给建了好多设施，其实现在的服务设施都很全，我们不缺这些了。精神上头，算是比较好吧。教育上的需求应该是有的，主要是这个技术学习吧。需要上面开会给老百姓指导指导这个农田技术上的一些东西。
某村村民 E	现在村里乡里有很多技能培训，比如种植黄花、种植小杂粮，给妇女培训化妆、制作面馍（生活技能培训），还给男的培训驾驶农机。生活条件上来了，大家肯定就有想学的了，我就想学按摩。因为年龄大了，对身体挺重视。这个年龄没事干了，正是想学的时候。

通过访谈录可以明显看出，村干部和村民对于现有的农村公共服务设施满意度较高，但公共服务并没有满足村民的精神文化需求，尤其是教育

方面的建设相对不足。长期以来对于农村教育的发展主要关注幼儿、中小学等基础教育，成年人、老年人的教育需求往往被地方政府忽视。

第三节　再利用：现状与困境

一、村集体主导的再利用

通过案例调查发现，已实现的闲置教育用地再利用，往往是村集体主导，乡政府只进行形式上的行政审批（表5－3）。

表5－3　乡、村两级访谈

访谈对象	公共服务需求情况
某村村书记J	咱那个学校改成医疗站和老年中心的时候，就是村民代表大家一块儿商量着都同意就可以了。村里先讨论写一个报告，乡政府看了觉得合适了，就审批了，上面政府都是支持的。
某副乡长A	村里如果报告说想要利用这个闲置的学校，乡里是不会有什么阻碍说不能让你们用。因为在实际上我们村里面的资产他们自己有支配权，他们开村民代表大会，村民们商量商量就可以了。

通过村民自治、村集体主导的方式解决闲置教育用地再利用问题，可以解决由产权不清晰造成的利益分配问题。然而村集体的经济收入有限，特别是在脱贫不久的贫困村，集体经济刚刚破零。村集体虽然有将闲置教育用地利用起来为集体提供公共服务的意愿，但受到资源不足的限制，只能放任土地闲置。同时，这种政府几乎不干涉的利用方式也反映出云州区政府缺乏对闲置教育用地治理的正式制度安排，闲置教育用地资源长期被政府忽视。

二、现有制度下的利用困境

农村闲置教育用地资源长期被地方政府忽视，是其未得到再利用的直接原因。根据前期对国家相关政策的分析，为妥善处置农村闲置教育资源，《教育部关于实事求是地做好农村中小学布局调整工作的通知》（教基

〔2006〕10 号)、《国务院办公厅关于支持返乡下乡人员创业创新促进农村一二三产业融合发展的意见》（国办发〔2016〕84 号)、《国务院办公厅关于全面加强乡村小规模学校和乡镇寄宿制学校建设的指导意见》（国办发〔2018〕27 号）等文件，都对闲置校舍综合利用工作提出了要求和指导性意见。山西省政府也早在 2017 年就颁发《关于对农村小规模学校和教学点布局优化后闲置教育资源再利用工作进行专项督查的通知》（晋政教督办函〔2017〕51 号)。但为何地方政府各部门开展乡村建设以及扶贫工作需要建设用地资源时，未将闲置教育用地纳入利用范围?

作为最低级别的教育部门，云州区教育部门承担了农村闲置教育资源的排查工作，并被要求制定切实可行的闲置校园校舍综合利用方案。但是由于云州区农村老龄化严重，基本不存在将已闲置的学校重新恢复教学的必要性。对于处于压力体制下的教育部门来说，学前教育、中小学义务教育的建设具有更大的行政压力，需要投入最多的资源和精力。相比起来，农村闲置教育用地治理方案的制定对于教育部门工作的优先级较低，同时因为其无法继续发挥教育作用，教育部门也难以制定合适的治理方案，导致闲置教育用地的权属确认、用途变更工作推进缓慢。

在民政、文化、体育、卫生健康以及扶贫等政府部门发布的政策文件中，也经常提出整合利用闲置教育用地资源。例如，《大同市基本公共文化服务指导标准（2016—2020 年)》中提出结合基层公共服务综合设施建设，整合闲置中小学校等资源，在村（社区）统筹建设综合文化服务中心，因地制宜配置文体器材；《关于加快发展养老服务业的若干意见》提出充分挖掘闲置社会资源，闲置的医院、学校、企业厂房、商业设施、农村集体房屋及各类可利用的社会资源在产权明晰的基础上，经过一定的程序，整合改造成养老服务机构、社区居家养老设施用房等养老服务设施；《加快民营经济发展的实施意见》提出鼓励和引导各类社会资本利用旧园区、旧厂房、旧车间、旧学校等现有闲置资源改造建设中小微企业创业基地。但在实际操作时，由于政策规定其他部门并不是闲置教育用地的治理主体，利用闲置教育用地需要与教育局、村委等部门协作处置，相比于利用农村集体房屋或直接新建房屋，闲置教育用地再利用的行政成本较高，往往被各部门忽视。

第四节　结论

如果只是制度因素引发闲置教育用地再利用陷入困境，可以通过制度调整改善并解决。例如，由县政府牵头成立教育、民政、文化、土地等多部门合作的领导小组作为新的治理主体，可以减少再利用的行政成本。将闲置教育用地的再利用治理纳入政府人员绩效考核，可以提高政府对于节约集约利用闲置资源的重视程度。同时要求政府部门制定包含具体措施和时间安排的综合利用方案，避免大量低效无效利用造成国有或集体资产的流失。然而，前期制度因素出现的问题已经导致闲置教育用地再利用陷入新的困境，即农村基本公共服务设施的完善导致闲置教育用地缺乏高效利用方式。结合前文对于自下至上需求的分析可以发现，由于近几年国家对农村公共服务设施的重视，大部分农村的公共基础设施已经较为完善，建设农村医院、公共体育广场等再利用方式难以发挥较大作用，使这块土地陷入“用不如不用”的尴尬境地。

2017 年，国务院发布《国务院办公厅关于进一步激发社会领域投资活力的意见》（国办发〔2017〕21 号）提出了闲置校园校舍的利用问题，要求由教育部牵头会同民政部、国家卫生计生委、文化部、体育总局等部门负责，在全国范围内制定闲置校园校舍综合利用方案，优先用于教育、养老、医疗、文化、体育等社会领域。随后，部分省、市出台或制定相应的政策和方案，相关市、县政府出台了带有领导小组、处置工作步骤、时间安排和具体措施的闲置校园校舍综合利用方案。可以预见，在此背景下，限制闲置教育用地再利用的制度因素将被逐渐消除。

但是，闲置教育用地能否真正得到高效利用还需取决于地方政府能否认识到目前乡村建设存在的短板。如果只是受迫于任务压力，利用闲置教育用地继续提升已经充足的公共服务建设，搞重复建设，只能导致更多资源的浪费。根据“自下而上”的分析可以看出，占农村常住人口多数的中老年村民在脱贫攻坚后物质生活得到极大满足，其精神文化需求不断提高，对于学习和受教育的渴望不断增强。由于精神文化建设难以发挥立竿见影的成效，在长期乡村建设中往往是最为薄弱的一环。实施精准扶贫战略的目标是消除绝对贫困，重点在于提升村民物质生活水平。因此在近几年农村公共服务建设中，也是更加重视医疗卫生、养老、义务教育等方面，对于精神文化方面的投入较少。

乡村振兴战略的全面实施为农村精神文化建设带来了机遇和挑战。无论是“乡风文明”还是“治理有效”，都需要以村民思想道德水平的提高和乡村社会文明程度的提高作为保障。因此，闲置教育用地的再利用应以发展乡村文化、加强农村思想道德建设为目标，充分发挥其教育、教化功能，助力乡村振兴战略总要求的实现，其再利用的方式也将大大增加。

参考文献

[1]李涛,邬志辉. 农村校舍闲置难题破解:思路与策略［J］. 教育研究, 2020, 41（3）: 83 -94.

‖ 第三篇 ‖

集体建设用地“增减挂钩”与储备制度

第六章　城乡建设用地“增减挂钩”①

耕地是国家的根本。随着城镇化全面推进，城镇建设用地迅速扩张，占用大量耕地，危及国家耕地安全。一些地方开始采用土地置换、周转和土地折抵等方法盘活土地存量，以解决城镇发展用地指标短缺的问题、抑制耕地迅速减少的趋势。20 世纪 90 年代后期，出现“耕地占补平衡”的治理思路，但由于仅要求大范围的占补平衡，往往只能取得表象的效果，无法落到实处，实践逐渐偏离政策预期。2000 年，国家第一次明确提出“建设用地周转指标”，通过农村居民点和乡镇企业向中心区的集中，为城镇建设提供用地指标。2004 年，城乡建设用地“增减挂钩”正式出现在国务院规范性文件中，作为“耕地占补平衡”思路的延伸与细化，保证在某一区域范围内城镇建设用地增加与农村建设用地减少数量相等、质量相当，以缓解保护耕地与城镇发展之间的冲突。本章将农村集体建设用地与城镇建设用地相结合，评估增减挂钩政策实施带来的激励效果，继续探索农村闲置土地盘活利用的有效手段。

第一节　政策回顾

一、政策发展历程

我国人口基数庞大，土地面积有限，鉴于人多地少的国情，一直实行

① 本章撰写：潘墨涛、冯钰、翟天豪。

最严格的土地管理制度，规定各类土地用途，以保护耕地数量和质量，引导城市理性发展。但随着城市化水平不断提高，城市对于建设用地的需求逐步增大，原有静态的、刚性的指令性规划分区制度难以适应城市发展需要。与此同时，城市中存在着盲目投资、低水平重复建设、圈占土地、乱占滥用耕地等问题。

为了改善现状，增加原有制度的弹性，2004 年，《国务院关于深化改革严格土地管理的决定》出台，规定“严格执行占用耕地和补偿制度”，即“各类非农业建设经批准占用耕地的，建设单位必须补充数量、质量相当的耕地，补充耕地的数量、质量实行按等级折算，防止占多补少、占优补劣”。此外，该政策还提出“城镇建设用地增加要与农村建设用地减少相挂钩”。在此基础上，2005 年，国家进一步出台了《关于规范城镇建设用地增加与农村建设用地减少相挂钩试点工作的意见》，明确“城镇建设用地增加与农村建设用地减少相挂钩”的内涵，即“依据土地利用总体规划，将若干拟复垦为耕地的农村建设用地地块（即拆旧地块）和拟用于城镇建设的地块（即建新地块）共同组成建新拆旧项目区（以下简称项目区），通过建新拆旧和土地复垦，最终实现项目区内建设用地总量不增加，耕地面积不减少、质量不降低，用地布局更合理的土地整理工作”。2006 年，在天津、江苏、山东、湖北、四川五省（市）以及部分全国发展改革试点小城镇开展第一批“挂钩”试点。2008 年，国家正式发布《城乡建设用地增减挂钩试点管理办法》，明晰了增减挂钩的内涵、应遵循的原则和要求。同年，启动第二批试点工作。2010 年，针对增减挂钩政策实施过程中产生的若干问题，国务院提出开展自查与整改工作，原国土资源部出具正式方案。2016 年，随着“十三五”规划的展开以及精准扶贫工作的深入，原国土资源部下发文件鼓励各地方将增减挂钩政策用于支持扶贫开发及易地扶贫搬迁，并提出贫困地区节余指标的流动范围可由县域扩大至省域。2018 年，这一范围进一步扩大至省域之间（表 6－1）。

表 6-1　城乡建设用地增减挂钩政策颁布历程

政策历程	时间	政策名称	主要内容、实施范围
起草发布政策	2004 年	《国务院关于深化改革严格土地管理的决定》	严格执行占用耕地补偿制度；鼓励农村建设用地整理，城市建设用地增加要与农村建设用地减少相挂钩
	2005 年	《关于规范城镇建设用地增加与农村建设用地减少相挂钩试点工作的意见》	提出试点工作的基本要求、挂钩周转指标和项目区的管理方法以及挂钩试点的相关配套政策及管理措施
启动第一批试点	2006 年 1 月	《关于在全国部分发展改革试点小城镇开展规范城镇建设用地增加与农村建设用地减少相挂钩试点工作的通知》	在全国发展改革试点小城镇开展规范城镇建设用地增加与农村建设用地减少相挂钩的试点工作
	2006 年 4 月	《关于天津等五省（市）城镇建设用地增加与农村建设用地减少相挂钩第一批试点的批复》	国土资源部批复在天津、江苏、山东、湖北、四川五省（市）开展第一批“挂钩”试点
阶段性完善总结	2007 年	《关于进一步规范城乡建设用地增减挂钩试点工作的通知》	解决试点过程中出现的思想认识不统一、整体审批不完善、跟踪监管不到位等问题。同时追加内蒙古、浙江、安徽、河南、广东作为试点地区
启动第二批试点	2008 年	《城乡建设用地增减挂钩试点管理办法》	确定了增减挂钩的内涵、应遵循的原则和要求。又将福建、湖南、重庆、河北、辽宁、江西、云南纳入试点范围
	2009 年	《国土资源部关于下达〈2009 年全国土地利用计划（草案）〉的通知》（国土资发〔2009〕9 号）	—
	2009 年	《国土资源部关于 2009 年第一批城乡建设用地增减相挂钩周转指标的批复》（国土资函〔2009〕299 号）	对河北、内蒙古、辽宁、吉林、黑龙江、福建、江西、河南、湖南、广东、广西、云南、宁夏等 13 省（区）批复下达挂钩周转指标 15.275 万亩（合 10183.3 公顷）

续表

政策历程	时间	政策名称	主要内容、实施范围
自查与整治	2010年	《国务院关于严格规范城乡建设用地增减挂钩试点切实做好农村土地整治工作的通知》	针对前期试点工作中出现的问题（如片面追求增加城镇建设用地指标、擅自开展增减挂钩试点和扩大试点范围、突破周转指标、违背农民意愿强拆强建等），要求严格规范增减挂钩试点，切实做好农村土地整治工作
	2011年2月	《城乡建设用地增减挂钩试点和农村土地整治清理检查工作方案》	对上一政策的具体实施方案
	2011年6月	《城乡建设用地增减挂钩试点和农村土地整治有关问题的处理意见》	针对之前检查工作中发现的问题颁布处理意见
支持扶贫工作	2016年	《国土资源部关于用好用活增减挂钩政策积极支持扶贫开发及易地扶贫搬迁工作的通知》	充分发挥国土资源超常规政策特别是城乡建设用地增减挂钩政策对扶贫开发及易地扶贫搬迁的支持促进作用；拓展贫困地区增减挂钩节余指标使用范围，可在省域范围内流转
	2017年	《国土资源部关于进一步运用增减挂钩政策支持脱贫攻坚的通知》	发挥城乡建设用地增减挂钩政策支持脱贫攻坚的作用，进一步完善贫困地区增减挂钩节余指标使用政策
扩大指标流转范围（跨省域调节）	2018年	《国务院办公厅关于印发〈跨省域补充耕地国家统筹管理办法和城乡建设用地增减挂钩节余指标跨省域调剂管理办法〉的通知》	“三区三州”及其他深度贫困县城乡建设用地增减挂钩节余指标由国家统筹跨省域调剂使用

注：表格内容由作者根据政策文本整理而成。

二、政策内容

（一）政策目标与程序

增减挂钩政策首要目的在于平衡好保护耕地与增加城市建设用地之间的关系，对于城市发展而言是一种积极的扩张性政策。[1]其实践过程可以分为三个环节：一是拆除拆旧区地面建筑物，补偿失去宅基地的农民，并为其建设安置点。二是对拆旧区的土地进行复垦。三是将增减挂钩指标在建新区落地，缓解城市建设用地压力。[2]

（二）政策实施主体

根据政策实施过程中参与各方的行为和目的，可将主体划分为挂钩指标的出让人与受让人，前者主要是拆旧区与建新区的农村和农民，后者为挂钩指标落地区接收土地发展权的组织或个体。

（三）政策实施客体

城乡建设用地增减挂钩实际上是在城乡之间调配土地发展权，因而该政策的客体是土地发展权，并以建设用地指标的形式表现。[3]

三、政策意义

建国初，为了实施后发国家赶超战略，尽快缩小与发达国家的差距，我国长期从农村汲取资源以供城市与工业优先发展，针对城市和农村制定不同的发展政策，逐渐形成城乡二元体制，并导致城乡差异不断扩大，农村人口流失、土地闲置，耕地保护让步于城市发展，农村成为贫穷、落后、凋敝的代名词。近年来，为实现全面小康和共同富裕，让农村成为新的经济发展增长点，中央先后提出“城市反哺农村”“城乡一体化”“城乡融合”等城乡发展政策，以期缩小城乡差距，恢复农村生机，在保护耕地、保障粮食安全的基础上寻找合适的经济发展着力点，使其尽快赶上国家经济发展的步伐，共享改革成果。土地是影响经济发展的重要因素，城乡差距的一个重要体现即为城乡土地价值的差异。“增减挂钩”政策将农村建设用地减少与城市建设用地增加相挂钩，提升了农村土地价值，将城市部分财富转移到农村，为后者经济发展提供资本，同时，还可以让农村居民享受政策红利，获得更好的生活。

除城乡差异外，区域差异明显也是我国的重要特征之一。由于地理位置、人口分布、经济发展水平等因素，土地价值差距不仅存在于城乡之间，区域间差异更大：经济发达的地区土地价格昂贵、后备资源缺乏；经济落后地区则正相反。增减挂钩政策作为土地价值的调节工具，可以将落后地区原本价值较低的土地以周转指标的形式调整到发达地区，从而使前者获得更多财富发展本地经济，进一步缩小区域差异。

第二节　政策成效

城乡建设用地增减挂钩政策以促进耕地提质增效、节约集约利用土地以及合理布局城乡用地为目标。2008 年，国家正式发布《城乡建设用地增减挂钩试点管理办法》，以行政法规形式确定增减挂钩政策细则。截至 2010 年，全国已有 27 个省、自治区、直辖市实施这一政策。从具体实施结果来看，这一政策实现了最初的目标、取得了应有的成效，统筹推进城乡发展（图 6－1）。

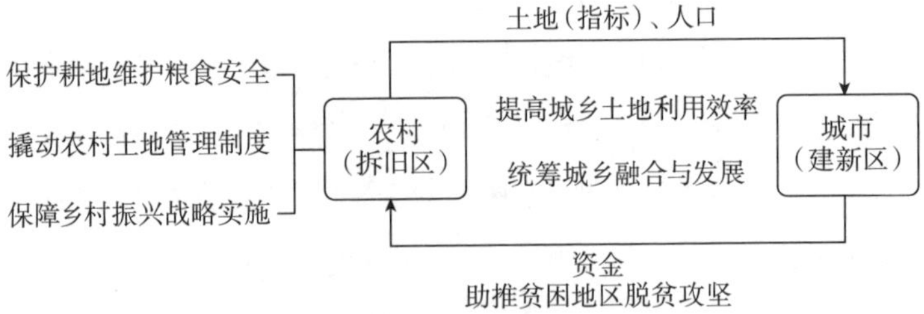

图 6－1　增减挂钩政策实施成效

一、提高城乡土地利用效率

增减挂钩政策出台的背景是保护耕地与城市建设用地之间矛盾突出，同时农村存在大量闲置建设用地。政策颁布前，不少农村建设用地并无科学合理规划，宅基地零星分布、人均建设用地面积偏大、土地布局不合理。[4]增减挂钩政策以集中居住的方式整合农村建设用地，使其由原来的横向扩张变为向（天）上向（地）下要空间，同时整理低效利用的宅基地，大大缩减用地规模，盘活了土地存量。此外，集中居住后，配合着公用设施建设，原来的一户一套基础设施转变为多户共用一套周边基础设施，进一步节约了建设用地。农村建设用地的节约代表着城市可以新增建设用地，缓解原先用地紧张的局面。2020 年，安徽省桐城市全年累计实施增减挂钩项目 5419 亩，实施新增耕地项目 183 个，新增耕地 3312 亩，同时上报并通过省政府批准农用地转用征收 5337.35 亩，实现耕地与建设用地双保障①。增减挂钩政策通过盘活农村闲置建设用地节余周转指标，同时提高了城乡土地利用效率。

二、保护耕地维护粮食安全

增减挂钩政策出台之前，城市为了发展经济飞速扩张，大建开发区。据统计，2003 年，全国各属地规划的开发区面积是当年全部城镇建设用地指标的 5 倍[5]。如此趋势下，18 亿亩耕地红线岌岌可危。增减挂钩政策将城市周边耕地减少与农村耕地增加相挂钩，强化“占补平衡”要求，将城乡耕地数量的动态平衡落实到位。同时，农村宅基地复垦为耕地后，可以在一定规模上实现集中连片，推动农业生产集约与规模经营，提高粮食产量。

三、撬动农村土地管理制度

我国实行最严格的土地管理制度，农村集体建设用地使用权仅能在村集体内部转让，且无法用于非农业建设，因而一直以来其价值远低于市场价值。增减挂钩政策以合法形式调整农村集体建设用地权属，通过挂钩周转指标将农村集体建设用地价值与城市周边土地价值相联系，改变其原先与市场脱节的状态，极大地增加农村土地价值，如湖北省襄阳市尹集乡通过增减挂钩项目获得土地增值收益 7459.43 万元。[6]价值的大幅提升有利于土地资源演化成为土地资本，推动农村集体建设用地入市，进而有望撬动农村土地管理制度改革。[7]

四、保障乡村振兴战略实施

根据 2008 年原国土资源部印发的试点管理办法，增减挂钩指标所得收

① 资料来源：自然资源部网站，http://www.mnr.gov.cn/dt/dfdt/202102/t20210220_2614329.html。

益要“用于项目区内农村和基础设施建设，并按照城市反哺农村、工业反哺农业的要求，优先用于支持农村集体发展生产和农民改善生活条件”。任平等实地调查了10个增减挂钩项目区，获得540份有效问卷，其中，绝大多数居民对集中居住区的基础设施、小区绿化和环境卫生表示满意，认为较原先的分散居住有很大改善，整体生活舒适度上升。

五、统筹城乡融合与发展

增减挂钩政策中规定的“拆旧区”位于农村，在具体实践中主要分为四种：城镇郊区农村、小场镇周围的农村、原先分散的自然村与自然条件恶劣山区的村落。对于前两种，原先的村庄直接转变为城市社区，村民转变为城市居民；或是引导农村居民向小场镇集中。这就涉及了人口、土地（指标）、资金在城市与农村之间的流动，推动城乡融合。首先，通过增减挂钩政策，农村人口向城市流动，在城市谋生，进行“双置换”① 的农民还可拥有城市社保，享受城市居民的同等福利。其次，这一政策使得用地指标在县域（市域）范围内流转，在一定程度上打破了城乡之间的屏障。最后，挂钩指标所带来的收益本质上是城市财富向农村的转移，以更好发展农村集体经济，缩小城乡差距。[9]重庆“地票”制度是增减挂钩政策的具体实践之一，截至2015年，重庆有409万农民进入城市，其中很大一部分自愿放弃宅基地，获得平均每户10万元的地票收益，作为其进入城市的安家费，以便更快融入城市生活②。

六、助推贫困地区脱贫攻坚

我国在易地扶贫搬迁中灵活运用城乡建设用地增减挂钩指标，利用其产生的收益促使扶贫工作稳步推进。2012年，原国土资源部《关于印发支持集中连片特殊困难地区区域发展与扶贫攻坚若干意见的通知》首次提出

---

① “双置换”指宅基地换城市住房、承包地换城市社保。

② 黄奇帆．地票制度实验与效果——重庆土地交易制度创新之思考[EB/OL]．(2014-05-06)．http://rdi.cass.cn/gzsn/201509/t20150924_2648545.shtml.

“支持有条件的连片特困地区开展城镇建设用地增加与农村建设用地减少挂钩试点工作”。2016年，《国土资源部关于用好用活增减挂钩政策积极支持扶贫开发及易地扶贫搬迁工作的通知》正式颁布，鼓励各地积极发挥国土资源超常规政策的作用，允许连片特困地区和国家级贫困县在开展易地扶贫搬迁工作时将增减挂钩指标在省域范围内使用。2018年，指标使用的空间范围被进一步扩展至省域之间。据统计，2016年2月至2017年9月，通过省域内节余指标的流转，贫困地区获得级差收益461亿元，超过同期中央财政对易地扶贫搬迁的投资规模①，这极大地保障了贫困地区农民搬迁后的农业生产条件、新居建设以及配套产业设施落地等。2017年以来，云南省累计实施了865个增减挂钩项目，累计筹集资金361.25亿元，全面支持了本省脱贫攻坚和乡村振兴各项事业的发展②。

第三节　问题与挑战

增减挂钩实践在一定程度上实现了原先政策设定的一系列目标，如保护耕地、保障粮食安全、推动农业生产和农村建设、统筹城乡发展等。然而，由于地方政府的根本目标始终是发展经济，增减挂钩政策被很多地方异化为获得城市新增建设用地指标的新途径，并且这种异化被不断放大，最终引发多种问题。当然，这些问题与先前所述的成就并不冲突，就像一枚硬币的两面，体现着增减挂钩政策产生的实际影响。

增减挂钩政策在实际运作过程中主要涉及政府、农村社会两大主体，因而，可以分别从政策、政府、农村社会三个角度说明政策在执行过程中被“异化”的具体表现与造成的后果。

---

① 资料来源：原国土资源部2017年12月6日新闻发布会，https://fupin.rednet.cn/c/2017/12/06/4495901.htm。

② 资料来源：自然资源部网站，http://www.mnr.gov.cn/dt/dfdt/202102/t20210201_2609447.html。

一、政策实施过程中的目标扭曲

增减挂钩政策出台的首要目标是平衡保护耕地与城市建设用地紧张之间的冲突，尤其是坚决守好18亿亩耕地红线、保障我国粮食安全。但是，在政策实施中，出现了占多补少、只占不补、占优补劣的情况，使得最后耕地无论数量还是质量都难有保证，极大影响了粮食产量。

此外，由于农业收入相对其他产业较低，因而极易出现农地“非农化”和耕地“非粮化”的现象。若复垦的土地完全用于耕种粮食，除去复垦成本，未必能获得足够收益，因而多数复垦土地会被用于耕种收益更多的经济作物或者农地被用于非农经营，如农家乐等，以换取更高的收益，这些皆与增减挂钩政策的首要目标相违背。

二、一定程度加剧了城乡利益分配不均

增减挂钩政策以城乡统筹为导向，但是在实际运作过程中出现“重城镇、轻农村、单一解决城镇建设用地供需矛盾的倾向”，违背“以城带乡”的政策初衷。国家相关政策文件要求增减挂钩所带来的土地级差收益优先用于农村和农民的发展，但是缺失必要的收益分配机制来保障农村和农民的收益。虽然一些地方的农村确实因此政策获益，但不可否认，也存在地方政府将土地级差收益更多用于城镇建设，使得增减挂钩成为城市继续汲取农村资源的工具，导致新的食利群体的产生或者原有群体的壮大，进一步加剧社会不公平。

三、过度依赖土地的政策降低了减贫的韧性

增减挂钩政策在易地扶贫搬迁过程中发挥了重要作用，为搬出农民提供了安置用地、住房资金、基础设施建设资金等，使其搬得出、稳得住、能致富。然而，这一切都源于国家对于贫困地区的政策优惠，尤其是2016年允许连片特困地区和国家级贫困县在开展易地扶贫搬迁工作时将增减挂钩指标在省域范围内使用；2018年允许“三区三州”及其他深度贫困县节

余指标由国家统筹跨省域调剂使用后，贫困地区借助政策红利发展本地经济、提高百姓生活水平。然而，这一政策优惠在实践过程中发生扭曲，反而使贫困地区过度依赖土地，沉醉于“土地财政”，缺少动力形成有特色、可持续的发展机制。同时，挂钩周转指标代表的是土地发展权，贫困地区将这一权利让渡，短期内获得经济收益，但从长远角度来看，会使自身无地可用，限制发展。总之，贫困地区过度依赖土地会降低减贫的韧性，不利于脱贫成果“稳得住”。[10][11]

四、各地政策实施存在程序规范性差异

理论上，地方政府在执行增减挂钩政策时，应该按照如下流程操作：判断本地是否需要实施增减挂钩政策；选择拆旧区和建新区；拆旧、补偿、安置；复垦；新增建设用地指标在建新区落地。然而，在实际执行过程中，由于地方政府单纯追求周转指标，急功近利且缺乏监督，导致多个环节未落实甚至缺失。

地方具备一定条件时才可通过增减挂钩政策新增城市建设用地指标，然而，有大量粗放发展、人口密度低、城市用地低效的地区为了圈占土地发展经济，盲目挂钩。这样只会加剧城市空间的无序蔓延，造成更为严重的城市弊病。

挂钩项目地区应该经过严格规范的评估与选择后确定。有些地方对于拆旧区的选择忽视农民意愿、环境适合程度等因素，给当地文化和生态环境带来损失。同时，对于建新区的选择，很多时候地方政府急于实现部门利益，听从开发商的意愿，损害了建新区的环境，也不利于当地可持续发展。

耕地复垦无法保质保量。增减挂钩政策的一大目标就在于保持耕地数量的动态平衡，但是由于运作程序不规范，很多地方“先占后补”，甚至在指标未批下来之前就开工，使得实际占用耕地数量远超指标数量。且复垦耕地的质量与占用的也难以相当，不利于保障粮食产量。

政府行为缺乏监督。地方政府主导增减挂钩工作，集运动员与裁判员

双重身份于一身。在没有明确的条例或问责机制规范政府行为的情况下，政府为了快速达成目标，实现部门利益，极易缺失必要程序或运作不规范。

五、政府主导的运作模式造成财政负担与浪费

增减挂钩实际运作模式分为三种：政府主导型、市场主导型和农村集体自主型。[12]政府主导型在全国各地是比较普遍的运作模式，项目从发起、规划到运作都由政府一手操办，资金来源主要为地方财政。按照流程，需要先建立农民安置新居并拆旧复垦才可获得挂钩指标，这些前期费用资金回笼时间长，且一旦置换的土地没有达到预期收益，那么政府会面临极大的财政损失，同时增减挂钩工作也无法顺利进行。[13]

政府忽视建设用地的市场需求，盲目开发挂钩指标，造成财政浪费。地方政府想要通过挂钩指标交易来获利，而形成指标成本巨大，且新增挂钩指标数量远超市场需求，最终导致收不抵支，造成财政浪费。例如，山东德州计划将全市8000多个自然村全部拆掉进行社区建设，以减少农村建设用地，通过增减挂钩形成周转指标后售卖给青岛市，然而青岛无法吸收如此多指标，使得德州市疯狂的“拆村”运动仅三年就不得不停止，造成了地方政府巨额债务和农民的极大不满。

六、农村基层自治体系面临挑战

政府为了以最低成本获得更多的城市建设用地指标，将公共利益转化为部门利益和商业利益，有时会选择性忽视弱势群体的利益，甚至“强征强拆”，使得农民被迫“城市化”，为其生活带来一系列冲击。[14]

首先，农民安置存在问题。有的地方“先拆后建”“边拆边建”，使失去原有农村住房的农民无法得到妥善安置，甚至无处容身。且农村宅基地一直未入市，所以很难像城市商品房一样有自己明确的价格。基于这一点，政府的安置补偿往往偏低，无法合理弥补宅基地复垦给农民带来的损失，通过补偿提高其今后生活质量更无从谈起。[15][16]

其次，农民生计难以保障。尤其是对于被迫城市化的农民，失去宅基地，远离承包地，相当于被放逐到一个充满风险的世界，变得非常脆弱。农民迁入城市后，耕作半径扩大，农具和牲畜存放不易，继续种地成本上升；同时，由于自身并无专业技能，在城市找工作也具有难度，多种情况交织可能使这些农民成为新的城市贫民。

再次，生活习惯被迫改变。很多农民已然习惯宽敞的农村小院，被迫上楼后，其生活空间被压缩，原先住所中的功能分区与生活布局被打乱，尤其对于一辈子生活在农村的老人，被迫上楼的生活并非所想，因而生活质量不升反降。

最后，农民迁入城市后，生产生活方式与以往相比大有不同，其思想观念、经济地位等也会有所改变，这会打破农村原先的社会结构与群体认同，使原有的社会文化与制度受到冲击，无法有效治理农村社会，进而影响农村基层自治，迫使其重新寻找适合当下的农村治理途径，这绝不是一个容易的过程。

第四节　结论与建议

城乡建设用地增减挂钩政策的出台兼顾保护耕地与缓解城市建设用地紧张的使命，取得了一定成效，然而，地方政府以经济发展为先与尖锐的人地矛盾使得政策漏洞被利用和放大，在实施过程中产生诸多问题。这也说明了政策在实施过程中都会出现超出预期的结果或是产生意料之外的问题，需要采取渐进手段逐步修正和完善。对于城乡建设用地增减挂钩政策，要涵盖完整的规则、运作流程与监督机制。此外，政府具体实施时要全盘考虑，切忌急功近利，同时可以引入市场和社会力量，发挥多主体参与优势。

参考文献

[1]李元珍．央地关系视阈下的软政策执行——基于成都市 L 区土地

增减挂钩试点政策的实践分析[J]. 公共管理学报,2013,10(3):14-21,136-138.

[2]田孟. 农村集体建设用地的性质与功能——基于"城乡建设用地增减挂钩试点政策"的启示[J]. 福建农林大学学报(哲学社会科学版),2016,19(6):17-23.

[3]吕云涛. 城乡建设用地增减挂钩政策:框架分析与优化策略[J]. 求索,2015(12):19-23.

[4]任平,吴涛,周介铭. 城乡建设用地增减挂钩制度实施绩效分析与评价[J]. 中国农业资源与区划,2014,35(6):25-31.

[5]陈科. 基于城市化角度的增减挂钩政策实施研究[J]. 城市规划,2011,35(7):14-19.

[6]张安录,胡越. 试论城乡建设用地增减挂钩中土地增值收益均衡分配——以湖北省襄阳市尹集乡为例[J]. 华中科技大学学报(社会科学版),2016,30(4):91-98.

[7]李海梅. 城乡建设用地增减挂钩政策实施的异化风险及预防[J]. 中州学刊,2013,193(1):39-42.

[8]李秀彬. 土地利用变化的解释[J]. 地理科学进展,2002(3):195-203.

[9]贺雪峰. 城乡建设用地增减挂钩政策的逻辑与谬误[J]. 学术月刊,2019,51(1):96-104.

[10]夏柱智."土地扶贫"与县域发展模式困境——评土地增减挂钩扶贫政策[J]. 文化纵横,2019,68(6):109-116+143.

[11]姚树荣,龙婷玉. 基于精准扶贫的城乡建设用地增减挂钩政策创新[J]. 西南民族大学学报(人文社科版),2016,37(11):124-129.

[12]王君,朱玉碧,郑财贵. 对城乡建设用地增减挂钩运作模式的探讨[J]. 农村经济,2007,298(8):29-31.

[13]刘新卫. 国内LUCC研究进展综述[C]//中国土地学会. 21世纪中国土地科学与经济社会发展——中国土地学会2003年学术年会论文集.

北京:中国土地学会,2003:548－552.

[14]叶敬忠,孟英华. 土地增减挂钩及其发展主义逻辑[J]. 农业经济问题,2012,33(10):43－50＋111.

[15]马宗国,田泽. 我国城乡建设用地增减挂钩试点的思考[J]. 理论探讨,2011,161(4):106－109.

[16]王振波,方创琳,王婧. 城乡建设用地增减挂钩政策观察与思考[J]. 中国人口·资源与环境,2012,22(1):96－102.

第七章　农村土地储备制度①

2018年初，中共中央、国务院发布《关于实施乡村振兴战略的意见》，提出要激活主体、要素和市场，深化农村土地制度改革，强化乡村振兴制度性供给。2019年春，中共中央、国务院又发布《关于建立健全城乡融合发展体制机制和政策体系的意见》，提出重塑新型城乡关系，走城乡融合发展之路，并明确建立集体经营性建设用地入市制度。因此，本章系统总结国内外土地储备制度发展经验，加快建立农村建设用地储备制度，对于推动农村建设用地入市、城乡融合发展和实现中国特色社会主义乡村全面振兴具有重要意义。

第一节　土地储备制度溯源与发展

一、国外土地储备制度源起与发展

早在1872年，恩格斯就在《论住宅问题》中深刻指出，“一个古老的文明国家像这样从工厂手工业和小生产向大工业过渡，并且这个过渡还由于情况极其顺利而加速的时期，多半也就是‘住房短缺’的时期”。[1] 土地储备制度正是工业化、城市化的产物，用来解决城市住房短缺问题。1896年，荷兰阿姆斯特丹市政当局为保证多数城市居民获得经济适用房，大量

① 本章撰写：王宏新。本章内容以《乡村振兴、城乡融合与农村土地储备制度》为题，发表于《贵州省党校学报》2020年第2期。

购置储备未开发土地，结合城市规划进行土地供给投放，以垄断土地资源供给及其租金收益，从而达到既满足住宅建设需求，又抑制土地投机的土地调控目标。[2]自此，城市政府依法收购、收回土地进行储存，以供应和调节各类建设用地需求的新型土地管理制度——土地储备制度诞生。[3]

第二次世界大战后，荷兰鹿特丹等城市相继在城市中心区收回待改造、再开发的土地，拆迁完毕后再出售给地产开发商开发。这样，土地储备对象就从未开发土地扩展到了已开发土地。1965 年，荷兰《规划法》出台，规定城市政府可以收回经市政发展规划批准、地处市中心区的任何一块土地。至此，荷兰城市每年新开发项目所需土地，有 80% 以上来自政府储备。此后，土地储备制度在法国、瑞典、英国以及美国一些地区逐渐推行起来。[2]

二、中国城市土地储备制度探索历程

中国土地储备制度发轫于 20 世纪末期工业化和城市化快速发展的东部沿海地区。1996 年 8 月，我国第一家城市土地储备机构——上海市土地发展中心正式成立；1997 年，上海市出台《上海市国有土地使用权收购、储备、出让试行办法》。1997 年 8 月，杭州土地储备制度开始启动，市土地收购储备管理委员会和土地储备中心相继成立；10 月，《关于建立杭州市土地收购储备机制的通知》发布，土地收购储备政策进入实施阶段。起初，主要以收购企事业单位因产业结构调整需盘活的存量土地为主，同时还可将违法用地、闲置抛荒土地及无主地依法收回。随着中心土地收购储备量的增加，土地收购储备的范围呈现不断扩大的趋势。1998 年 6 月，杭州市土地收购储备管理委员会决定，将收购储备范围扩大到市区需盘活的所有土地；1999 年 3 月，《杭州市土地储备实施办法》正式发布，土地储备工作走向法制化轨道。

东部沿海城市土地储备制度探索引起了中央政府关注。1999 年 6 月，国土资源部（自然资源部前身，诞生于 1998 年的第四次机构改革）以内部通报形式，向全国国土资源系统转发了《杭州市土地储备实施办法》和

《青岛市人民政府关于建立土地储备制度的通知》两份文件，各地开始广泛学习、借鉴。2001 年 4 月，国务院下发《关于加强国有土地资产管理的通知》，首次提出土地储备制度，要求“有条件的地方政府试行收购储备制度”。2002 年初，北京市出台《北京市人民政府批转市国土房管局关于加强国有土地资产管理建立土地储备制度意见的通知》；7 月，《武汉市土地储备管理办法》《武汉市土地交易管理办法》同时施行；10 月，《重庆市国有土地储备整治管理办法》颁布实施。至此，以上海、杭州、北京、武汉、重庆等城市为代表的城市土地储备工作在全国范围内迅速展开，呈现“由点及面、百花齐放”的特点。据统计，到 2005 年初，我国土地储备机构数量已达到 1700 多家，累计收购土地面积超过 230 万亩[4]；仅以 2007 年为例，全国就储备、供应土地 234960. 59 公顷，纯市场收益高达 4541. 41 亿元，是 2003 年土地供应纯收益的 2. 5 倍。[5][6]

城市土地储备探索的经验，对全国土地收购储备工作的开展起到了很好的先导作用。2006 年末，为强化土地出让收支监督管理、防止国有土地资产收益流失，国务院办公厅下发《关于规范国有土地使用权出让收支管理的通知》，要求加强国有土地储备管理、建立土地储备资金财务会计核算制度。根据通知精神，财政部、国土资源部于 2007 年 6 月出台《土地储备资金财务管理暂行办法》，从资金来源、使用范围、零星收入管理和资金收支预决算管理几大方面对土地储备资金问题作出了原则性规定，使土地储备收支管理走上有法可依的正轨；同年 11 月，国土资源部、财政部和中国人民银行联合制定发布《土地储备管理办法》（国土资发〔2007〕277 号），标志着我国政府主导下的城市土地储备管理制度正式确立。

三、城市土地储备制度发展与完善

《土地储备管理办法》发布之后，财政部随后印发《土地储备资金会计核算办法（试行）》（财会〔2008〕10 号），使得征收、收购、优先购买、收回土地以及对其进行前期开发等土地储备使用资金的管理有法可依。然而，由于国内一、二线城市房价、地价高企，同时也受国际金融危机影响，国内高投资背景下金融风险不断加大，为规范土地储备融资行为，切实防范金融风险，国土资源部、财政部、中国人民银行、中国银行业监督管理委员会四部委于2012年联合下发《关于加强土地储备与融资管理的通知》（国土资发〔2012〕162号），对于遏制当时的投融资平台风险起到一定积极作用；2016年，为进一步规范土地储备和资金管理行为，促进土地储备健康发展，四部委再次联合下发《关于规范土地储备和资金管理等相关问题的通知》（财综〔2016〕4号），提出清理压缩现有土地储备机构、进一步规范土地储备行为、合理确定土地储备总体规模和妥善处置存量土地储备债务等措施；2017年，财政部、国土资源部又联合出台了《地方政府土地储备专项债券管理办法（试行）》（财预〔2017〕62号），从土地储备领域开展试点，发行土地储备专项债券，规范土地储备融资行为，以有效防范专项债务风险，促进土地储备事业持续健康发展。

2018年，国家进入全面深化改革的“深水期”，土地储备制度也根据相关法律法规和国务院有关文件规定进行了修订、完善。首先，国土资源部、财政部、中国人民银行、中国银行业监督管理委员会四部委于2018年初联合出台了重新修订的《土地储备管理办法》（国土资规〔2017〕17号）；随后，财政部、国土资源部相应修改了《土地储备资金财务管理办法》（财综〔2018〕8号）；此外，为规范土地储备项目预算管理，健全土地储备专项债券项目控制机制，有效防控专项债务风险，促进地方经济持续健康发展，财政部、自然资源部联合制定了《土地储备项目预算管理办法（试行）》（财预〔2019〕89号），试点在土地储备领域按项目实行全生命周期预算管理。

第二节　乡村振兴背景下加快建立农村集体土地储备制度的意义

新的《土地储备管理办法》，就其储备主体、储备对象以及储备目的来说，实质上是“根据城市建设发展和土地市场调控需要”的城市建设用地储备，具有典型的城乡分割、服务城市特征。随着乡村振兴战略和城乡融合发展政策的提出，建立农村集体土地储备制度具有重要意义。

一、推进城乡存量建设用地市场化改革，建立起政府调控集体建设用地市场体系

2003 年，党的十六届三中全会通过《中共中央关于完善社会主义市场经济体制若干问题的决定》，提出了“五个统筹”的改革要求，其中“统筹城乡发展”是实现“五个统筹”改革的关键和基础。在此背景下，国务院先后批准成都市和重庆市设立全国统筹城乡综合配套改革试验区，以在重点领域和关键环节大胆创新、率先突破，尽快形成统筹城乡经济社会协调发展的新机制，并发挥好示范带动作用。[7] 城市统筹发展中最大的制度障碍就是城乡分割的土地二元所有制，如何构建起城乡一体化的集体建设用地市场就成为关键问题和难点。在这方面，重庆探索出的地票制度很有突破性，既坚持了土地集体所有制，又强化了农民财产权利和财产性收入；既打破了城乡分割，又能促进农民离土离乡。可以说，地票制度为推进中国农村集体土地制度改革提供了有益借鉴。[8]

自 2015 年起，在全国范围内开展农村集体经营性建设用地试点，明确规定试点地区在改革过程中可根据自然和经济社会条件，探索出适合当地需求的集体建设用地入市模式。经过几年的探索，农村集体的入市主体地位大大强化，可以入市的土地正在从存量集体建设用地扩大到新增建设用地，从仅限于经营性用地扩大到了所有集体建设用地。[9] 2018 年以来，随着城乡存量建设用地市场化改革进程加快和乡村振兴战略启动，乡村建设用地市场更加活跃，对政府调控集体建设用地市场的职能提出了新要求。[10]

二、加快农村闲置房流转和宅基地退出，解决农村土地资产闲置或低效利用

自改革开放以来，随着工业化和城市化快速发展，广大中西部地区农

村人口被喻为“候鸟”，形成了多少年来的春节前返乡、春节后返城务工的“春运大潮”现象，其背后便是大量农房空置和宅基地低效利用。《“十三五”规划纲要》中明确提出，“严控农村集体建设用地规模，探索建立收储制度，盘活农村闲置建设用地”。《乡村振兴战略规划（2018—2022年）》也提出，要盘活农民闲置宅基地和闲置农房在内的存量建设用地。

当前，农村宅基地流转仍表现出很大的盲目性和自发性，且存在管理无序、程序不规范等诸多问题，这都源于现行法律制度尚未在顶层设计中解决农村房屋所有权和宅基地使用权分离的问题。[11]在此情形下，建立农村宅基地储备制度，为农村集体土地入市建立一个“蓄水池”和“中转站”，有利于使宅基地流转从“地下”转入“地上”，使宅基地交易从隐形变为显形，村集体和农民的财产权流转收益也更加规范和有保障，不仅有利于培育依法、统一、规范的集体土地市场，也会大大提高农村集体及农民个体财产收益。

三、提高集体建设用地市场增值收益，提升农村公共基础设施和公益事业建设能力

改革开放40余年，我国城市经济取得了突飞猛进的发展，城市面貌发生了翻天覆地的变化。但是，城乡土地二元化和土地价格“剪刀差”现象却尚未根本打破，其结果是广大农村的“空心化”和凋敝，农村基础设施和民生领域欠账累积，成为我国迈入新时代发展极不平衡的主要表现之一。

由于广大农村在自然资源、区位、经济社会发展程度等方面存在异质性，建立起一个公开、透明、统一、高效的农村集体用地市场，绝非一朝一夕的事。在此之前，无论是农村集体还是农民个体，很难及时准确了解土地市场信息，也无法估算土地真实市场价值；即使在地票模式下，农村集体在与城市企业、城市政府交易过程中，也处于权利主体的弱势地位，不利于发挥集体建设用地市场价值，且有可能导致农村集体土地资产流失。通过建立农村集体土地储备制度，有利于形成农村集体土地市场的

“一级市场”功能，从土地收购、储备、一级开发、挂牌出让等一系列环节中建立起农村集体土地增值的全链条，使得土地增值过程产生类似于“增值税”的监管环节，将农村集体建设用地增值过程显现化，通过公开透明的一级市场机制，将增值收益全部返还农村集体，用于农村基础设施建设和公益事业，乡村振兴也就有了“自我造血”新机制。

四、协同推进“多规合一”改革，促进城乡空间利用不断优化和均衡发展

土地是城乡最重要的资源，是城乡功能的空间和物质载体，土地供应和利用状况直接关系到城乡发展的空间形态和基本方向。当前，“十四五”规划编制工作已启动，着眼于乡村振兴战略的远景目标，尤其是为实现2035 年乡村振兴取得决定性进展、2050 年乡村全面振兴，农村建设用地需求激增。因而，必须通过城乡总体规划、城乡土地利用规划、土地利用年度计划等多种措施予以“留白”，严格控制一哄而上、“处处开花”的无序开发行为。

基于此，通过建立农村集体土地收储制度，将农村集体建设用地收购、储备、一级开发和市场供应纳入“多规合一”改革工作之中，必将能预防和遏制各地的无序开发，克服市场固有的逐利和短期化弊端，形成政府主导型的农村集体土地市场化实现机制，既可以加速农村集体土地市场化进程，也能保证乡村振兴战略按照既定规划顺利推进；既能在完善公共基础设施、建设宜居环境、提升乡村文化品位、提高乡村产业竞争力等方面实现空间利用优化，又有利于加快实现城乡均衡发展。

第三节　建立城乡整合发展型农村集体土地储备制度需解决的关键问题

现有城市经营性用地储备、出让转让与开发管理体制已不能适应城乡融合发展需要，建立城乡一体化的新型农村集体土地储备制度，需要在现

行《土地储备管理办法》的基础上，对农村集体土地储备制度的主体关系、组织机构、运作机制、资金管理及监管等全链条进行重新认识和科学把握。

一、土地储备的主体关系及土地储备机构性质

现行《土地储备管理办法》中，土地储备是指县级（含）以上自然资源主管部门“为调控土地市场、促进土地资源合理利用，依法取得土地，组织前期开发、储存以备供应的行为”。这里的“依法取得土地”，在土地法律性质上发生了根本变化，即不论取得之前的土地是什么性质，一旦政府通过各种方式取得之后，土地性质即变更为国有土地，且不可逆转。针对农村集体土地直接入市的法律性质，自然资源部门无法继续行使国有土地的管理职能；取而代之的，是自然资源主管部门与集体土地的所有者——农村集体之间，属于典型的委托代理关系和监督管理关系。同时，现有土地储备机构全部由市、县两级自然资源主管部门负责管理，农村集体土地储备只涉及县一级。

明确土地储备主体关系之后，就可以明确土地储备机构性质。现行《土地储备管理办法》规定，土地储备机构应为“县级（含）以上人民政府批准成立、具有独立土地储备法人资格、隶属于所在行政区划的国土资源主管部门、承担本行政辖区内土地储备工作的事业单位”。考虑到现有储备机构的成熟运作体制和未来城乡土地市场统一趋势，仍由县级土地储备机构来承担农村集体土地储备职能是合理且现实的。不过，县级土地储备机构与农村集体之间也属于委托代理关系，即前者接受后者的委托，进行农村集体土地代收、代储，接受委托进行一级开发、管护和挂牌出让。

二、储备范围、储备对象及储备计划

现行《土地储备管理办法》中详细规定了储备范围，即依法收回的国有土地，收购的土地，行使优先购买权取得的土地，已办理农用地转用、征收批准手续并完成征收的土地，其他依法取得的土地。上述五种情形均

不适用于农村集体土地储备。这是因为，在未出让之前，入库储备土地的产权属性是清晰的，属于农村集体；同时，区别于城镇国有土地储备时涉及的经济补偿，农村土地储备仍属于农村集体行为，理论上不会出现城镇国有土地储备中的“土地权属不清晰、补偿不到位”问题，只是要注意集体内部程序不合规以及不动产登记手续不全等容易引起村集体内部矛盾和纠纷的问题。因此，着眼于现行法律和政策，农村土地储备对象应主要包括闲置的宅基地、校园和村公共服务用地，空闲地和未承包的“四荒地”，贫困村整体搬迁后的闲置村庄建设用地（复垦、复绿的除外）等。

同时，农村土地储备绝不能一盘散沙，必须在“多规合一”的框架下进行。参照现行《土地储备管理办法》，农村集体土地储备管理必须与国民经济和社会发展规划、国土规划、土地利用总体规划、城乡规划相适应；也必须通过“编制土地储备三年滚动计划，合理确定未来土地储备规模”，对可储备的农村土地资源，“在总量、结构、布局、时序等方面做出统筹安排……优先储备空闲、低效利用等存量建设用地”。这也是农村土地储备必须控制在政府主导的土地储备机构手中的重要原因。具体运作中，应与城市《土地储备管理办法》相同，即对拟收储的农村集体土地，经纳入土地储备计划后应报县级人民政府批准；因土地市场调控政策变化或低效用地再开发等原因，需要调整年度土地储备计划的，也应按程序备案、报批。

三、前期开发、管护与供应

从理论上讲，土地储备中的前期开发、管护与供应是完全可以市场化的一个环节。土地前期开发过程，是一个对土地进行投资的过程，从土地完成一级开发到二级市场供应，也是一个土地价值增值的过程。如北京、上海、重庆等成熟的土地开发市场，都产生了专门一级开发企业，从事专业化的土地一级开发整理工作。考虑到广大中西部地区的农村土地市场发育不够，土地一、二级市场之间容易产生暗箱操作等不规范行为，建议由政府下属的土地储备机构实施前期开发、管护与供应，是现实和可行的。土地实现供应后，土地储备机构在土地增值收益中抽取一定的管理费。

参照现行《土地储备管理办法》并充分考虑农村土地的实际情况：前期开发时，除非明确进行基础设施和工业、住房建设外，不需要完成地块内的道路、供水、供电、供气、排水、通讯、围挡等基础设施建设，而只需要进行土地平整、满足必要的“通平”要求即可；工程完成后，土地储备机构应按规定组织开展验收或委托专业机构进行验收，并按有关规定报所属国土资源主管部门备案。在此期间，土地储备机构应对纳入储备的土地采取管护措施，可采取自行管护、委托管护或临时利用等方式。储备土地完成前期开发并具备供应条件，经与委托方协商一致后，纳入当地市、县土地供应计划，由市、县国土资源主管部门统一组织土地供应。

四、资金管理与监管责任

在现行土地储备管理制度下，城市国有土地储备资金收支管理严格执行财政部、国土资源部两部委关于土地储备资金财务管理的规定，土地储备资金也是通过政府预算安排实行专款专用。农村集体土地储备因资产属性不同，需要进行新的制度创设。建议中央政府在涉农资金及乡村振兴规划中予以统筹安排，通过土地储备中的资金投入、使用，摸索出一套适用农村的资产资金管理办法。在具体实施中，可借鉴城市国有土地储备资金管理的一些普适性经验，即在农村集体土地储备前，必须编制农村土地储备资金收支项目预算，经同级国土资源主管部门审核，报同级财政部门审定后执行；年终，土地储备机构就向同级财政部门报送农村土地储备资金收支项目决算，由同级财政部门审核；同时，也应当建立农村土地储备资金绩效评价制度，绩效评价结果作为财政部门安排年度农村土地储备资金收支项目预算的依据。此外，在一些较成熟的地区可试发农村土地储备专项债券，既可以充分利用市场手段来解决农村土地储备资金不足问题，又可以充分培育农村资本市场。

上述制度设计明确之后，主体责任和监管责任也随之非常明晰，即农村集体土地储备工作应统一归口至县级自然资源主管部门管理，其下属土地储备机构承担农村土地储备具体实施工作，同级财政部门负责农村土地储备资金监管。市、省以及中央政府国土资源主管部门、财政部门、中国人民银行分支机构和银行业监督管理部门，则应在城乡一体化的格局下，按职责分工对城乡储备土地、资产、资金、专项债券进行监督和指导；条件成熟时，再次修订《土地储备管理办法》，真正实现城乡土地储备一套办法、一种机制，实现城乡土地一体化管理目标。

参考文献

[1]马克思,恩格斯. 马克思恩格斯选集:第三卷[M]. 北京:人民出版社,1995.

[2]徐强,周伟. 建立"土地银行"促进土地市场化[J]. 财经研究,1993(2):16－18＋64.

[3]杨继瑞,朱仁友. 建立城市土地储备制度的探讨[J]. 管理世界,2002(3):13－18.

[4]胡存智. 通过收购储备对土地宏观调控[N]. 中国国土资源报,2005－01－18.

[5]中华人民共和国国土资源部. 2009 中国国土资源统计年鉴[M]. 北京:地质出版社,2009:171.

[6]王宏新,勇越. 城市土地储备制度的异化与重构[J]. 城市问题,2011(5):67－71.

[7]赵越,母小曼. 统筹城乡发展情势下重庆土地储备整治战略研究[J]. 安徽行政学院学报,2010,1(2):68－72.

[8]冯桂. 重庆地票制度的价值及其对城乡一体化改革的启示[J]. 国家行政学院学报,2014(1):81－85.

[9]唐健,谭荣. 农村集体建设用地入市路径——基于几个试点地区的观察[J]. 中国人民大学学报,2019,33(1):13－22.

[10]夏方舟,严金明．土地储备、入市影响与集体建设用地未来路径[J]．改革,2015(3):48－55.

[11]吕月珍,吴宇哲．农村宅基地储备制度初探[J]．西北农林科技大学学报(社会科学版),2008(6):5－9.

第八章　案例：广东顺德区村级工业园改造①

第一节　案例背景

一、大湾区城市产业分工与升级

粤港澳大湾区是中国开放程度最高、经济活力最强的区域之一，在深化内地与港澳合作、推动粤港澳三地共同支撑引领国家经济发展和对外开放的过程中具有重要战略地位。2019年，中共中央、国务院印发《粤港澳大湾区发展规划纲要》，提出要充分发挥大湾区内各地的比较优势，建立分工合理、功能互补、错位发展的城市群，推动区域协调发展。其中，珠三角各城市产业链完备，承担起加快发展先进制造业、升级改造传统产业的重要角色。佛山作为大湾区重要节点城市，深入开展制造业转型升级综合改革试点，在家具、家电、灯饰、陶瓷、机械设备等领域发挥优势，完成产业再造。2021年，广东省人民政府工作报告对其提出更高的定位要求："佛山要立足实体经济，提升制造业能级，当好地级市高质量发展的领头羊。"顺德区作为佛山市的五大辖区之一，也是广东省高质量发展体制机制改革创新实验区。改革开放以来，乡镇企业发展迅速，"村村点火、户户冒烟"奠定了该区民营雄厚、产业门类齐全的工业强区地位，诞生了多家规模不一的企业，包括碧桂园、美的两家世界500强企业。然而，随

① 本章撰写：潘墨涛、冯钰、翟天豪。

着时代发展，几乎每一个村级工业园都存在土地利用低效、布局散乱、产能落后、环保风险高、形态破旧、安全隐患大等问题，成为制约顺德区再发展的绊脚石。2018 年，顺德区开始升级改造村级工业园，将其作为区内“头号工程”推进，腾笼换鸟，从“制造”转向“智造”，全力发展现代化制造业。

二、城乡融合与乡村振兴

当前，我国正处于“两个一百年”奋斗目标的历史交汇期，在全面建成小康社会、实现第一个百年奋斗目标的基础上，要乘势而上开启全面建设社会主义现代化国家新征程。在这一过程中，“三农”问题依然是最艰巨最繁重的任务，因而全面推进乡村振兴与城乡融合对于解决发展不平衡不充分问题、全面建设社会主义现代化国家、实现中华民族伟大复兴具有重要意义。

乡村振兴与城乡融合不可分割，因而要建立完善城乡一体化规划、实现城乡间几个关键要素的双向流通、城乡产业的对接以及城乡基础公共服务的均等化。① 顺德区政府坚持高起点、高标准制定村级工业园改造总体规划，着力推动资本、政策、技术等关键要素向村级工业园集中：首先，坚定先行先试突破政策制约，建立政策规范体系，为村改提供多项政策支持。其次，引入社会资本使村级工业园增资扩产，布局芯片、生物医药、新材料等新兴产业，建设两大现代产业集聚区及十大超千亩现代化主题产业城，为农村发展注入新活力。再次，将保障农村农民长远收益作为目标之一，创新新增收益反哺农村机制，确保农村集体具有可持续收益。此外，借村改工程，顺德区加强乡村基础设施建设，提升基础公共服务水平，在各方面逐步缩小城乡差距。

① 张琦．要大力推进乡村振兴和城乡融合[EB/OL]．广州日报，https://baijiahao.baidu.com/s?id=1698448826154937129&wfr=spider&for=pc.

三、粗放式发展与生态恢复

《中华人民共和国国民经济和社会发展第十四个五年规划和二〇三五年远景目标纲要》中提出："坚持生态优先、绿色发展，推进资源总量管理、科学配置、全面节约、循环利用，协同推进经济高质量发展和生态环境高水平保护。"进入中国特色社会主义新阶段，生态环境保护被摆在更加突出和重要的位置。村级工业园改造之前，顺德区农村工业用地容积率低、产能落后、形态破旧，造成严重的资源浪费与环境污染。通过村改，顺德区重塑全区生态环境，推动区内经济社会发展全面绿色转型：第一，一揽子解决空间破碎、权属分散、用地低效的土地利用格局，全面提高土地资源利用效率。同时坚定不移从源头上解决环境污染问题，吸引环境友好的新兴产业进入，不断改善空气、水环境质量。第二，该区至 2022 年底，通过村级工业园改造累计复垦复绿工业用地不少于 10000 亩，打造绿色持续的生态空间，为城乡居民提供休闲放松的最优选择。

第二节　"增减挂钩"：政策设计与调适

城乡建设用地增减挂钩政策自 2005 年起试点，将划定区域内的复垦土地和新增建设用地相联系，以达到耕地数量与质量不变，同时为城市建设用地补充后备资源的目的。试点至今已有十余年，从全国范围内的政策实践来看，大多将偏远农村的闲置建设用地复垦为耕地以换取挂钩周转指标，服务于城市飞速扩张的需要，同时土地增值收益也为农村发展提供了原始资本。其中，"挂钩"对象通常为耕地。

2009 年，为盘活低效建设用地、增加城市用地供给，广东省开始实施"三旧"改造，即在全省范围内改造旧城镇、旧厂房、旧村庄，以挖掘建设用地存量资源，合理调整用地布局，统筹产业发展，同时增加生态用地，美化城市环境。2016 年，广东省出台政策文件，进一步提升"三旧"改造水平，更好发挥国土资源的基础性保障作用。2018 年，顺德区延续

“三旧”改造思路，将对象进一步聚焦为村级工业园，集中力量治理低效村级工业用地，推进土地利用总体规划、城乡规划以及产业规划相衔接。其中，除“工改工”升级改造产业园区外，涉及若干地块用途的转变，如工业用地复垦复绿或者改为商住用地。此外，为了便于土地性质调整，2020 年顺德区设立“地券”，即土地权利人自愿将其建设用地按规定复垦为耕地等农用地后，因建设用地减少形成的指标。

从“三旧”改造到村级工业园改造，广东省及顺德区以增减挂钩政策为工具，完成土地性质的转变。值得关注的是，在这一过程中，省、市、区、镇（街）各级政府都以中央出台的增减挂钩政策为蓝本，结合实际情况做出政策的调适，如将政策实施对象由耕地转变为绿地，使其更好服务于本地实践的需要。

第三节　X 镇村改实践

顺德区下辖 6 镇 4 街道，下文以其中 X 镇的政策实践为例，说明其中涉及的政策调适，并着重分析政策能够灵活执行并且产生良好效果背后的原因。

一、X 镇村改背景

X 镇位于顺德区西南部，村级工业园有 1.46 万亩，容积率多为 0.6 到 0.8，占全镇七成的工业用地仅能贡献三成的工业产值。[①] 土地资源不足，工业产能低下，严重影响 X 镇的长远发展。同时，高污染、高排放、高能耗的小微企业影响乡村人居环境、阻碍美丽乡村建设。自 2018 年起，该镇借村级工业园升级改造工程，对全镇的产业和空间全面布局、统筹规划，打造中小微企业聚集区，高效利用土地资源，因地制宜合理确定土地用

① 珠江商报．顺德区杏坛镇举行村级工业园升级改造启动仪式［EB/OL］. http://gd.sina.com.cn/sd/2018-04-17/detail-ifzihnen7543169.d.html.

途，兼顾产业发展与生态环境保护，为长远发展提供充足空间。

二、X 镇村改过程中的“增减挂钩”实践

X 镇下辖 24 个村、6 个社区。村改之前，村级工业园见缝插针地分布于各个村社中，2018 年，全区开始实施村级工业园改造工程，要求科学合理规划土地利用方式，考虑长远发展目标，优化土地整体布局。因而，X 镇借这一机会在全镇范围内调整土地布局：中心区“二改三”，去工业化，着重发展第三产业，原先的工业用地改为商服或住宅用地；其余村社“二改二”，提高工业园容积率，进行产业再造。

X 社区是 X 镇中心区的一部分，按照规划，会聚人口发展商业和服务业，因而将西部原先的一块农林用地和一块三类工业用地改为教育用地和二类居住用地，同时在该地块上修建一条贯穿整个中心区的南北向公路，与原有的一条东西向公路相连接，加强中心区与全镇的联系。按照“增减挂钩”要求，X 镇在 M 村补充一定数量的绿地。M 村位于 X 镇最南部，是顺德区最古老的乡村之一，依山傍水、环境优美，村中文化底蕴深厚，百年来文武进士辈出，武术文化兴盛，成功申请中国体育非物质文化遗产。该村在堤外有一工业区，是改革开放初期顺德区最早开发的工业区之一，先后有砂砖厂、纸厂和漂染纺织、五金加工类企业进驻。2018 年，紧邻这一工业区的河道被确定为水源保护区，继而要求关停堤围外的工业企业，按照规划进行“二改一”，将原先的工业用地复垦复绿，变为环境友好的大面积绿地。

这块土地使用权属于 M 村，但事实上具体的改造和利用均由镇政府负责：确定“二改一”后，镇政府一次性租赁土地 30 年，租金逐年支付，且每隔 5 年递增 10%。随后，政府主导该地块复垦复绿，并吸引市足球协会在此建立训练基地，同时对接德国相关机构引入运动理疗服务，发展多项业务。由此可见，M 村堤围外工业用地改造的目标并非单纯的复垦复绿，而是以此谋发展，这也是村集体和镇政府达成的共识。正如村书记所说：“收租金不是关键，主要希望通过这个项目能使我们村得到更多上级

的关注，同时推动本村发展。”在足球训练基地落成后，M 村计划依托基地带来的人流量推动本村迈上一个新台阶：第一，将咏春拳、古村落、滨水田园等文化形成一套有力的“组合拳”，推动旅游文化产业发展。第二，依托足球训练基地，堤围内的土地价值上升，适逢原先使用地块的工业企业租期结束，村集体计划将这块土地收回并重新谋划利用方式，以便与周边环境更协调。第三，有一处海岛位于堤围外，临近复垦复绿地块，是村中经济发展较为落后的一部分，村中也想借足球训练基地改善该岛交通，为其寻求发展机会。

第四节　制度分析

城乡建设用地增减挂钩政策自 2005 年起开始在全国范围内试点，后逐渐扩大实施范围，目前成为一项全国性政策，意在予以城市建设必要扩张空间的同时保护耕地数量和质量。X 镇在村改过程中，以这一政策为工具统筹全镇土地布局，但是根据上文描述，不难看出 X 镇的实践和普遍意义上的增减挂钩并不相同：将增减挂钩对象由耕地转为绿地，同时对复绿土地出于经济目的进行再利用。

分税制改革以来，随着财政资源上移，中央集权程度不断强化，中央政府的政策一统性成为诱发各级政府行为的一个基本制度环境，政令一旦“自中央出”，各层级地方政府便会积极响应。[1]然而，由于中国社会多元性极强，加之各地政策实施背景多样，中央政策的具体执行细则需要地方政府因地制宜进行制定或调整。其中，非正式制度的作用不可小觑，这也是中国官僚体制的一个鲜明特点，保证了政策灵活执行的可行性。“非正式制度在正式组织中普遍存在，并非固有弊端……因为政策实施和任务落实时常需要通过非正式制度来动员资源、解决问题。于是，政策执行过程中的变通成为常规，这些变通与正式制度相悖，其风险需要官员间的共谋而化之。”[2]那么，是什么促成了 X 镇镇政府和 M 村官员间的“共谋”呢？对于这一问题，周雪光认为“共谋行为有两个基本条件：第一，共谋行为对参与者各方有利可图，所以共谋的隐性合同是可以执行的；第二，共谋行为被揭露从而受到处罚的风险不大”。[3]下文结合X镇实际情况逐一展开分析。

从前文中村书记对于足球训练场地项目的规划不难看出该项目对于M村经济发展的重要作用。而对于镇政府来说，将这一项目引入M村同样契合自己的利益：首先，在调整土地性质的多种情况中，“二改三”（即旧厂房改住项目）整体改造难度相对较低，利益空间也较大，而“二改一”（即复垦复绿项目）则成本高、收益低，因而政府需要平衡不同项目之间的收益，以使后者顺利推进。从这一点可以理解为何镇政府主动为M村引入足球训练场地项目：M村原先堤围外的工业用地因生态保护原因而被迫复垦复绿，相应地，也无法为村集体带来工业用地租金收入，但这一改造项目恰可以与X社区进行增减挂钩，既保证全镇绿地总量一定，也帮助政府完成了一部分复垦复绿任务量。在这一过程中，M村扮演着“牺牲者”的角色，因而政府需要予以其一定补偿。其次，顺德区人多地少，各村又在铆足劲谋发展，因而建设用地是极其宝贵的生产资料。政策并未明确复绿后的土地可以用作休闲旅游开发，然而，为了经济增长，不少村庄都在积极寻找不影响绿地功能又可以为本村带来经济收益的发展方式。若能达到这一均衡点，就能缓解因被迫复垦复绿而可能导致的村集体与镇政府间的矛盾，而且，一旦这些发展方式被证明可行，产生经济效益，也可以作为镇政府的政绩。至此，“共谋”的基本条件之一已满足。

对于基本条件之二“共谋行为失败的代价较小”，可以分别从镇政府和村集体两级来考虑。中国行政体制中向上负责的特点表明各级政府在行政过程中首先需要获得上级政府满意。因而，无论X镇还是M村，在执行政策的过程中主要向上级政府负责，其灵活变通程度取决于上级政府的允许和默认。这里着重分析X镇的行为会得到上级政府默认的可能原因，主要与中央政策的自由裁量空间有关。

城乡建设用地增减挂钩政策是一项“自上而下”施行的政策，主要目的在于兼顾耕地保护与城市发展的双重目标，回顾多年来中央层面发布的若干政策，不难发现增减挂钩政策作为一种土地整治的工具，除实现主要目的外，仍具备乡村振兴、城乡融合以及生态保护等多重考虑。

新中国成立初期，为了尽快缩小与发达国家的差距，我国长期从农村汲取资源以供城市与工业优先发展，针对城市和农村制定不同的发展政策，逐渐形成城乡二元体制，也导致城乡差异不断扩大。进入21世纪，城市现代化水平不断攀升、二三产业逐步发展、居民生活殷实，而农村、农业和农民则成为贫穷、落后、凋敝的代名词。“三农”问题关乎国家发展与社会稳定，在21世纪初成为“全党工作的重中之重”，多年来一直是我党治国理政的焦点。2021年，我国迈入社会主义新的发展阶段，根据这一阶段的新要求，要切实解决发展不平衡不充分的问题，城乡差距首当其冲，同时，随着脱贫攻坚工作落下帷幕，乡村振兴开启新篇章，农村即将成为我国新的经济增长点。与此相对应，增减挂钩政策也一直将促进农业农村农民发展、统筹城乡建设作为总体要求之一，如2008年原国土资源部印发《城乡建设用地增减挂钩试点管理办法》，明确提出“挂钩试点工作应以改善农村生产生活条件，统筹城乡发展为目标”。2010年《国务院关于严格规范城乡建设用地增减挂钩试点切实做好农村土地整治工作的通知》将“促进农业农村发展和农业现代化，促进新农村建设和城镇化发展”作为政策总体要求之一，同时要“以规划统筹试点工作引导城乡用地结构调整和布局优化，推进土地节约集约利用，促进城乡协调发展”。具体到“增减挂钩”所产生的土地增值收益，2017年《中共中央 国务院关于加强耕地保护和改进占补平衡的意见》指出“补充耕地指标调剂收益由县级政府通过预算安排用于耕地保护、农业生产和农村经济社会发展”。此外，2018年顺德区村级工业园改造指导性文件中也表明：“旧村居改造项目的土地出让价款除专项提留资金外，全部返还给村集体组织，用以支持农村经济发展。”2021年是乡村振兴开局之年，党和国家在这方面积极投入资源以振兴乡村、缩小城乡差距，其中，产业振兴作为首要切入点，政策大环境鼓励各地探索培育乡村产业的新路径。此外，全国各地在复绿土地上发展休闲旅游产业的例子不在少数。中央政策明确鼓励多路径推动农村经济发展，这为M村引入足球训练基地项目留足自由裁量空间，表明X镇政府的政策执行方向与中央相契合，因而得到上级政府的默认。

X镇政策调适还涉及将增减挂钩对象由耕地转变为绿地，其中隐含的逻辑与上面一致。“绿水青山就是金山银山”，近年来，伴随着全球气候变化加剧、局部地区气候反常现象频发，生态环境治理在国家治理中的地位越发重要，这一点在增减挂钩政策历程中也可见一斑。2005年，试点工作开始之初，就将“保护和改善生态环境，促进土地的可持续利用”作为挂钩试点规划工作遵循的原则之一。此后，“生态环境保护”在历年政策中频频体现，以乡村生态振兴促进产业振兴，实现经济社会生态可持续发展。绿地美化环境、涵养水源、净化空气与土壤，是不能轻易减少的自然资源。同时，《顺德区建设高质量发展体制机制改革创新实验区方案》规定，至2022年底，“头号工程”村级工业园改造需累计复垦复绿不少于10000亩，这是非常繁重且紧迫的任务。因而，顺德区据实际情况，将增减挂钩对象由耕地转变为绿地，要求某一地区绿地的减少需要相应补充同等数量、同等质量的绿地。

在中央政府历年来发布的文件中，“耕地数量、质量与永久基本农田”是农村土地整治不可逾越的红线，在此红线之上，具备两点倾向：一是始终重视农业农村农民发展，同时推进城乡融合，缩小城乡差距；二是对于生态环境保护的重视程度不断增加。因而在红线之上，但凡符合这两点政策倾向的举措，地方政府就有充分的理由去推进。从这一点可以充分理解X镇的政策调适是在中央政策默许范围之内的，不至于使镇政府自身承担很大风险。

综合来看，上下级政府间“共谋”的基本条件已满足，事实也做了印证：镇政府对于村集体违反政策规定的做法采取较为宽松的态度，甚至主动为其寻找合适的资源，这从侧面说明了“在中国行政体制中，基层政府间的‘共谋’行为已经成为一个制度化了的非正式行为”。

第五节　小结

改革开放以来，顺德区作为试验田，一直坚持锐意改革。自2018年开始的村级工业园改造旨在解决区内用地不足的问题，推进全区产业升级再造。按照规划，该区要在三年时间内完成全区村级工业园的改造，调整用地布局、优化用地结构。顺德区改革创新的角色本身以及时间紧、任务重的改革目标都注定其必须灵活执行各项政策，主动向上级政府争取政策空间，突破多项政策制约，变通解决政策中未涉及的问题，以推动村改顺利进行。X镇的案例作为村改实践的一部分，过程中为了完成本镇村改任务、协调区政府、镇政府、村集体、村民各方利益，灵活执行各项政策并在确保与上级政策导向契合的基础上解决政策范围外的问题。

在中国，政策的灵活执行现象十分普遍，并且灵活执行可以取得良好效果与以下几点相关：一是由于中国社会多元化发展，各地情况不一，因而中央层面往往从宏观角度出台指导性意见或规范性政策，涉及具体的落实细则，则由各地因地制宜制定，赋予地方各级政府一定的自由裁量权，使得政策执行具备灵活性。二是与中国行政体制中非正式制度发挥重要作用的特点密切相关。与韦伯式官僚组织不同，中国政府组织内部的人缘化倾向明显，人际关系是对组织正式制度的重要补充，影响着政府内部任务布置、完成、检查以及官员晋升等活动的成败，同时也是协调各方利益的重要工具。三是与地方政府的创新能力有关。各地的自然地理、历史文化条件不一，造就了当地政府不同的施政取向，创新能力强、意愿高的政府往往更清楚如何在可控范围内灵活执行政策并获得上级认可。四是与地方政府面临的任务强度相关。当地方政府面临短时间内务必完成大量工作的要求时，常规的行政流程已无法保证其完成上级指令，因而需要“特事特办”，突破政策制约，灵活执行各项政策以确保可以在规定时间内完成任务。

参考文献

[1]周雪光. 基层政府间的“共谋现象”——一个政府行为的制度逻辑[J]. 社会学研究,2008(6):1-21+243.

[2]周雪光. 中国国家治理的制度逻辑:一个组织学研究[M]. 北京:生活·读书·新知三联书店,1997(79).

[3]周雪光. 中国国家治理的制度逻辑:一个组织学研究[M]. 北京:生活·读书·新知三联书店,1997(206).

第四篇

闲置宅基地治理：文献研究与政策分析

第九章　文献研究[①]

我国现有的农村宅基地制度是新中国成立以后所确立的，它保障农民基本生存和生活发展的重要财产性权利。在60多年的发展过程中，宅基地对农民安居和农村稳定起到了非常重要的作用。“一户一宅”等制度的规定对我国耕地保护和粮食安全意义非凡。但是，随着我国工业化和城镇化进程的不断加快，大量农村人口涌入城市寻求发展，耕地面积大量被占用建造房屋，保留老宅基地的传统思想（风水好、落叶归根等思想），以及原有制度设计的缺陷等原因，导致农村出现大量闲置的宅基地和闲置房屋，造成了土地资源的浪费。以上这些不仅对农民财产权利的实现非常不利，而且影响我国农村社会的稳定和城乡融合的发展进程。根据农业农村部抽样调查数据，2019年全国闲置的宅基地占到全国宅基地数量的18.1%。而从2000年到2022年，我国农村常住人口减少了将近40%，宅基地闲置程度可能远超于此。[②] 因此，本章对如何更有效地治理闲置宅基地的问题进行文献梳理，这既是新时期我国土地集约利用的实际需要，也是实现农民财产权利的重要途径，有利于进一步促进农村支持城市发展、农业支持工业；同时，城市的发展也辐射和带动了农村的发展，工业反哺农业，从而有利于统筹城乡发展，对维护农村社会稳定和实现全面建成小康社会有重要意义。

虽然目前对闲置宅基地的研究已有不少，但其中的文献综述研究多以

---

① 本章撰写：张振、王璐、王梓毓。

② 陆铭，魏东霞．对跨省劳动力流动倾向下降要防止趋势性误判[EB/OL]．21世纪经济报道．https://finance.eastmoney.com/a/202402242993779689.html.

传统的文献分析和归纳述评为主，而基于知识图谱系统、客观分析该主题研究热点的较少。[1]对此，本文通过 CiteSpace 可视化分析对 CNKI 数据库进行深入挖掘，通过绘制科学知识图谱的方法直观、形象地总结出闲置宅基地研究进展、热点问题及未来展望，以期为闲置宅基地治理提供有益参考。

第一节　数据来源和研究方法

一、数据来源

数据来源为全球最大的中文数据库——中国知网数据库（CNKI），这是功能强大的网络数据库全文检索系统，具有信息含量大、覆盖范围广、更新迅速及时、检索服务功能齐全等优势特征。为了准确确定本主题的文献，采用“篇关摘”检索关键词为“闲置宅基地”；文献总数：2149 篇；检索范围：中文文献。使用“篇关摘”而不采用“主题”检索的原因是，“主题”检索后有些闲置宅基地的研究并没有被录入其中，例如，《基于农户视角的农村空心化整治及满意度》《农业转移人口市民化过程中住房消费选择研究》等，这些论文也是属于闲置宅基地的范畴，但主题检索并没有被囊括其中。对初步筛选的 2149 篇文献结果进一步精炼，手动剔除会议纪要、新闻等边缘信息，以提高对文献研究的精确性和科学性，最后得到有效文献 1957 篇，作为本研究分析的基础数据。

二、研究方法

CiteSpace 的知识图谱分析是近年来在科学计量学领域中被广泛使用的可视化软件，尤其是善于分析某一研究领域随时间变化不同阶段的研究前沿，以及研究前沿与知识基础之间的关系，在城市闲置土地研究中已有应用实践。[2]本研究使用的软件版本为：CiteSpace 6.1.3，设置检查时间跨度为 28 年（1995—2022 年），单个时区设置为 1 年，Selectio Criteria 设定为

50，即选择每一时间段中被引频次或出现频次最高的 50 个数据，Pruning 选择 Pathfinder/Pruning the merged network/Pruning sliced networks，其余均为采用软件默认值。

第二节　基本特征

一、文献数据量统计分析

获取的 1957 篇文献主要分布在经济学、法学、管理学、社会学等领域，不同学科的立足点和研究视角有所不同，多学科、跨学科的研究特点较为明显（图 9－1）。

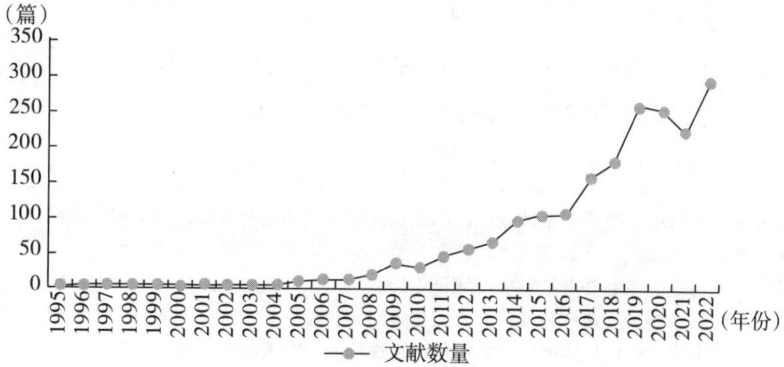

图 9－1　1995—2022 年闲置宅基地研究文献分布

从图 9－1 可以看出明显的三个时间节点。1995 年，我国开始有了关于宅基地的研究，北大核心中国土地期刊发表了《清查建设用地 消灭“人为荒地”》一文。接下来，2007 年（11 篇）开始关于闲置宅基地的研究呈直线上升趋势，到 2019 年达到 260 篇，12 年的时间研究文献数量翻了近 24 倍。然后，2020 年研究文献数量有一段时间的下降，但 2021 年之后又持续直线上升，到 2022 年达 295 篇。

闲置宅基地的研究在很大程度上受到国家政策的影响。根据研究的力度以及国家政策的内容、实行情况。可将闲置宅基地的研究分为三个阶段：第一阶段是开始期（1995 年）。1995 年之前没有相关的研究，但 1995 年国土局发布《关于全面清理非农业建设闲置土地的通知》后，土地闲置问题开始被重视。第二阶段是改革发展期（2007 年）。这一阶段提出很多改革的概念与方案，如宅基地使用权、流转、产权问题等。2007 年《国务院办公厅关于严格执行有关农村集体建设用地法律和政策的通知》重申"城镇居民不得到农村购买宅基地、农民住宅或小产权房"。这些规定体现了国家政策一贯的限制农民住房、宅基地使用权向城镇居民流转的态度。这也正是实践中农村宅基地上房屋转让后，随着城市扩张、农村城镇化、拆迁安置等导致土地和房屋升值，农民反悔致纠纷频发的主要原因。第三阶段是调整发展期（2019 年）。针对在闲置宅基地改革中所出现的问题，进行整改与调整。2021 年 2 月 21 日，中央人民政府官网发布《中共中央国务院关于全面推进乡村振兴加快农业农村现代化的意见》（以下简称中央一号文件），其对宅基地、土地流转等政策做了相关调整。下面是对中央一号文件中关于闲置宅基地内容的整理（表 9－1）。

表 9－1　2021 年中央一号文件对闲置宅基地的新政策内容汇总

1. 加强宅基地管理，推进宅基地制度改革试点，探索宅基地所有权、资格权、使用权分置有效实现形式。
2. 规范开展房地一体宅基地日常登记颁证工作。
3. 规范开展城乡建设用地增减挂钩，完善审批实施程序、节余指标调剂及收益分配机制。
4. 2021 年基本完成农村集体产权制度改革阶段性任务，发展壮大新型农村集体经济。
5. 保障进城落户农民土地承包权、宅基地使用权、集体收益分配权，制定依法自愿有偿转让的具体办法。
6. 加强农村产权流转交易和管理信息网络平台建设，提供综合性交易服务。
7. 加快农业综合行政执法信息化建设。
8. 继续深化农村集体林权制度改革。

二、期刊分布情况

闲置宅基地研究文献主要分布在《农村经济与科技》《中国土地》《农村经营管理》等期刊（图 9－2），《农村经济与科技》主要刊登全中国范围的农、林、牧、副、渔业基础理论、应用研究及农业经济研究等与农业有关的学术研究论文，追踪报道各学科实用的农业科技成果，强化前沿学术交流平台，传播农业适用经济信息。《中国土地》的主办单位是中国国土资源报社，其宣传党和国家有关土地管理工作的方针、政策、法规，介绍有关土地管理的理论和科学技术成果，交流国内外土地管理的经验。而《农村经营管理》是农业农村部主管，刊物始终围绕农业和农村经济的中心任务，积极宣传中央的有关方针政策，及时传达业务主管部门的工作部署和指导精神，总结交流各地的实践经验，探讨农村经济理论和实际工作问题，传播现代农村经营管理知识。从整体来看，普刊比重很大，高质量的核心期刊，如《农村经济》《中国土地科学》等研究力度有待进一步提升。

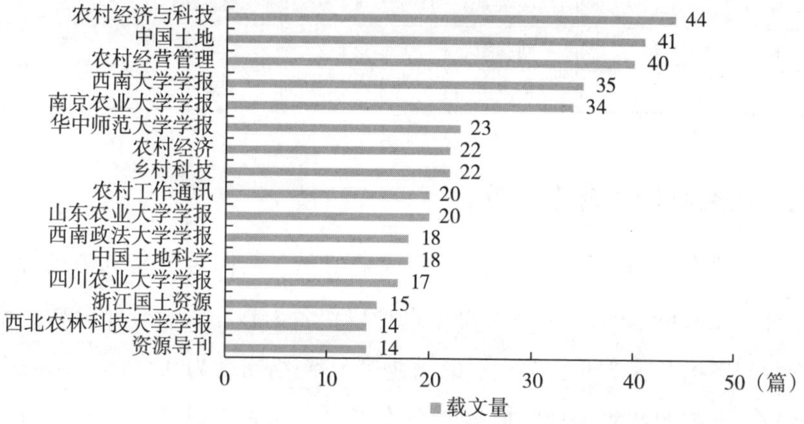

图 9－2　1995—2022 年闲置宅基地问题研究载文量在 14 篇以上的期刊

三、高产作者及合作网络分析

学者通过合作共同署名是学术界常见的现象，不同学者的优势互补能让文章更具有深度和广度。在闲置宅基地研究者与合作网络情况中，对研究者情况进行共现分析，得到研究者网络图谱，本研究者网络图谱共 447 个节点、139 条连线。其中节点较大的表示该学者发文量较多，学者间的连线表示作者间的联系。而图谱的网络密度为 0.0014，节点分布较为分散，说明当前研究中研究者之间跨机构、跨专业合作相对较少。仅形成了以张凤荣、张军连等为代表的部分合作网络，彼此之间的合作较少，也未能形成核心的学术团体，即便有合作也只是两三个人之间合作的学术小圈子。从长远来看，还需要进一步加强学术团队建设和跨团队交流，良性的合作与互动有助于提高整体学术水平。

在近三十年闲置宅基地领域研究中，发文量5篇及以上的作者有张凤荣、赵艳霞等（表9－2），本领域学者成果相对丰富。

表9－2　1995—2022年发文量在5篇以上的高产作者　　单位：篇

高产作者	发文量	高产作者	发文量	高产作者	发文量
张凤荣	8	杨秀琴	5	张军连	5
赵艳霞	6	杨玉珍	5	王瑷玲	5
刘　锐	6	张军连	5	徐小峰	5
于　水	6	刘彦随	5	杨璐璐	5
丁关良	6	杨子生	5	黄璐水	5

四、研究机构及合作分析

为了解研究机构对于该领域的研究成果情况，我们对研究机构进行了共现分析，在CiteSpace的节点类型中选择以作者为核心进行合作分析。研究机构共现图谱共得365个节点、61条连线，网络密度为0.0009，节点分散联系较少，表明跨机构、跨地域的合作不多，还未形成系统紧密的合作关系。图谱的节点大小表示发文量的多少，在闲置宅基地领域的研究中，发文量最多的是南京农业大学。西南大学、华中师范大学、山东农业大学、南京农业大学公共管理学院等高校发文量位列其后，通过网络图谱可知该领域研究机构中各高等院校是主力军。图谱中节点的连线表示研究机构的合作，连线越多表示机构间的合作越紧密，出现了中心度较高联系紧密的研究团体，也有两两合作强弱互助的研究团体，各研究院所在科研中各有所长，形成跨机构、跨地域的研究优势；也有独立发展的机构在该领域中发挥专长，但缺乏合作共赢的优势。

通过对各研究机构发文量的统计，1995—2022年发文量在8篇以上的机构主要有18所高校与研究所（表9－3）。

表 9-3　1995—2022 年发文量在 8 篇以上的高产研究机构

机构名称	篇数数量	机构名称	篇数数量	机构名称	篇数数量
南京农业大学	38	西南大学	33	华中师范大学	26
四川农业大学	16	山东农业大学	14	南京农业大学公共管理学院	14
东北农业大学	12	西南政法大学	12	安徽农业大学	10
西北农林科技大学	10	华中农业大学	10	河北农业大学	9
安徽财经大学	9	湖南农业大学资源环境学院	9	中国地质大学（北京）	9
东华理工大学	8	中国社会科学院农村发展所	8	华中科技大学	8

第三节　热点分析

一、关键词图谱聚类

关键词是对于文章主题的高度概括，通过聚类文献的关键词能高效掌握文章研究方向，并清晰领域研究热点。对于“闲置宅基地”领域进行关键词可视化分析，得到如图 9-3 所示的关键词共现图谱。图谱中节点最大的为“三权分置”“乡村振兴”“流转”“影响因素”“使用权”“农村”等，较大节点的关键词出现的频次较高，这也反映“闲置宅基地”领域的研究热点和方向是“三权分置”“乡村振兴”“影响因素”等方面。

二、热点词

为了将分散的热点关键词整合起来系统研究，进一步对关键词共现图片进行聚类分析，得到 543 个节点和 1223 条连线，模块值为 0.6044（大于 0.3），平均轮廓值为 0.8775，表明聚类效果较好。再利用 CiteSpace 的热点词 K 聚类功能识别聚类及子聚类，从而全面把握闲置宅基地的研究热点及发展脉络。共形成 12 个热点词聚类（#0 ~ #11）（图 9-4），分别为

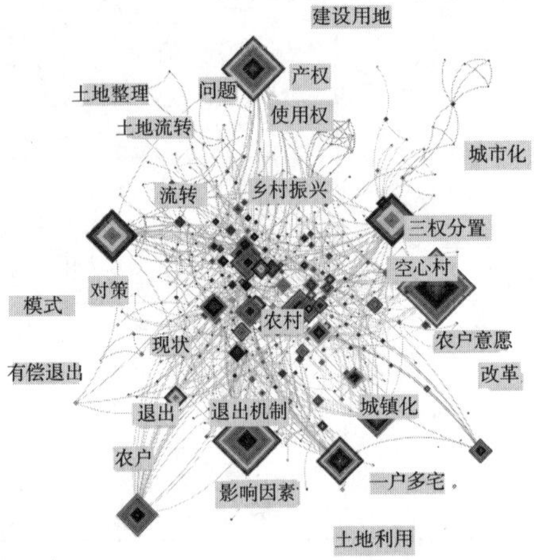

图9－3　中国农村闲置宅基地关键词共现图谱

“宅基地”“影响因素”“流转”“空心村”“三权分置”“土地整理”“土地利用”“城市化”“农户”“农民工”“改革”“利益博弈”，以及若干子聚类（表9－4），通过汇总整理来分析聚类的详细内容。

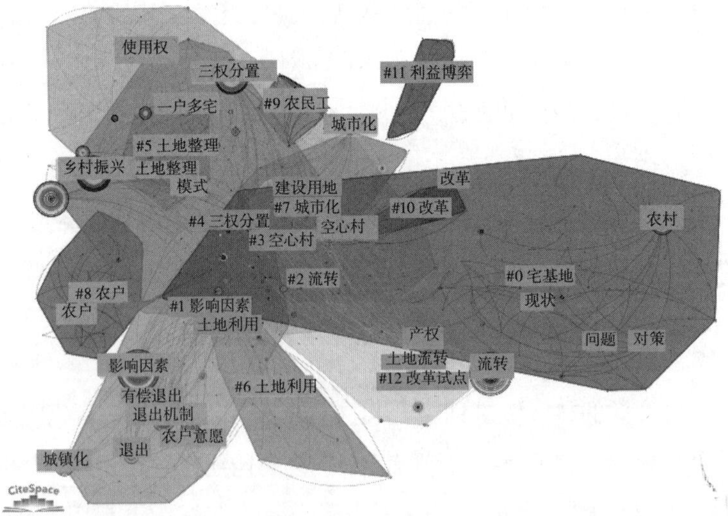

图9－4　中国农村闲置宅基地关键词聚类图谱

表 9-4 闲置宅基地研究的热点词聚类

聚类编号	聚类名称	子聚类名称
#1	影响因素	宅基地退出；宅基地流转；Logistic 模型；农户意愿；土地管理；宅基地使用权
#2	流转	三权分置；宅基地使用权；宅基地制度改革；盘活利用；用益物权
#3	空心村	旧村改造；农民建房；乡庄规划；宅基地流转；宅基地整治；优化利用
#4	三权分置	土地经营权；承包权；资格权；土地流转；集体所有权新型农业经营主体
#5	土地整理	农村居民点；空间分布；测算法；利益博弈；市场流转机制；区域规划
#6	土地利用	盘活利用；休闲农业；土地利用的整体规划；一户多宅；城乡建筑用地；四荒地
#7	城市化	城镇化；城乡建筑用地；盘活利用；退出机制；产权性质；双轨制
#8	农户	三权分置；宅基地使用权流转；有偿使用；宅基地复垦票；宅基地退出；农户调查
#9	农民工	再利用；建设用地指标；机制探析；分类治理；城乡统筹；农民工进城落户；差别化土地政策
#10	改革	乡村振兴；三权分置；宅基地管理；宅基地退出；实践探索；改革试点；城乡融合发展
#11	利益博弈	土地制度；宅基地制度变迁；利益相关者；利益集团；收益共享机制；产权完善；博弈均衡

通过以上聚类分析反映出农村闲置宅基地领域的研究热点。基于关键词共现图谱和聚类图谱，结合农村闲置宅基地的研究热点，将该领域的研究内容归纳为以下几类。

（1）闲置宅基地影响因素。农村闲置宅基地影响因素的研究，对于减少宅基地闲置现象的发生，提高农村土地利用效率具有现实意义。①基于相关政策与机制层面。魏晖等将农村闲置宅基地分为 4 类，即“建新不拆旧闲置”“继承宅基地闲置”“批而不建闲置”“外出务工季节性闲置”，并指出农村宅基地大量闲置的主要原因是“一户一宅”政策落实不到位、宅基地集体所有权虚位、宅基地流转不出村限制和宅基地退出机制不完善等。[3]②基于农户层面。闵廷冬等对农村宅基地闲置影响因素进行分析，结果表明，年龄、外出务工、宅基地数量、交通条件、城镇定居等与宅基地闲置有显著正相关关系，而宅基地面积、家庭收入来源、盘活预期收入、政策了解度、对宅基地的情感等与宅基地闲置有显著负相关关系。[4]此外，还有研究表明，农村宅基地闲置与其空间分布有关，如贾宁凤等指出农村闲置宅基地分布具有明显的区域差异性和空间聚集性，宅基地闲置率从平川区到山区逐渐递增，而人均耕地面积、耕地质量等级、坡度、到县城距离、到干道距离等均影响农村宅基地的闲置。[5]杨亚楠等对中西部地区农村宅基地闲置的影响因素进行分析，结果表明，地理位置和土地资源、经济发展、风俗习惯、农民主观认识及行政管理力度都会影响农村宅基地闲置。[6]

（2）闲置宅基地流转。近年来，有关农村闲置宅基地流转问题的研究成了热点话题。学者们主要从闲置宅基地流转意愿、流转方式、流转治理策略等方面展开了相关研究。①农户流转意愿。张志会等运用问卷调查、Logistic 回归模型定量分析农户闲置宅基地流转意愿，指出农户文化水平、家庭人口数、政策了解程度、宅基地数量等因素影响闲置宅基地流转意愿。[7]②闲置宅基地流转方式。贾丽等就农村闲置宅基地高效利用方面，提出建立农村闲置宅基地退出机制、规范流转市场，开展闲置宅基地复垦、开发生态旅游等利用方式，优化农村土地资源配置。[8]③闲置宅基地流转治理策略。刘思卉等提出农村闲置宅基地流转的整体性治理策略，即调动农民参与积极性，完善配套法律法规、保障农民宅基地流转权利，整合地方政府责任、加强协同管理，打造整体性宅基地流转信息系统与服务中介机构，协调并完善相关配套保障制度等。[9]汪慧慧等针对农村闲置宅基地，提出在法律制度层面，要完善农村宅基地登记制度、加强审批管理、建立统一规范的流转体制，并加大执法力度；在思想教育层面，要加强对村民思想教育和法制宣传教育，使村民了解国家宅基地政策；在社会保障层面，政府应完善社会保障制度、加强新农村合理规划与建设，进而促进闲置宅基地流转。[10]

（3）闲置宅基地管理。2018年中央一号文件指出，完善农民闲置宅基地和闲置农房政策，探索宅基地所有权、资格权、使用权“三权分置”。有关农村闲置宅基地管理方面的研究，转向“三权分置”改革的探讨。①“三权分置”改革对于农村闲置宅基地的意义。方丹萍等指出“三权分置”改革具有扩大权能边界作用，有利于提高闲置宅基地流转与利用水平，并提出优化利用农村闲置宅基地的建议，如促进城乡融合发展、建设宅基地置换平台、产业引导、完善宅基地退出补偿方式和社会保障等。[11]张潇潇指出“三权分置”改革是农村土地制度的重大变革，有利于解决农村闲置宅基地浪费现象、发挥闲置宅基地的收益功能，进而促进农村经济社会发展。[12]②“三权分置”改革的实践研究。戴龙妮对于沙县夏茂镇基于“三权分置”理论推出的“宅基地地票”和“房票”改革进行研究，分析其在盘活利用农村闲置宅基地上的具体运作机制，梳理可推广复制的典型经验。[13]汪明进等立足绍兴市盘活闲置农房和宅基地的改革实践，强调农房和宅基地使用权流转，促进要素市场化形成，并实现乡村发展动能转换，提出探索激活闲置农房和宅基地的必备实现要件。[14]

（4）闲置宅基地与乡村振兴。土地问题是乡村振兴战略实施的根本问题。近年来，在乡村振兴战略背景下，关于农村闲置宅基地退出机制、盘活利用制度等已经引起学者们的广泛探讨。①农村闲置宅基地退出与乡村振兴。张文斌等探究了乡村振兴背景下农村闲置宅基地退出意愿与障碍因素，结果表明，居住生活、教育医疗等条件的改善积极影响农户退出闲置宅基地意愿，而农户对退宅后的风险错误感知、政策模糊认知是闲置宅基地退出的主要障碍因素，会导致退宅意愿减弱。[15]祁全明等针对农村闲置宅基地有偿退出中存在的问题，提出坚持自愿原则、保护农民利益，制定明确补偿标准和程序，加快建立户籍制度、保障政策等配套机制，建立合理利益分配机制，强化履行政府职责，充分发挥闲置宅基地功能，助力乡村振兴。[16]②农村闲置宅基地盘活与乡村振兴。刘瑞东等指出在乡村振兴战略背景下，盘活利用农村闲置宅基地还存在以下困境，如宅基地流转法律制度不健全、宅基地回收转让制度缺乏可操作性、宅基地有偿退出政策难以落实、“一户多宅”现象突出等，难以保障乡村振兴战略对土地的现实需求。[17]张勇等指出乡村振兴视阈下盘活利用农村闲置宅基地，应以提高农村土地利用效率、增加农民收入、壮大村集体经济为目标，统筹村庄区位条件、资源禀赋，聚焦发展新产业新业态，支持多主体、多方式、因地制宜地盘活利用农村闲置宅基地。[18]佟彤、惠建利在乡村振兴背景下，对农村闲置宅基地盘活制度的规范协同、闲置宅基地盘活利用主体制度创新等方面进行研究，旨在促进宅基地土地资源有效利用，助推乡村振兴。[19][20]

(5) 空心村整治。随着工业化城市化的发展，农村人口逐渐流入城市，农村空心化的现象日益显著，成为学者们讨论的热点问题。各学者主要从空心化成因、空心村整治潜力与模式、空心村整治道路等方面进行广泛探讨。①空心化成因。喻小倩在实地调研的基础上，简要分析了空心村形成的主要原因，即体制与制度原因、管理与政策因素，以及地理因素，并探究了解决空心村问题的对策，以期能为空心村改造工作提供理论指导和科学依据。[21]②空心村整治潜力与模式。张玉等从全国层面分析了空心村整治潜力与模式的区域差异，总结梳理了整治潜力重点区域和分类实施空心村整治主要模式，得出空心村县域整治潜力等级空间呈现明显的“北方高南方低”“平原地区高、丘陵山地区低”“传统农区高、城市群地区低”总体分布特征，以及空心村整治主要模式为村内集约型、迁村并点型、城乡融合型和易地搬迁型。[22]③空心村整治道路。黄爱东指出想化解“乡村空心化”的负面效应就必须深化城乡二元结构体制改革，重塑城乡关系，走城乡融合发展道路，建立城乡融合发展的体制机制和政策体系。[23]

(6) “三权分置”与土地制度改革。“三权分置”是中国共产党建党以来一次重要的制度创新，是深化土地制度改革的重要探索，为解决土地问题提供了制度依据。“三权分置”的关键环节和“三权分置”的实践引起学者的探讨。①“三权分置”关键环节。贾国磊认为科学界定承包地“三权”的法律内涵、权能边界及衔接关系，建立健全归属清晰、权能完整、流转顺畅、保护严格的农村土地权利保障体系，是“三权分置”改革实践的关键环节，决定着此项改革能否顺利推进并取得实效，他指出“三权分置”坚守农地集体所有权是根本，严格保护农地农户承包权是基础，加快放活土地经营权是关键。[24]②“三权分置”实践。周力提到“三权分置”促使了农户耕地转出租金提升、农业投资增加、农业生产率提高、本地非农就业增加，进而促进了农户收入增长。“三权分置”对于欠发达地区或低收入群体的农户而言增收效果相对明显，在总体上缩小了农户收入差距。[25]

（7）土地的利用与规划。土地与人的生产生活息息相关，利用好、规划好土地有利于满足人民需要并推进共同富裕。对于土地利用规划可以分为两个方面：①城镇土地利用与规划。马永涛指出加强城镇土地利用规划对城镇经济发展有重要意义，结合新时期的发展情况，城镇经济发展对国家长久发展有很大帮助，并提出加强城镇土地规划的有效策略，即根据实际发展需求提升土地利用率，坚持保护耕地节约利用土地和提升城镇土地利用规划的资金投入。[26]②农村土地利用与规划。吕春霞认为农村土地利用和规划作为新农村建设的重要内容之一，与人们生活密切相关，结合地区农村土地使用现状，制定行之有效的发展策略，可以大大提高农村土地利用率，同时引导基层群众合理用地、科学用地，正确进行土地建设规划，从而使土地资源价值最大化发挥，满足农村经济发展的需要，推动新农村建设。[27]董黎霞指出农村土地利用不仅要对现有的耕地面积及土地数量和质量进行全面性的规划与布局，而且还要结合乡村振兴战略目标对土地资源进行优化，明确土地利用规划的目标和方向，在实现新农村建设目标的同时促进乡村振兴战略工作的顺利有效开展。[28]

（8）城市化与退出机制。随着经济社会的进步，城市化成为社会发展的必然结果，在城市化程度不断深入的当下，加快宅基地改革、探索宅基地退出机制刻不容缓。学者们对城镇化推进宅基地使用权退出实践中的不足进行研究，并对宅基地退出具体机制内容进行归纳。①宅基地使用权退出实践中的不足。孙明慧提出政府主导型的宅基地使用权退出方式容易跑偏、村集体主导型和农户自主型的宅基地使用权退出难开展、宅基地使用权退出补偿机制缺失和综合配套改革严重滞后等不足。[29]王杨等提出宅基地退出法律制度困境：宅基地产权登记制度不完善、宅基地退出程序不具有可操作性、宅基地退出方式单一、农民利益补偿机制不合理等。②宅基地退出机制具体内容。[30]郑晴总结三点：一是加强宅基地退出的动力机制，城市化的快速发展为农户退出宅基地提供了动力。二是提高宅基地退出的激励机制，对宅基地退出合理补偿，提高补偿标准。三是健全宅基地退出的保障机制，使得退出宅基地的农民能够享受到城市市民的待遇。[31]

（9）农户与土地使用权。目前我国在农村实行家庭联产承包责任制，推进“三权分置”改革，对于农村土地使用权的流转起到了推动作用，这也成为学者近年来研究的热点。①农户土地使用权流转意愿。曹煜玲提出公共政策和政策工具直接影响农户土地流转意愿，并且对农户土地流转意愿的影响效应具有差异性。[32]土地确权增强了农户的产权意识，稳定了对未来的预期，农户参与土地流转意愿显著提升；农业税减免间接降低了土地流转成本，有助于土地流转；明确土地流转补贴对象以及提高土地流转补贴额度，能够增强农户土地流转意愿；政府统筹规划和引导的农村社会保障体系对农户土地流转意愿具有积极影响等。②乡村土地使用权流转存在的主要问题。闫静等从土地使用权在线流转的角度分析得出影响发展的问题：一是政府监管不力、法律不完善；二是土地使用权流转平台经营宣传不到位；三是村级自治组织缺乏相应流转部门，土地使用缺乏科学指导等。[33]

（10）农民工与城乡统筹。城市化是中国经济社会发展的必由之路，农业人口市民化也是推进我国城市化进程的重要环节，农民工作为城乡统筹发展的重要因素，广大学者对其城市生活状况与市民化意愿进行了研究。①农民工城市生活状况。高兴民从就业角度进行分析，得出农民工就业质量总体上仍然偏低，就业机会不平等、工作条件较差、工资待遇不高、劳动权益保障不足等问题的存在，影响了农民工市民化进程。[34]②农民工市民化意愿。王蕾蕾分析了影响农民工市民化意愿的因素，指出新生代农民工市民化意愿受多种因素的综合影响，人口因素、经济因素和社会因素均与其进城落户意愿具有明显的相关性，但具体到不同指标，相关性有所不同。[35]得出婚姻状况、合同、住房现状和文娱活动 4 个 2 级因素影响力更强，受教育程度、子女随迁、月工资收入、城市生活时间 4 个 2 级变量也均有较强的显著性，而年龄、工作类型和生病就医对市民化意愿影响不显著的结论。

（11）利益博弈与利益相关者。利益是以物质经济为基础的各种关系。随着经济发展与资源的开发，利益的博弈更多地出现在市场中，解决好各个主体的利益关系成为关键问题。张振勇指出要实现我国农村宅基地制度向良性轨道演化，必须协调好各利益集团特别是中央政府、地方政府、农村集体经济组织、用地企业与农户的关系，促进各利益集团选择合作策略，实现布坎南所称的“一致同意”。[36]为此，必须支持农民弱势利益集团的形成与发展，抑制强势利益集团对公共政策的过度渗透、改变政府角色。欧金美从利益博弈的角度提出在农村社区建设中解决利益问题的关键是整合利益关系，首先需要明确利益主体的行为准则，进行合作博弈；其次是要加强政策的科学化和民主化，促进政策有效执行；最后是要完善制度，优化博弈规则。[37]

第四节 小结

本研究借助 CiteSpace 对 1995—2022 年的 1957 篇关于中国农村闲置宅基地的文献研究进行了梳理与分析，总结出了该领域研究现状、热点与发展趋势。

（1）从发文量来看，农村闲置宅基地研究主要经历了三个阶段：萌芽阶段（1995—2006 年）、缓步发展阶段（2007—2020 年）、高速增长阶段（2021 至今），尽管这期间出现短暂的回调，但总体动能向上。特别是 2021 年 2 月中央一号文件的出台为农村闲置宅基地的研究提供了新的动力。

（2）从期刊的分布来看，关于农村闲置宅基地的研究期刊过于集中，没有调动足够的研究力度。从发表的期刊数来看，普刊占据绝对的数量，核心期刊在农村闲置宅基地的研究方面有待进一步提升。

（3）从高产作者及机构合作来看，研究学者及机构的分布较为分散，研究者之间跨机构、跨专业合作相对较少，核心研究团体的数量严重不足。从长远来看，需要进一步加强学术团队建设和跨团队交流，良性的合作与互动有助于提高整体学术水平。

（4）从关键词图谱聚类分析来看，可以将宅基地研究的热点领域归纳为“空心村治理”“影响因素”“使用权”“对策”“三权分置”“一户多宅”“农户”“城镇化”8个方面。

（5）从来热点突变词分析来看，“影响因素”“土地流转”“空心村治理”“三权分置”“土地整理”“土地利用”“城市化”“农户”“农民工”“改革探索”“利益博弈”11个聚类是农村闲置宅基地研究的前沿动态与发展趋势。紧抓研究前沿，集中研究力量攻克农村闲置宅基地整治中存在的突出问题，避免研究资源的浪费，尽可能在有限的时间内更多、更有效地提出可操作性强、能够满足实际发展需要的深层次理论创新与建议对策。只有这样才能更好地为中国城乡融合发展提供新思路、新方法。

参考文献

[1]耿敬杰，汪军民．基于CiteSpace的集体建设用地问题研究进展及热点分析[J]．国土资源科技管理，2017，34(5)：47－61.

[2]CHEN MC. CiteSpace Ⅱ：Detecting and visualizing emerging trends and transient patterns in scientific literature[J]. Journal of the American Society for Information Science and Technology，2006，57(3)：359－377.

[3]魏晖，巩前文．农村宅基地闲置的主要类型及分类治理对策[J]．世界农业，2020(10)：11－19.

[4]闵廷冬，刘志有，魏冉，等．基于农户视角的农村宅基地闲置影响因素：以湄潭县5个镇为例[J]．贵州农业科学，2022，50(3)：132－140.

[5]贾宁凤,白怡鸽,乔陆印,等. 农村闲置宅基地空间分异及其驱动因素[J]. 经济地理,2020,40(12):166-173+190.

[6]杨亚楠,陈利根,龙开胜. 中西部地区农村宅基地闲置的影响因素分析[J]. 经济体制改革,2014(2):84-88.

[7]张志会,李松,綦群高. 农户视角下闲置宅基地流转意愿调查分析[J]. 中国管理信息化,2018,21(4):109-110.

[8]贾丽,徐成林. 农村闲置宅基地再利用方式探索[J]. 山东农业工程学院学报,2019,36(7):21-25.

[9]刘思卉. 农村闲置宅基地流转整体性治理策略分析[J]. 农村经济与科技,2015,26(9):14-19.

[10]汪慧慧,胡盼盼,陈高峰,等. 农村宅基地闲置现状与流转对策探析[J]. 漯河职业技术学院学报,2017,16(3):65-68.

[11]方丹萍,赵财源."三权分置"视角下农村闲置宅基地优化利用的制度安排[J]. 农业开发与装备,2019(6):14-17.

[12]张潇潇. 农村宅基地"三权分置"的权利架构和权能实现[J]. 产业与科技论坛,2019,18(18):34-35.

[13]戴龙妮. 农村闲置宅基地流转的机制探索[J]. 农经研究,2021(14):67-68+132.

[14]汪明进,赵兴泉,黄娟. 激活闲置农房和宅基地经验、问题和思考[J]. 农业经济,2019(12):70-72.

[15]张文斌,王若讷,王一婕,等. 乡村振兴背景下农村闲置宅基地退出意愿及障碍因素分析[J]. 干旱区资源与环境,2022,36(12):41-48.

[16]祁全明. 乡村振兴战略下农村闲置宅基地有偿退出机制研究[J]. 广西政法管理干部学院学报,2022,37(4):67-75.

[17]刘瑞东,杨子生. 乡村振兴战略背景下农村宅基地盘活利用问题初探[J]. 安徽农学通报,2020,26(4):9-12+42.

[18]张勇,周婕,陆萍. 乡村振兴视阈下盘活利用农村闲置宅基地的理论与实践[J]. 农业经济问题,2022(4):96-106.

[19]佟彤．论乡村振兴战略下农村闲置宅基地盘活制度的规范协同[J]．中国土地科学,2022,36(9):10-19.

[20]惠建利．乡村振兴背景下农村闲置宅基地和闲置住宅盘活利用主体制度创新研究[J]．兰州学刊,2022(10):119-130.

[21]喻小倩．城镇化进程中空心村现象的成因及治理对策[J]．现代农村科技,2018(5):1-2.

[22]张玉,王介勇,刘彦随．基于文献荟萃分析方法的中国空心村整治潜力与模式[J]．自然资源学报,2022,37(1):110-120.

[23]黄爱东．乡村振兴战略与空心村整治[J]．黄河科技学院学报,2021,23(3):42-46.

[24]贾国磊．中国农村土地制度改革的历程和经验——兼议承包地“三权分置”改革的关键环节[J]．农村经济,2018(3):77-81.

[25]周力,沈坤荣．中国农村土地制度改革的农户增收效应——来自“三权分置”的经验证据[J]．经济研究,2022,57(5):141-157.

[26]马永涛．加强城镇土地利用规划,促进城镇经济发展[J]．内蒙古科技与经济,2022(1):14-16.

[27]吕春霞．加强农村土地利用规划促进新农村建设工作[J]．农家参谋,2022(1):114-117.

[28]董黎霞．加强农村土地利用规划促进乡村振兴战略工作[J]．新农业,2021(13):73-74.

[29]孙明慧．宅基地使用权退出制度研究[D]．济南:山东财经大学,2021.

[30]王杨,杜腾舟．“三权分置”背景下我国宅基地退出法律制度研究[J]．黑龙江工业学院学报(综合版),2022,22(10):72-77.

[31]郑晴．城市化进程中的宅基地退出机制研究[J]．湖北农业科学,2018,57(19):72-75.

[32]曹煜玲,钱欣莹．乡村治理现代化情景下农户土地流转意愿政策影响效应[J]．长春大学学报,2022,32(9):1-7.

[33]闫静,毛艺瑾,朱一尘,等. 我国乡村土地使用权在线流转的研究分析——基于周口市唐王村的实地调研[J]. 中国农业综合开发,2022(5):57-60.

[34]高兴民,郭芹. 就业质量视角下农民工市民化的路径探索[J]. 贵州师范大学学报(社会科学版),2021(6):90-101.

[35]王蕾蕾. 新生代农民工市民化意愿影响因素分析——以烟台市为例[J]. 安徽农学通报,2021,27(6):4-7.

[36]张振勇. 利益博弈、同意一致性与农村宅基地制度演化[J]. 西北农林科技大学学报(社会科学版),2014,14(2):15-24+31.

[37]欧金美. 利益博弈视角下济宁市新型农村社区建设政策执行的问题与对策研究[D]. 大连:东北财经大学,2017.

第十章　政策分析①

我国宅基地制度自建国以来经历了多轮改革，每次改革都对农村经济发展和社会稳定产生极大影响。宅基地的权属和使用直接涉及农民的切身利益，是农民居住权利的保障，也是农民的一项重要财产。然而，随着城镇化的推进和城乡经济社会结构的变迁，农村人口生活方式发生代际变化。经济发展带动农村大量青壮年劳动力外迁，引致农户与宅基地的关联性减弱。同时由于我国农村宅基地产权制度“福利分配，无偿使用”的保障性特征，长期以来法律规定不允许宅基地使用权进行流转。农村宅基地流转速度严重滞后于农业转移人口市民化的速度，导致农村宅基地大量闲置。根据《农村绿皮书：中国农村经济形势分析与预测（2018—2019）》报告统计的数据显示，2018 年，我国农村宅基地空置率平均水平高达 10.7%，样本村庄房屋最高空置率更是达到了 70%。[1] 严重的宅基地闲置浪费情况既不利于土地资源的节约和集约利用，也不利于规模化农业的发展，在一定程度上阻碍中国农村地区的可持续发展。我国作为“人多、地少、分布不均”的国家，提高土地利用率，探索出一条具有中国特色的农村闲置宅基地治理之路，破解土地利用结构性困境势在必行。梳理现有农村闲置宅基地政策演变过程，发掘宅基地整理与整治中存在的各种现实问题，对城乡融合不断推进以及乡村振兴战略顺利实施有着重要意义。

① 本章撰写者：徐甜、潘墨涛、冯钰、翟天豪。

第一节　框架与基础特征

一、分析框架与数据来源

（一）分析框架

政策文本是政策执行者的行动依据和制度支撑[2]，是政府治理的基础。农村宅基地闲置问题由来已久，造成大量农村土地浪费，加剧“人地”矛盾，更加需要政策规范与引导。本章选取1949—2023年农村闲置宅基地治理相关政策文本作为分析样本，参考李智超、周晓英等人的分析过程，构建政策基础特征—政策主题—政策工具多维分析框架（图10－1）[3][4]，利用政策数量分布及关键政策出台时间将文本划分为五个阶段，旨在揭示建国以来我国农村闲置宅基地政策的基本特征与演进历程。

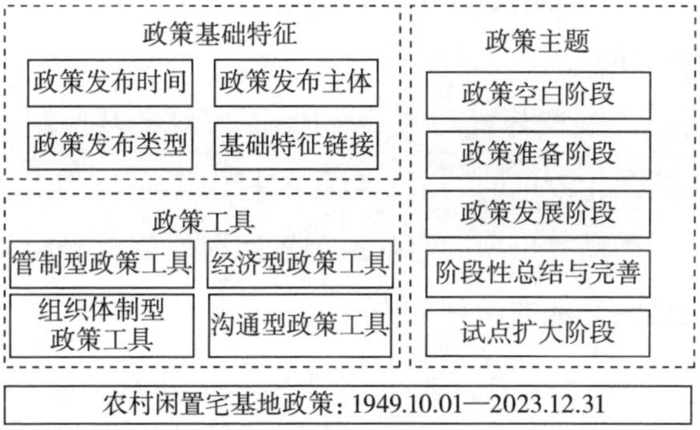

图10－1　农村闲置宅基地研究框架

（二）数据来源与处理

本章以2023年12月31日为截止时间节点，以“农村”“闲置”“宅基地”为关键词，在北大法宝数据库对国家级的相关政策文本进行检索，得到新中国成立至2023年底农村闲置宅基地相关政策文本。但由于北大法宝数据库成立时间较晚，因此利用中国知网的法律法规库、中国政府网、国务院及各部门官方网站进行补充检索，下载具体的政策文本，保证检索文本的完整性，最终选取具有权威性、准确性和代表性的文件 177 份。

在整体把握农村闲置土地政策相关文件的基础上，本章将 177 篇政策文本导入 NVivo11Plus 软件中，通过检索“闲置”“宅基地”“农村”等词，将与农村闲置宅基地密切相关的条目进行初步筛选，作为政策主题词与政策工具分析的基础。

二、政策基础特征

本章从发文时间、类型及主体三个方面对政策基础特征进行分析，简要展示新中国成立以来农村闲置宅基地治理政策数量变化、涉及的主要部门及部门间合作趋势、相关政策文本类型与强制程度等，以此作为后续政策主题研究与政策工具研究的基础。

（一）政策发文时间

新中国成立以来，我国农村宅基地制度经历了初期的“农户所有”阶段，宅基地所有权和使用权分归集体和农户的“两权分离”阶段，与乡村振兴战略提出后的“三权分置”三个阶段。[5]农村宅基地制度的变迁，不仅是中国农村不断深化改革的结果，也是农村闲置宅基地治理政策演变的催化剂。这一过程中反复出现的宅基地闲置问题促使政府相关部门开始关注并努力寻求闲置宅基地的治理之法。

从政策出台数量变化趋势来看，2004 年以前相关部门发文中很少提及“闲置宅基地”一词，对闲置问题关注有限。其中，1981 年第一次在文件中提到农村“闲置宅基地”，此后较长一段时间并无相关文件，且这一通知在 2016 年被宣告失效。这是由于改革开放前，我国城乡关系处于偏斜发展阶段。为迅速复苏工业，国家长期压制农产品价格以获取低价原材料，极大地损害了农民利益，形成长期农业补贴工业的发展模式。同时，户籍制度将农村人口固定在土地上以避免农业人口逃离，并且将大量的城市人口下放到农村。此时土地利用程度较高，农村宅基地处于自由流转状态，产生闲置宅基地的可能性降低，政府并无必要对此做出过多约束。改革开放后，又由于初期乡镇企业的蓬勃发展，农村人口流失有限，村庄空心化不明显，宅基地闲置问题较少。2004 年后，政策文本数量开始呈现明显的增长态势，农村闲置宅基地问题得到稳定关注。此时，城乡融合速度加快、城乡发展严重失衡、宅基地问题凸显，大量农村闲置土地出现引发社会各界的广泛关注。2004 年，国土资源部印发《〈关于加强农村宅基地管理的意见〉的通知》，对“空心村”和农村闲置宅基地的盘活利用进行明确规定，制定激励措施鼓励农户退出及治理。随着城乡关系的阶段性发展，对宅基地闲置问题的关注程度逐渐加强，相关政策发文数量在 2017 年第一次超过 10 份，宅基地制度改革在试点地区取得了初步成效。在乡村振兴战略的推动下，相关部门不断总结试点经验，完善闲置宅基地相关政策，发文数量在 2019 年大幅增加，并达到峰值。随后几年政策发文数量虽有所下降，但仍稳定维持在较高水平（图 10 – 2）。

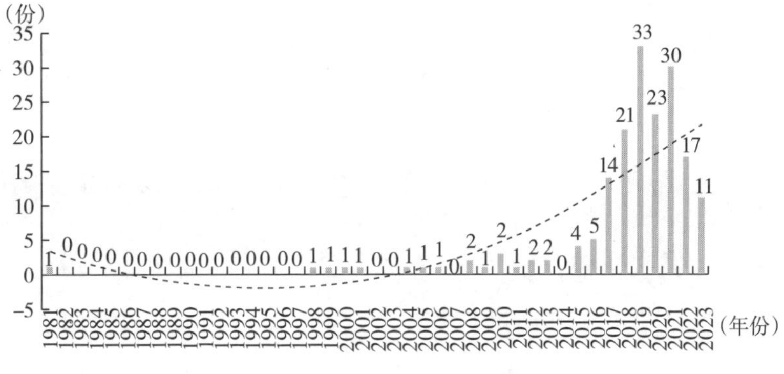

图 10 – 2 农村闲置宅基地政策文本数量变化

（二）发文类型

政策制定主体颁布公共政策所采用的文种，是根据相关法律和规定所作出的缜密安排。我国政策法规主要以通知、意见、办法、决议、答复、公告、通告、规划等形式展示。我国对闲置土地的相关政策包含答复、通知、函、意见、规划、公告、法律法规和报告等 12 种文本类型（图 10 – 3）。其中，“答复”和“通知”是我国农村闲置土地相关政策中发文的主要形式，数量最多，分别有 72 份和 38 份。“答复”多为对人大代表和政协委员提案的反馈，很少构成对行为主体的直接约束；“通知”这一类型文本的灵活性较强[6]，内容主要是包括国家对农村土地闲置问题及治理工作作出方向性指导，为后续政策调整或下级部门形成具体政策提供依据。其次为“函”和“意见”，分别有25份和24份，这四类文体占总文体数近90%。“函”在广义上属于“答复”的一种，“通知”和“意见”属于单纯的规范性文件，这些文体对行为主体的约束力相对较弱。由此可见，我国农村闲置土地相关政策多以指导性与规范性文件为主，针对性与约束力较强的政策文件数量较少，政策体系有待强化。

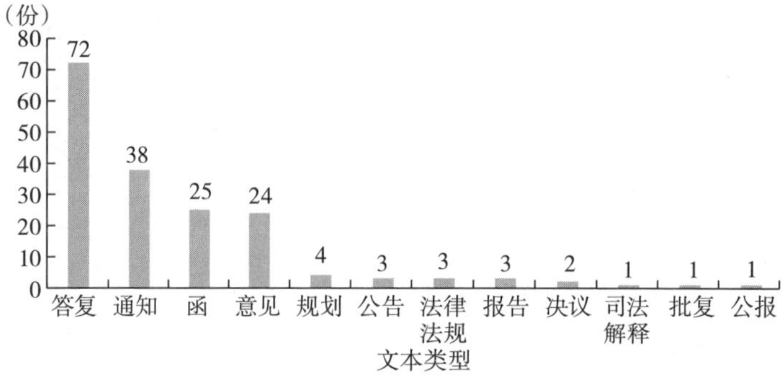

图10-3　农村闲置宅基地政策文本颁布类型及数量

（三）发文主体

通过对政策发文部门进行梳理，农村土地闲置政策涉及问题复杂多样，管理部门众多。政策制定主体共45个，部门单独发文156份，跨部门合作发文21份。政府部门既包含全国人民代表大会及全国人民代表大会常务委员会、国务院及国务院办公厅、最高人民法院等国家（中央）级部门，也包含农业农村部、财政部、自然资源部等省部级部门，还包含国家开发银行、中国农业发展银行等其他机构。其中，农业农村部涉及发文数量最多，共48份。其余政策发布数量超过10份的部门有自然资源部、国土资源部（现自然资源部）、国务院、国家发展和改革委员会、国家乡村振兴局（现农业农村部）。由此可见，农村闲置土地相关问题的分管部门中农业农村部与自然资源部仍为治理主力（图10-4）。

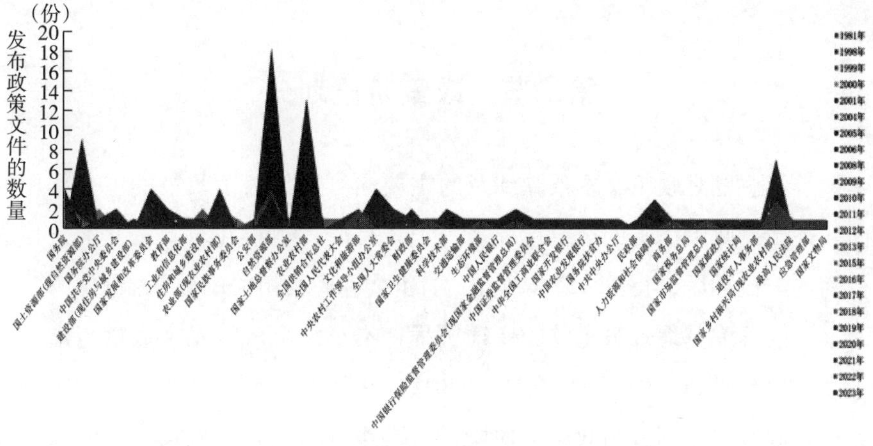

图 10－4　农村闲置宅基地政策文本颁布主体

将发文主体与发文时间、发文类型进行三维链接，发现不同部门在发文时间与发文类型上呈现阶段性特征。农业农村部与其前身农业部作为农村闲置土地的主要管理部门之一，其覆盖时间范围几乎贯穿建国以来的各个阶段，且主要以答复等约束力较弱的文本类型为主。同样发文分布较广的部门有自然资源部（含原国土资源部）、国务院、国家发展和改革委员会等，这些部门与我国农村闲置土地治理政策的制定密切相关。此外，近年来农村闲置宅基地治理的新增政策主体包括国务院扶贫办、国家乡村振兴局（现农业农村部）、全国人民代表大会、最高人民法院等部门。通过更多部门协同配合加强对农村闲置宅基地治理的关注，发布具有强制性、约束力的法律法规，逐步实现闲置宅基地治理规范化成为未来政策演变的主要趋势。

总体而言，从政策基本特征来看，我国农村闲置宅基地治理文本数量总体呈现五个阶段的波动性上升并在 2019 年达到顶峰，政策主体和文本类型总体呈现“单一化”向“多元化”的转变趋势。随着政府对农村宅基地闲置问题的关注度不断提高，政策参与主体逐渐增多，综合化治理特征明显，部门间合作机制初步建立。

第二节　政策阶段划分

政策主题是政策文本条款涉及的主要内容，代表了政策的主要作用方向，是衡量政策优劣的重要标准之一[7]。首先，本章在对政策文本条目进行筛选与梳理后，得到257条与农村闲置宅基地相关的政策条目。其次，为呈现闲置宅基地政策主题的变迁历程，本章结合政策发文数量与重要政策文本出台时间，以2004、2012、2018、2020四个年份作为重要时间分界点，将政策主题划分为政策空白阶段、政策准备阶段、政策发展阶段、阶段性总结与完善以及试点扩大阶段五个时期。接着，利用在线分析与统计软件微词云计算政策条目的词频率——逆文本频率指数（TF－IDF），得到高频主题词。最后，通过对主题词的频次统计，结合政策文本深入阐释，分析建国以来农村闲置宅基地治理政策的主要方向。具体的高频政策主题词分析如下。

一、政策空白阶段（2004年前）

该阶段属于政策空白期，并未出台专门针对农村闲置宅基地治理的政策文本，仅有针对农村整体建设的规划（表10－1）。如1981年《国务院关于制止农村建房侵占耕地的紧急通知》（国发〔1981〕57号）中第一次出现涉及农村闲置宅基地的相关条目，即“农村社队要因地制宜，搞好建房规划，充分利用山坡、荒地和闲置宅基地，尽量不占用耕地”。这一文本主要对农村建房的侵占耕地问题作出规定，利用农村闲置宅基地或农房仅作为侵占耕地的解决方案，并未获得主要关注。

表10－1　政策空白期的闲置宅基地政策

序号	文件名称	发文日期	制定机关	文件类型
1	国务院关于制止农村建房侵占耕地的紧急通知	1981.04.17	国务院	国务院规范性文件

续表

序号	文件名称	发文日期	制定机关	文件类型
2	国土资源部关于做好抗洪救灾重建家园用地工作的紧急通知	1998. 07. 28	国土资源部（现自然资源部）	部门工作文件
3	国务院办公厅转发国务院三峡工程建设委员会办公室、移民开发局关于做好三峡工程库区农村移民外迁安置工作若干意见的通知	1999. 12. 12	国务院办公厅	国务院规范性文件
4	中共中央、国务院关于促进小城镇健康发展的若干意见	2000. 06. 13	中国共产党中央委员会；国务院	党内法规制度
5	国务院批转公安部关于推进小城镇户籍管理制度改革意见的通知	2001. 03. 30	国务院	国务院规范性文件

该阶段政策文本包含有效政策词条共5条，根据TF－IDF指数选取前30的高频词（表10－2）。总体而言，这一时期各高频词出现频次较少。“移民”“防止”“安置”“建设”等词高频出现，而“闲置”“宅基地”“空闲地”等词并未展示在前30的主题词中，说明该阶段政府各相关部门虽注意到村庄建设过程中的土地闲置浪费问题，但只在相关涉农政策中有所提及，未形成专门条目突出该问题或提出解决办法。

表10－2 政策发展期高频主题词

主题词	频次	TF－IDF	主题词	频次	TF－IDF	主题词	频次	TF－IDF
移民	4	0. 010612	房屋	2	0. 005306	严格	2	0. 002958
防止	4	0. 005916	进城	2	0. 005306	承包合同	2	0. 002958
安置	4	0. 005916	改变	2	0. 002958	撂荒	2	0. 002958
建设	3	0. 004437	荒地	2	0. 002958	用途	2	0. 002958
规划	3	0. 004437	搞好	2	0. 002958	农户	2	0. 002958
农民	3	0. 004437	土地	2	0. 002958	适时	2	0. 002958
规定	2	0. 005306	执行	2	0. 002958	置换	2	0. 002958
用地	2	0. 005306	建房	2	0. 002958	浪费	2	0. 002958
迁入地	2	0. 005306	集体经济	2	0. 002958	土地利用	1	0. 002653
人民政府	2	0. 005306	组织	2	0. 002958	总体规划	1	0. 002653

二、政策准备阶段（2004—2011年）

2004年，即国务院发布《关于深化改革严格土地管理的决定》（国发〔2004〕28号）后，国土资源部发布《关于加强农村宅基地管理的意见》（国土资发〔2004〕234号），提出在改革宅基地审批制度的同时加大盘活存量建设用地力度，要求各地因地制宜地组织开展闲置宅基地、空置住宅、“一户多宅”的调查清理工作，并首次提出通过设计激励机制鼓励农民腾退多余宅基地。2008年，国务院相继发布《国务院关于促进节约集约用地的通知》（国发〔2008〕3号）与《国务院关于印发全国土地利用总体规划纲要（2006—2020年）的通知》（国发〔2008〕33号），对闲置宅基地的处置作出具体规定。要求完善农村宅基地制度，严格宅基地管理，依法保障农户宅基地用益物权，盘活存量建设用地，并且规定农村村民新建、改建、扩建住宅，要充分利用村内空闲地、老宅基地以及荒坡地、废弃地。若村内有空闲地、老宅基地未利用的，不得批准占用耕地。2010年，《国土资源部关于进一步完善农村宅基地管理制度切实维护农民权益的通知》（国土资发〔2010〕28号）在原有政策的基础上，进一步强调农村宅基地规划、制度制定、执行及管理等过程中对农民合法权益的保障（表10-3）。

表10-3　政策准备期的闲置宅基地政策

序号	文件名称	发文日期	制定机关	文化类型
1	国土资源部印发《关于加强农村宅基地管理的意见》的通知	2004.11.02	国土资源部（现自然资源部）	部门规范性文件
2	建设部关于村庄整治工作的指导意见	2005.09.30	建设部（现住房和城乡建设部）	部门工作文件
3	国土资源部关于坚持依法依规管理节约集约用地支持社会主义新农村建设的通知	2006.03.27	国土资源部（现自然资源部）	部门规范性文件
4	国务院关于促进节约集约用地的通知	2008.01.03	国务院	国务院规范性文件

续表

序号	文件名称	发文日期	制定机关	文件类型
5	国务院关于印发全国土地利用总体规划纲要（2006—2020 年）的通知	2008. 10. 06	国务院	国务院规范性文件
6	国土资源部关于促进农业稳定发展农民持续增收推动城乡统筹发展的若干意见	2009. 03. 06	国土资源部（现自然资源部）	部门规范性文件
7	国土资源部关于进一步完善农村宅基地管理制度切实维护农民权益的通知	2010. 03. 02	国土资源部（现自然资源部）	部门规范性文件
8	国土资源部关于进一步做好征地管理工作的通知	2010. 06. 26	国土资源部（现自然资源部）	部门规范性文件
9	国务院关于严格规范城乡建设用地增减挂钩试点切实做好农村土地整治工作的通知	2010. 12. 27	国务院	国务院规范性文件
10	国家发展改革委、教育部、工业和信息化部等关于印发西部地区农民创业促进工程试点工作指导意见的通知	2011. 04. 25	国家发展和改革委员会；教育部；工业和信息化部	部门规范性文件

该阶段政策文本包含有效政策词条共 18 条，根据 TF – IDF 指数选取前 30 的高频词（表 10 – 4）。就频次而言，“利用”“用地”“建设”“农村”“空闲地”“土地”等词高频出现，说明该阶段相关部门已开始有意识地整理、整治农村的闲置土地，并强调对其合理规划、充分利用。就治理对象而言，“宅基地”并非该阶段的治理重点，相关部门更多关注如“空闲地”“住宅”“闲置土地”等。就利益主体而言，“农村”一词出现次数最多，说明这一阶段农村闲置宅基地的治理政策倾向于对集体的要求，规定村集体强制或引导农户减少土地的闲置浪费。总体而言，这一时期政府各相关部门已关注到闲置土地问题并尝试指导解决，但仍未专门就宅基地治理进行明文规定。

表 10-4 政策发展期高频主题词

主题词	频次	TF-IDF	主题词	频次	TF-IDF	主题词	频次	TF-IDF
利用	20	0.008694	整理	5	0.006638	新建	4	0.004523
用地	19	0.009858	使用	5	0.005653	组织	4	0.004523
建设	15	0.007783	安排	5	0.005653	退出	3	0.005819
农村	13	0.004653	优先	5	0.004849	收回	3	0.005819
空闲地	12	0.007342	复垦	4	0.006326	调节	3	0.004745
土地	12	0.011637	整治	4	0.005311	住宅建设	3	0.004745
规划	7	0.007915	充分利用	4	0.005311	处置	3	0.004745
农民	7	0.005836	新增	4	0.004523	进行	3	0.003983
住宅	6	0.005819	耕地	4	0.004523	引导	3	0.003983
闲置土地	5	0.066383	符合	4	0.004523	实行	3	0.003983

三、政策发展阶段（2012—2017 年）

2012 年，结合“十二五”规划，国土资源部与国家发展和改革委员会相继发布《全国土地整治规划（2011—2015 年）》与《关于印发全国农村经济发展“十二五”规划的通知》，拉开农村土地改革的“十二五”进程。

2013 年初颁发的《关于加快发展现代农业进一步增强农村发展活力的若干意见》（中发〔2013〕1 号）再次要求改革和完善农村宅基地制度，依法保障农户宅基地使用权。这一文件说明此时的宅基地制度改革仍处于准备阶段，但改革聚焦点已经从宅基地的审批制度转向宅基地的退出，且随着《物权法》的通过，宅基地使用权的交易获得合法性。2014 年 1 号文件中，再次指出选择若干试点进行宅基地制度改革，要求有关部门要抓紧提出具体试点方案，并且指出了制度改革的第一步即使用权确权登记颁证工作。2015 年 1 月，《关于农村土地征收、集体经营性建设用地入市、宅基地制度改革试点工作的意见》提出针对宅基地制度改革存在问题的解决意见。同年 2 月，全国人大常委通过《关于授权国务院在北京市大兴区等 33 个试点县（市、区）行政区域暂时调整实施有关法律规定的决定》（以下简称《决定》），拟授权国务院在 33 个试点试行《土地管理法》《城市房地产法》中关于宅基地管理制度等方面的规定，授权期限截至2017年12月31日，其中宅基地制度改革试点15个。《决定》的通过标志着宅基地制度改革试点工作正式开启。2015年8月，国务院发布《关于开展农村承包土地的经营权和农民住房财产权抵押贷款试点的指导意见》，提出按照党中央、国务院确定的宅基地制度改革试点工作部署，探索建立宅基地使用权有偿转让机制。2015年11月，中共中央办公厅、国务院办公厅发布《深化农村改革综合性实施方案》，确定宅基地制度改革的基本思路为在保障农户依法取得的宅基地用益物权基础上，改革完善农村宅基地制度，探索农民住房保障新机制，对农民住房财产权作出明确界定，探索宅基地有偿使用制度和自愿有偿退出机制，探索农民住房财产权抵押、担保、转让的有效途径。2017年11月，原中央全面深化改革领导小组决定将宅基地制度改革从原先15个试点拓展到全部33个试点县，标志着宅基地制度改革初步试点的全面推进。

这些文件虽未直接涉及农村宅基地闲置问题及治理，但宅基地使用权及交易合法性等制度的确立和试点地区宅基地改革机制的探索，为接下来就宅基地退出后如何避免闲置浪费及闲置宅基地的有效利用提供了政策基础和实践支撑。如2015年8月农业部、国家发展改革委、国土资源部等联合发布的《关于积极开发农业多种功能大力促进休闲农业发展的通知》（农加发〔2015〕5号）中规定，支持农民发展农家乐，允许将闲置宅基地整理结余的建设用地用于休闲农业（表10－5）。

表10－5　政策准备期的闲置宅基地政策

序号	文件名称	发文日期	制定机关	文件类型
1	国土资源部关于发布实施《全国土地整治规划（2011—2015年）》的通知	2012.03.27	国土资源部（现自然资源部）	部门工作文件
2	国家发展和改革委员会关于印发全国农村经济发展“十二五”规划的通知	2012.06.25	国家发展和改革委员会	部门工作文件
3	住房城乡建设部关于印发浙江等地新农村建设经验的通知	2013.07.29	住房城乡建设部	部门规范性文件

续表

序号	文件名称	发文日期	制定机关	文件类型
4	住房城乡建设部关于印发《村庄整治规划编制办法》的通知	2013.12.17	住房城乡建设部	部门规范性文件
5	国务院办公厅关于支持农民工等人员返乡创业的意见	2015.06.17	国务院办公厅	国务院规范性文件
6	农业部、国家发展改革委、国土资源部等关于积极开发农业多种功能大力促进休闲农业发展的通知	2015.08.18	农业部（现农业农村部）；国家发展和改革委员会；国土资源部（现自然资源部）	部门规范性文件
7	农业部、国家发展改革委、国家民委等关于实施开发农业农村资源支持农民工等人员返乡创业行动计划的通知	2015.11.25	农业部（现农业农村部）；国家发展和改革委员会；国家民族事务委员会	部门工作文件
8	国务院办公厅关于推进农村一二三产业融合发展的指导意见	2015.12.30	国务院办公厅	国务院规范性文件
9	国务院关于深入推进新型城镇化建设的若干意见	2016.02.02	国务院	国务院规范性文件
10	国土资源部公告2016年第10号——关于公布已废止或者失效的规范性文件目录的公告	2016.05.27	国土资源部（现自然资源部）	部门规范性文件
11	国土资源部、国家发展改革委、公安部等印发《关于建立城镇建设用地增加规模同吸纳农业转移人口落户数量挂钩机制的实施意见》的通知	2016.09.29	国土资源部（现自然资源部）；国家发展和改革委员会；公安部	部门规范性文件
12	农业部关于印发《全国农产品加工业与农村一二三产业融合发展规划（2016—2020年）》	2016.11.14	农业部（现农业农村部）	部门工作文件
13	国务院办公厅关于支持返乡下乡人员创业创新促进农村一二三产业融合发展的意见	2016.11.18	国务院办公厅	国务院规范性文件
14	农业部关于政协十二届全国委员会第五次会议第1735号（农业水利类156号）提案答复的函	2017.06.14	农业部（现农业农村部）	部门规范性文件

续表

序号	文件名称	发文日期	制定机关	文件类型
15	农业部办公厅关于开展支持返乡下乡人员创业创新政策措施落实督促检查工作的通知	2017.06.19	农业部（现农业农村部）	部门规范性文件
16	国土资源部对十二届全国人大五次会议第6523号建议的答复	2017.07.07	国土资源部（现自然资源部）	部门工作文件
17	国土资源部对十二届全国人大五次会议第3649号建议的答复	2017.07.11	国土资源部（现自然资源部）	部门工作文件
18	国土资源部对十二届全国人大五次会议第5709号建议的答复	2017.07.11	国土资源部（现自然资源部）	部门工作文件
19	国土资源部对十二届全国人大五次会议第7631号建议的答复	2017.07.11	国土资源部（现自然资源部）	部门工作文件
20	国土资源部关于政协十二届全国委员会第五次会议第1610号（农业水利类145号）提案答复的函	2017.08.11	国土资源部（现自然资源部）	部门工作文件
21	国土资源部关于政协十二届全国委员会第五次会议第2443号（城乡建设类95号）提案答复的函	2017.08.11	国土资源部（现自然资源部）	部门工作文件
22	国土资源部关于政协十二届全国委员会第五次会议第0462号（农业水利类60号）提案答复的函	2017.08.11	国土资源部（现自然资源部）	部门工作文件
23	农业部对第二届全国人大五次会议第3421号建议的答复	2017.08.21	农业部（现农业农村部）	行政许可批复
24	国土资源部关于政协十二届全国委员会第五次会议第3241号（农业水利类281号）提案答复的函	2017.08.25	国土资源部（现自然资源部）	部门工作文件
25	国土资源部关于政协十二届全国委员会第五次会议第3772号（经济发展类207号）提案答复的函	2017.08.25	国土资源部（现自然资源部）	部门工作文件
26	农业部关于政协十二届全国委员会第五次会议第3847号（社会管理376号）提案答复的函	2017.09.15	农业部（现农业农村部）	部门规范性文件

该阶段政策文本包含有效政策词条共37条，根据TF－IDF指数选取

前30的高频词（表10－6）。就频次而言，“农村”“宅基地”“用地”“建设”“利用”“发展”等词高频出现，说明该阶段相关部门已开始有意识地针对农村宅基地的治理与利用进行政策指导，治理对象也逐渐聚焦到范围更小的宅基地上。就利益主体而言，除“农村”外，“农民”“人员”等词出现次数最多，其次是“集体”，说明该阶段农村闲置宅基地的整治和整理更多是在与农民个体协商博弈，集体的作用和价值相对有限。同时，“返乡”“下乡”“创新”“创业”等词高频出现，且主要集中于2015年至2017年，说明无论是以耕地形式还是建设用地形式，政策主体均倾向于鼓励将闲置宅基地和闲置农房转化为支撑创新创业人员使用的生产要素。此外，如“鼓励”“探索”“支持”等与农村闲置宅基地治理手段相关词汇的出现，也证明该阶段我国对于闲置宅基地治理政策仍处于摸索时期，尚未形成成熟、有效的治理模式和制度化方法。总体而言，这一时期政府各相关部门的关注点不再限制于大范围的土地闲置问题，开始聚焦宅基地的闲置问题，并尝试通过出台政策文本鼓励宅基地的个体所有者参与闲置问题治理，但仍未形成有效、成熟的针对性治理办法。

表10－6　政策发展期高频主题词

主题词	频次	TF－IDF	主题词	频次	TF－IDF	主题词	频次	TF－IDF
农村	48	0.005188	合作	12	0.005568	探索	8	0.005435
宅基地	42	0.005870	整理	11	0.005495	住房	8	0.005435
用地	34	0.007841	支持	10	0.006271	组织	8	0.005017
建设	30	0.007538	方式	10	0.005804	集体	8	0.005017
利用	25	0.005273	整治	9	0.005644	前提	7	0.004756
发展	25	0.005766	盘活	9	0.005224	退出	7	0.004756
农民	21	0.006712	鼓励	9	0.005224	资产	6	0.005921
返乡	16	0.010870	创业	8	0.006456	休闲农业	5	0.005572
下乡	14	0.010341	创新	8	0.006456	使用	5	0.004934
人员	13	0.009602	增加	8	0.005909	收入	5	0.004439

四、阶段性总结与完善（2018—2019 年）

在中央与地方的共同推进下，各试点积极探索宅基地制度改革的可行性，并取得了大量成效、积累了较为丰富的经验。2018 年 1 月及 9 月，中国共产党中央委员会、国务院分别发布《中共中央 国务院关于实施乡村振兴战略的意见》《乡村振兴战略规划（2018—2022 年）》，要求总结改革试点经验，加快《土地管理法》修改。2018 年 12 月，国务院发布《关于农村土地征收、集体经营性建设用地入市、宅基地制度改革试点情况的总结报告》以及《关于全国农村承包土地的经营权和农民住房财产权抵押贷款试点情况的总结报告》，报告内容包括改革试点的基本情况和主要成效、试点工作中存在的主要困难、改革试点中涉及的重点问题和修法建议、下一步工作安排等。根据总结报告提出的修法意见，2019 年《土地管理法》重新修订，将宅基地审批权下放至乡镇，允许进城落户的农村村民依法自愿有偿退出宅基地，鼓励农村集体经济组织及其成员盘活利用闲置宅基地和闲置住宅。初步试点存在的问题和遇到的困难在这一时期得到总结与完善，同时为下一阶段扩大试点工作奠定基础。

2019 年中央一号文件提出深化农村土地制度改革，并提出加快推进宅基地使用权确权登记颁证工作、抓紧制定加强农村宅基地管理指导意见、开展闲置宅基地复垦试点等要求。中央农村工作领导小组办公室、农业农村部随后发布《关于做好 2019 年农业农村工作的实施意见》（中农发〔2019〕1 号），要求围绕完善宅基地“三权分置”制度设计，再选择一批县开展改革试点以及推动开展闲置宅基地复垦试点，探索盘活利用闲置宅基地和农房的办法路径。2019 年 9 月，农业农村部发布《关于积极稳妥开展农村闲置宅基地和闲置住宅盘活利用工作的通知》（农经发〔2019〕4 号）（以下简称《通知》），提出在充分保障农民宅基地合法权益的前提下，支持农村集体经济组织及其成员采取自营、出租、入股、合作等多种方式盘活利用农村闲置宅基地和闲置住宅。同时初步试点工作总结得到，农村集体缺乏资金是闲置宅基地无法利用的最大问题之一。《通知》提出支持各地统筹安排相关资金、发行地方政府专项债券以及推动金融信贷产品和服务创新，为农村闲置宅基地和闲置住宅盘活利用提供支持(表10－7)。

表10－7　政策准备期的闲置宅基地政策

序号	文件名称	发文日期	制定机关	文件类型
1	中共中央 国务院关于实施乡村振兴战略的意见	2018.01.02	中国共产党中央委员会；国务院	党内法规制度
2	国土资源部关于公布继续有效的规范性文件目录的公告	2018.02.08	国土资源部（现自然资源部）	部门规范性文件
3	国家发展改革委关于实施2018年推进新型城镇化建设重点任务的通知	2018.03.09	国家发展和改革委员会	部门规范性文件
4	第十三届全国人民代表大会第一次会议关于2017年国民经济和社会发展计划执行情况与2018年国民经济和社会发展计划的决议	2018.03.20	全国人民代表大会	工作文件
5	国家土地总督察办公室关于印发《2018年国家土地督察机构调研工作计划》的通知	2018.04.02	国家土地总督察办公室	部门规范性文件
6	国家发展改革委办公厅关于印发第一批国家新型城镇化综合试点经验的通知	2018.04.28	国家发展和改革委员会	部门工作文件
7	自然资源部对十三届全国人大一次会议第7011号建议的答复	2018.07.19	自然资源部	部门工作文件
8	自然资源部对十三届全国人大一次会议第2086号建议的答复	2018.07.19	自然资源部	部门工作文件
……				

续表

序号	文件名称	发文日期	制定机关	文件类型
53	国家发展改革委、中央农村工作领导小组办公室、农业农村部等关于开展国家城乡融合发展试验区工作的通知	2019.12.19	国家发展和改革委员会；中央农村工作领导小组办公室；农业农村部；公安部；自然资源部；财政部；教育部；国家卫生健康委员会；科学技术部；交通运输部；文化和旅游部；生态环境部；中国人民银行；中国银行保险监督管理委员会（现国家金融监督管理总局）；中国证券监督管理委员会；中华全国工商业联合会；国家开发银行；中国农业发展银行	部门规范性文件
54	农业农村部关于第十三届全国人民代表大会第二次会议代表建议、批评和意见办理情况的报告	2019.12.24	农业农村部	部门工作文件

该阶段政策文本包含有效政策词条共103条，根据TF－IDF指数选取前30的高频词（表10－8）。总体而言，这一时期闲置宅基地词条数量较多，主题词出现频次较高，初步形成闲置宅基地治理体系。就频次而言，“农村”“建设”“利用”“用地”等词依然高频出现，“盘活”首次进入前10高频词中，说明该阶段相关部门不仅关注宅基地闲置问题本身，更多地侧重如何解决该问题及对治理方法的尝试。就利益主体而言，该阶段农村闲置宅基地治理开始平衡个体与集体，“农村”“农民”“集体”等词均出现在前10高频词中。同时，除“返乡”“下乡”外，“乡村旅游”“合作”“改革”等词高频出现，表明该阶段政府不再停留于探索阶段，而是大规模出台政策文件指导各主体通过多种方式治理、盘活、利用闲置宅基地。

表10－8 政策发展期高频主题词

主题词	频次	TF－IDF	主题词	频次	TF－IDF	主题词	频次	TF－IDF
农村	153	0.005673	组织	36	0.005027	管理	30	0.004922
建设	91	0.007544	探索	38	0.004772	人员	28	0.006087

续表

主题词	频次	TF－IDF	主题词	频次	TF－IDF	主题词	频次	TF－IDF
利用	90	0.005462	乡村旅游	37	0.005035	住宅	28	0.005010
用地	84	0.007880	规划	36	0.004899	农业	28	0.005010
农民	73	0.006051	返乡	34	0.006270	保障	27	0.004747
盘活	73	0.005471	前提	34	0.005138	使用权	27	0.005136
发展	65	0.006892	支持	33	0.006086	使用	26	0.004946
探索	45	0.004772	合作	33	0.004987	退出	21	0.004430
集体	44	0.005987	下乡	32	0.006087	土地	21	0.004266
方式	44	0.005411	改革	31	0.005233	集体经济	20	0.004557

五、试点扩大阶段（2020年以后）

经过前期的不断探索，试点工作获得的经验已经开始被广泛运用。2020年中央一号文件《关于抓好“三农”领域重点工作确保如期实现全面小康的意见》再次提出扎实推进宅基地使用权确权登记颁证。以探索宅基地所有权、资格权、使用权“三权分置”为重点，进一步深化农村宅基地制度改革试点。同年4月，国家发展和改革委员会也将启动新一轮农村宅基地制度改革试点纳入2020年新型城镇化建设和城乡融合发展重点任务。2020年10月，中央农办、农业农村部会同有关部门，在全国104个县市区和3个地级市启动了新一轮农村宅基地制度改革试点，标志着新一轮试点的正式开启。2021年中央一号文件《关于全面推进乡村振兴加快农业农村现代化的意见》提出稳慎推进农村宅基地制度改革试点，探索宅基地所有权、资格权、使用权分置有效实现形式，并要求2021年基本完成农村集体产权制度改革阶段性任务，发展壮大新型农村集体经济。随后农业农村部发布的《关于落实好党中央、国务院2021年农业农村重点工作部署的实施意见》，以及第十三届全国人民代表大会第四次会议发布的《关于2020年国民经济和社会发展计划执行情况与2021年国民经济和社会发展计划的决议》，都将开展新一轮农村宅基地制度改革试点列入工作重点。新一轮农村宅基地制度改革将在分配、流转、抵押、退出、使用、收益、审批、监管各个环节进行制度完善（表 10－9）。

表 10－9 政策准备期的闲置宅基地政策

序号	文件名称	发文日期	制定机关	文件类型
1	国家发展改革委、教育部、科技部等关于推动返乡入乡创业高质量发展的意见	2020. 01. 19	国家发展和改革委员会；教育部；科学技术部；工业和信息化部；公安部；民政部；财政部；人力资源和社会保障部；自然资源部；住房和城乡建设部；交通运输部；农业农村部；商务部；中国人民银行；国家税务总局；国家市场监督管理总局；中国银行保险监督管理委员会（现国家金融监督管理总局）；中国证券监督管理委员会；国家邮政局	部门规范性文件
2	国家发展改革委关于印发《2020 年新型城镇化建设和城乡融合发展重点任务》的通知	2020. 04. 03	国家发展和改革委员会	部门规范性文件
3	农业农村部、国家发展改革委、教育部等关于深入实施农村创新创业带头人培育行动的意见	2020. 06. 13	农业农村部；国家发展和改革委员会；教育部；科学技术部；财政部；人力资源和社会保障部；自然资源部；退役军人事务部；中国银行保险监督管理委员会（现国家金融监督管理总局）	部门规范性文件
4	自然资源部办公厅关于印发《宅基地和集体建设用地使用权确权登记工作问答》的函	2020. 07. 22	自然资源部	部门工作文件
5	自然资源部对十三届全国人大三次会议第 8001 号建议的答复	2020. 09. 03	自然资源部	部门工作文件
6	自然资源部对十三届全国人大三次会议第 8353 号建议的答复	2020. 09. 03	自然资源部	部门工作文件
7	自然资源部对十三届全国人大三次会议第 9292 号建议的答复	2020. 09. 08	自然资源部	部门工作文件

续表

序号	文件名称	发文日期	制定机关	文件类型
8	自然资源部对十三届全国人大三次会议第8318号建议的答复	2020.09.09	自然资源部	部门工作文件
……				
80	农业农村部关于政协第十四届全国委员会第一次会议第03024号（农业水利类263号）提案答复的函摘要	2023.08.22	农业农村部	部门工作文件
81	农业农村部关于政协第十四届全国委员会第一次会议第02650号（农业水利类237号）提案答复的函摘要	2023.08.28	农业农村部	部门工作文件

该阶段政策文本包含有效政策词条共94条，根据TF－IDF指数选取前30的高频词（表10－10）。就频次而言，“利用”“盘活”出现频次均高于100次，成为该阶段宅基地治理政策的关注重点。同时，“政策”“依法”“工作”“指导”“印发”“制度”等词的高频出现，反映了宅基地闲置治理体系逐步健全，治理工作稳步推进，相关部门利用政策文件与法律条文指导各地开展整治工作，加快闲置宅基地的盘活利用。此外，“多村”“试点”等词首次在高频主题词中出现，也验证了闲置宅基地治理进入试点扩大阶段。总体而言，虽然这一时期闲置宅基地词条数量较上一阶段有所下降，但治理体系经过试点地区的多年尝试和探索后，得到不断完善并在全国范围内推广。

表10－10　政策发展期高频主题词

主题词	频次	TF－IDF	主题词	频次	TF－IDF	主题词	频次	TF－IDF
利用	118	0.004956	工作	32	0.004684	鼓励	23	0.004537
盘活	106	0.005092	稳妥	32	0.004550	改革	22	0.004340

续表

主题词	频次	TF－IDF	主题词	频次	TF－IDF	主题词	频次	TF－IDF
住宅	64	0.007428	依法	29	0.005378	印发	22	0.004340
发展	49	0.006968	组织	28	0.005355	制度	21	0.004561
农民	40	0.005215	支持	27	0.005164	方式	21	0.004276
用地	39	0.008471	探索	27	0.005007	民宿	20	0.004646
多村	38	0.006071	指导	27	0.004575	乡村旅游	19	0.004737
开展	38	0.005250	集体	26	0.006987	退出	18	0.004488
政策	35	0.005430	集体经济	25	0.005090	经营性	15	0.004372
建设	34	0.006708	试点	25	0.004781	入市	15	0.004566

第三节　政策工具分析

政策工具是实现特定政策目标的一系列机制、手段、方法与技术。[8]为实现政策目标，政府必须借助系统的政策工具提升治理效能。政策工具的选择决定了政府政策实施维度与力度。[9]

伍多·库卡茨将质性文本分析构建类目的方法分为推论式类目构建和归纳式类目构建两种。[10]推论式类目构建是指利用现存的类目对文本数据进行分类；归纳式类目构建是指根据文本数据自身特征，直接构建类目，不依赖于已有的类目系统。[11]本章采用推论式与归纳式结合的类目构建方法，通过对筛选后的政策条目进行逐级编码，获取350个编码点24种政策工具节点。由于编码点及节点数量较多，内容较为分散，因此将编码点利用NVivo11Plus软件进行政策文本的初步聚类，并为确保聚类的准确性与科学性利用手动进行再次聚类。在聚类结果基础上，对农村闲置土地政策文本中的政策工具进行分类，统计不同类型的政策工具使用数量，最终得到政策工具的使用特征。

一、政策工具初始编码及聚类结果

根据初步编码结果，将与农村闲置宅基地相关的350个编码点归纳为包含偿转让、有偿使用、宣传指导等在内的24种政策工具（表10－11），相关部门在农村闲置宅基地划定及治理上使用工具数量较多、种类丰富。

表10－11　农村闲置宅基地编码节点示例

节点	示例
土地收回	土地闲置满两年、依法应当无偿收回的，坚决无偿收回，重新安排使用
宅基地流转	结合农村宅基地制度改革，允许进城落户人员在本集体经济组织内部自愿有偿退出或转让宅基地，鼓励农村土地经营权规范有序流转
宣传指导	到期后的权益划分等问题，提出农房租赁管理措施和建议，以便指导各地在符合有关法律法规和有关政策的前提下，引导农民出租利用闲置农房
现状调查	加大盘活存量建设用地力度。各地要因地制宜地组织开展“空心村”和闲置宅基地、空置住宅、“一户多宅”的调查清理工作
退出机制	对“一户多宅”、超标准占地依法应退出而不能退出的，积极探索由集体经济组织实行有偿使用，形成超标宅基地逐步退出机制
退出补偿	根据实际情况设定退出补偿标准，利用相关政府资金进行引导
经济调节	用经济手段调节宅基地的分配使用，规范农村宅基地特别是闲置宅基地的合理利用，促进解决现有宅基地集约利用和超标问题
政策制度	完善农民闲置宅基地和闲置农房政策，探索宅基地所有权、资格权、使用权分置改革。改进耕地占补平衡管理办法
政策指导	指导各地在依法维护农民宅基地合法权益和严格规范宅基地管理的基础上，探索盘活利用农村闲置宅基地和闲置住宅的有效途径和政策措施，为激发乡村发展活力、促进乡村振兴提供有力支撑
土地确权	加快推进农村集体土地所有权、宅基地使用权、集体建设用地使用权的确权、登记、颁证工作
统筹规划	农民住宅建设要符合镇规划、乡规划和村庄规划，住宅建设用地要先行安排利用村内空闲地、闲置宅基地
审批管理	对农村村民住宅建设利用村内空闲地、老宅基地和未利用土地的，由村、乡（镇）逐级审核，批量报县（市）批准后，由乡（镇）逐宗落实到户
联动机制	市县、乡镇国土资源管理部门应当与市、县有关部门，乡镇政府，村自治组织建立依法管理宅基地的共同责任机制，建立农村宅基地监督管理制度
监督管理	对利用闲置住宅发展民宿等项目，要加强事中、事后监管
集约利用	推进宅基地节约集约利用
登记发证	对新农村建设和农村建设用地整理涉及宅基地调整的，要优先进行登记发证

续表

节点	示例
综合整治	与散乱、废弃、闲置、低效利用的农村建设用地整治相结合，整体设计，统筹推进田、水、路、林、村综合整治，促进农民增收、农业增效、农村发展
资源整合	鼓励农村集体经济组织与工商资本合作，整合集体土地等资源性资产和闲置农房等，发展民宿经济等新型商业模式，积极探索盘活农村资产资源的方式方法，促进农民增收
土地置换	农村集体经济组织要严格承包合同管理，防止进镇农民的耕地撂荒和非法改变用途。对进镇农户的宅基地，要适时置换出来，防止闲置浪费
盘活利用	鼓励农村集体经济组织及其成员采取自营、出租、入股、合作等方式，盘活农村闲置宅基地和地上房屋
改造利用	鼓励地方开展闲置农房改造和综合利用，积极引入社会资本改造闲置农房，消除危旧农房安全隐患，拓展闲置农房利用途径，促进乡村振兴
试点探索	积极稳妥开展农村闲置宅基地和闲置住宅盘活利用试点工作
问题提出	由于多方面原因，村庄“空心化”、宅基地闲置浪费现象在一些地区较为突出
复垦整理	规范推进城乡建设用地增减挂钩，对旧村庄、旧宅基地和闲置农村建设用地进行整理复垦，增加耕地面积，在满足农民安置、农村发展用地的前提下，可将节余的建设用地用于城镇建设

其中，“盘活利用”“政策指导”“政策制度”工具所占比例最高，分别约为28.29%、9.71%和9.14%，是政策进行农村闲置宅基地治理的主要政策工具。其中，“盘活利用”是指村集体组织以出租、合作等方式对农村闲置宅基地的再次利用。“政策指导”是指政府通过发布政策文件，指导地方开展闲置宅基地治理工作，相关部门通常同时进行具体规定或表明其他实质性内容，仅为各级部门提供政策导向。“政策制度”指政府通过制定出台闲置宅基地治理相关政策，完善土地管理制度，对农村闲置宅基地进行预防、管控及整治。除这三类政策工具外，“统筹规划”“资源整合”工具占比较多，分别约为6.57%和6.29%，“登记发证”工具所占比例紧随其后。其中，“统筹规划”是相关部门对于新增宅基地或收回宅基地进行的科学规划，预防闲置现象再次发生。“资源整合”指将闲置宅基地或农房等资源与土地或工商资本等其他资源进行整合，促进农村资产资

源盘活，实现农民增收。“登记发证”是相关部门为强化农村宅基地管理实行的认证工作（图 10 -5）。

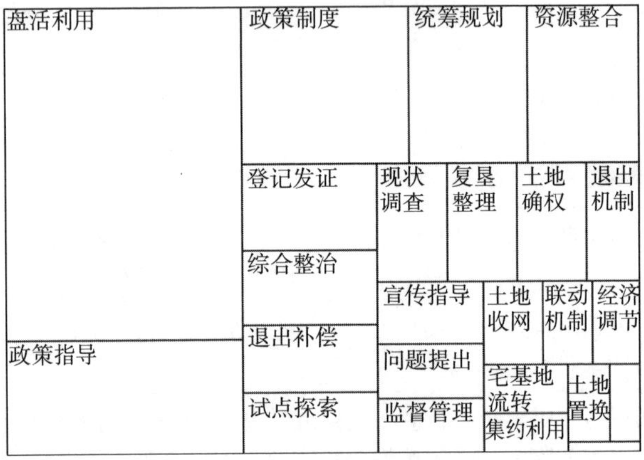

图 10 -5　编码点层次结构（面积代表数量）

由于初步编码获得的编码点比较分散，本章利用 NVivo11Plus 软件根据 Pearson 相关系数对编码点词义的相似性进行衡量，并进行自动聚类，同时在参考自动聚类的基础上，根据编码点含义与文本内容，按照政策工具面向的农村闲置宅基地治理不同阶段进行手动聚类（图 10 -6）。

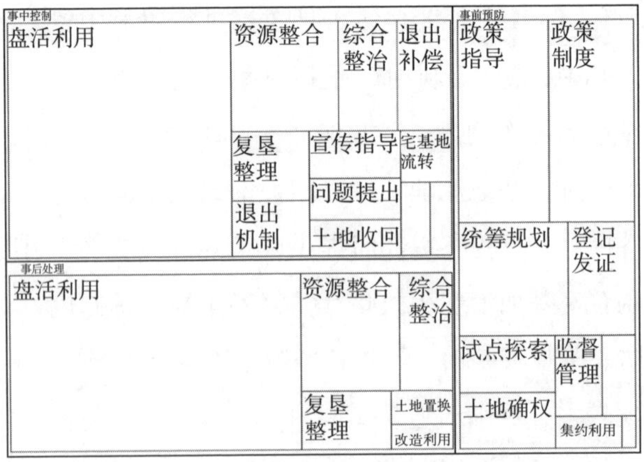

图 10 -6　编码点聚类（面积代表数量）

按照闲置宅基地治理政策不同时态划分，聚类后的编码点可划分为三个模块，即事前预防、事中控制与事后处理。事前预防是指政府通过各种手段预防问题的发生，即政策体系的建立与组织部门职责的明确。本文主要指国家相关部门对地方政府治理闲置宅基地问题的指导和对农村闲置土地的监督、审批等提前预防农村闲置宅基地问题的具体规定，包括“政策制度”“政策指导”“审批管理”等政策工具（图 10－7）。事前预防阶段占比约为 40.00%，说明闲置宅基地防控是政府的主要治理手段之一。事中控制是指问题发生之后采取各类有效手段加以控制，防止问题进一步扩大。本文是指政府为防止目前农村闲置宅基地问题恶化而采取的经济、行政等手段，对宅基地退出、转让、使用作出的具体规定，如退出机制、宣传指导、现状调查等，其所占比例最小，约为 17.14%。事后处理是相关部门对已有问题的反思及长久积攒问题的综合整治，本文特指政府对现存闲置的农村宅基地采取的各类具体整治利用措施，如宅基地综合治理、资源整合、盘活利用等。事后处理占比约为 42.86%，在总体政策工具使用次数中占比最高，反映出目前我国对已有闲置宅基地治理的重视。

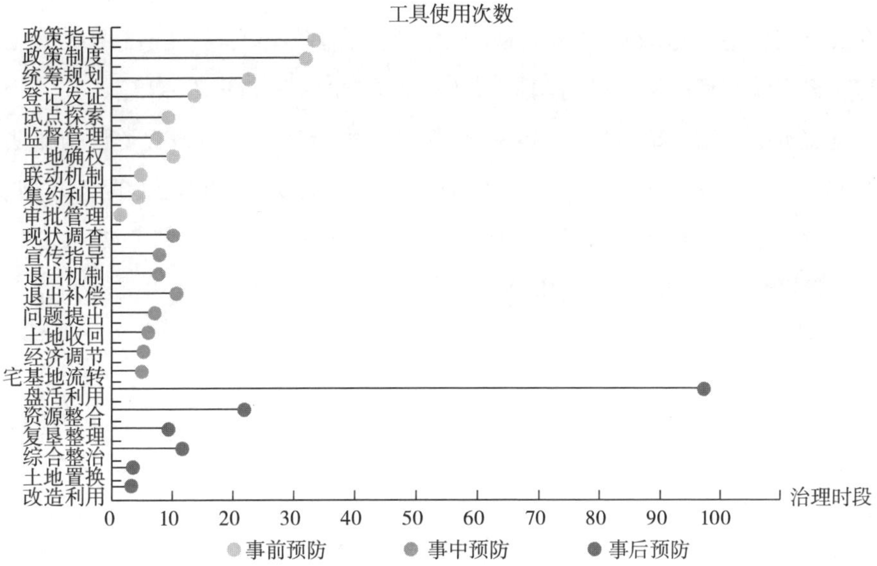

图 10－7　阶段工具使用情况

二、政策工具分类分析

政策工具研究的首要问题是要对一系列政策工具进行有效识别，也就是政策工具的划分和归类。[12]目前，学术界对于政策工具的划分并没有统一标准，使用最多的政策工具分类是罗斯威尔（Rothwell）和赛格菲尔德（Zegveld）以政策工具影响层面为标准的分类，他们将政策工具分为环境型、供给型和需求型。[13] Howlett 和 Ramesh 按政府干预程度和服务供给方式把政策工具分为强制型、混合型与自愿型三类。[14]欧文·E. 修斯把政策工具分为政府供应型、生产型、补贴型与管制型四类。[15]台湾学者丘昌泰把政策工具分为管制型、财务型、组织体制型及沟通型四类。[2]

由于农村宅基地闲置问题治理仍处于探索阶段，政策条目虽多，但政策工具使用涉及种类有限，政策多为法律或行政限制等环境型政策工具，对信息、资金、人才等优化农村闲置宅基地治理过程中的各要素供给，以及扶持、培育与农村闲置宅基地治理相关的服务项目方面并未涉及。因此，本节综合政策工具划分原则与方法，参考丘昌泰的政策工具分类法，将农村闲置宅基地政策工具类型划分为行政型政策工具、经济型政策工具、组织体制型政策工具与沟通型政策工具四大类（图 10－12），并结合政策文本编码结果确定次级政策工具含义及类型。根据归纳式类目构建法将 177 份编码政策文本信息中的 24 种政策工具按类型划分，发现行政型、经济型、组织体制型、沟通型政策工具均有涉及。政策工具框架基本构建，但系统性仍待加强，结构分布不合理。另外，政策工具内部结构亦存在一定程度的失衡。

表 10-12　农村闲置宅基地政策工具类型及内涵

政策工具类型	基本内涵	政策工具
行政型政策工具	是指相关部门凭借政府职能与权威，通过强有力的法律规范、监督管制等强制措施对整个政策过程、环节做出明确性、强制性的要求，为农村闲置宅基地治理制度的有效实施提供基础保障	盘活利用
		政策制度
		登记发证
		综合整治
		土地确权
		复垦整理
		试点探索
		退出机制
		监督管理
		土地收回
		宅基地流转
		集约利用
		改造利用
		审批管理
经济型政策工具	是指政府通过正向的财政补助或负向的限制补贴与贷款等经济手段吸引农民减少宅基地闲置，积极复耕，从资金上推动农村闲置土地治理	资源整合
		退出补偿
		经济调节
		土地置换
组织体制型政策工具	是指政府通过对经办部门及人员责任划分，明确相关管理机构职能所在，更好地服务于闲置宅基地治理	政策指导
		统筹规划
		现状调查
		问题提出
		联动机制
沟通型政策工具	是指政府对农村闲置土地政策内容的宣传、推广，让地方政府与农民了解相关内容及实行益处，积极参与农村闲置宅基地治理	宣传指导

如图 10-8 显示，行政型政策工具运用过溢，在整个政策体系中占比 63.14%，且次级工具种类丰富，这反映了在农村闲置宅基地治理上，政府倾向于使用大量的强制型工具。其中，盘活利用和政策制度这两项次级政策工具使用频率较多，分别在行政型政策工具中占比 44.80% 和 14.48%。

这表现出当前我国政府在闲置宅基地管制上更倾向于完善当前政策规定，使用行政手段强制治理闲置宅基地，但对具体治理措施描述较少。行政型政策工具在工具层面上多表现为负向激励政策，虽然可以对某些农村闲置宅基地问题起到有效遏制作用，但长久而言不利于问题的根治。退出机制、综合整治和土地确权这些次级政策工具虽然使用数量有限，但对宅基地管制、闲置问题的治理与未来宅基地规划都能起到长久作用。

经济型政策工具运用次数较少，占比仅 12.00%，在四类政策工具使用中位于中下位置，多元化次级政策工具使用种类仍待加强。该政策工具主要包含资源整合、退出补偿、经济调节、土地置换四类政策工具，在经济型政策工具中占比分别约为 52.38%、26.19%、11.90% 和 9.52%。说明政府在农村闲置宅基地治理过程中，尝试采用更加灵活的治理方式鼓励农户通过置换、退出、整合等形式减少宅基地闲置。在这类政策实际制定过程中偏向于使用正向的经济补贴工具，而罚款等负向激励工具使用较少。

组织体制型政策工具使用频次适中，占比达 22.57%，反映出相关部门对农村闲置宅基地治理问题中组织构架建设及部门职责划分的关注。在该类政策工具中，政策指导和统筹规划占比最高，在组织体制型政策工具中占比分别约为 43.04% 和 29.11%，其次是现状调查和问题提出，占比分别为 12.66% 和 8.86%。这表现出相关部门倾向于宏观层面的整体布局与农村宅基地闲置摸底调查，大多采用不包含具体措施的政策导向与规划工具，对具体微观层面的落地实操工作布局较少。联动机制在该类政策工具中使用频次较少，说明未来在农村闲置宅基地治理上仍需加强部门间以及部门上下级合作，疏通信息交流渠道，激励各政策主体积极参与到农村闲置宅基地治理中。

沟通型政策工具能够联系政策主体与农民，鼓励农民更加积极地参与农村闲置宅基地治理，是解决土地闲置问题的长久举措。但一直以来该类政策工具运用弱势，在整个政策工具体系中仅占比 2.29%，且只包含宣传指导这一种政策工具。说明这一阶段政策主体在政策制定过程中对农民这一农村主体角色考虑不足，限制了农民参与政策意识构建与相关政策实施。

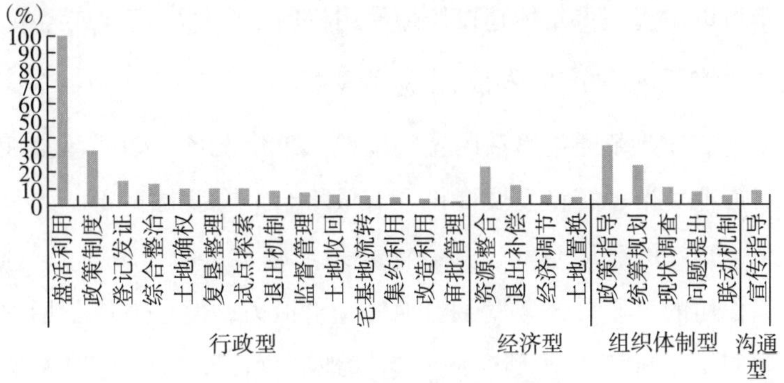

图 10-8　政策子工具使用数量

第四节　结论

一、政策成效

宅基地制度改革经历初步试点后已取得了明显成效。经自然资源部统计，截至 2019 年 10 月底，试点地区共腾退出零星、闲置的宅基地约 26 万户 14.5 万亩，办理农房抵押贷款 8.1 万宗 201 亿元。宅基地制度改革对要素市场化配置体制机制、农村产业发展、农民土地财产收入、农村土地治理都产生了显著影响。

（一）完善要素市场化配置体制机制

审批权下放计划管理方式的改革赋予地方政府更多的自主权，使土地要素流动的灵活性和内生动力增强。同时集体建设用地被纳入国有建设用地市场进行公开交易，充分发挥了市场在土地资源配置中的决定性作用。制度改革配套的一系列政策使社会和市场对入市集体土地的接受程度逐步提高，要素市场化配置体制机制逐渐完善。以四川省泸县为例，泸县将退出和闲置的宅基地直接变更登记为“集体经营性建设用地”。农户将宅基地使用权确权为一定年限的集体经营性建设用地使用权，进入要素市场。社会资本可以出资获得集体建设用地使用权用于居住、商住或经营。

（二）增强农村产业发展用地保障能力

宅基地制度改革通过盘活闲置宅基地入市建设乡（镇）工业园区，为促进乡村产业集聚、转型发展提供了有效平台。在我国南部，大量早期的家庭作坊、现在的家族企业，其载体就是宅基地。由于成本低、限制少，这种家庭作坊的工业形式激发了当地的经济活力，但也造成了用地细碎化问题，限制了传统工业转型升级。宅基地制度改革为问题带来了解决方法，以佛山市南海区为例，南海区将产业落后、零星分散、符合入市条件的集体经营性建设用地进行整合、清理及前期开发，实行统一规划、招商及入市，通过建设土地的规模化统筹开发利用实现乡村产业的升级转型。[16]

（三）增加农民土地财产收入

宅基地制度改革进一步突出了宅基地的财产价值。多地通过农房抵押、有偿退出、流转等制度设计，增加了农民财产性收入。且补偿安置标准比法定补偿标准普遍提高，增加的征地补偿费用全部由财政列支。以义乌为例，义乌市政府按高于市场价的价格（40 万元/亩）收购退出的闲置宅基地，统筹用于民生项目、产业转型升级重大项目，避免指标市场供给过剩导致农民财产性收入降低。

（四）提升农村土地利用和治理水平

土地权属调查、登记发证作为宅基地入市利用的前提，这在宅基地制度改革中得到了极大的推动，夯实了农村土地管理基础。村庄规划的完善、闲置宅基地的盘活使农村土地节约集约利用水平明显提升。同时，由于宅基地事关村集体所有农民的个人利益，宅基地制度的改革促进了农民参与集体资产管理和乡村公共事务管理的积极性，激发农民自主管理农村土地的主动性和责任心，有效提升了农村基层的自治水平。

二、现存问题

（一）住房保障和财产保障难两全

无论宅基地如何流转，农民的住房必须得到保障，鼓励农村宅基地退出可能会威胁农民住房权益。禁止农村宅基地流转的一个重要理由是“要保障每个农户的基本生存权利……确保每个农户不因贫穷而流离失所”。宅基地是农民的住房保障，强制流转会损坏宅基地原有的福利性质，降低农民生活标准。在没有经济基础以及其他生活保障时，村民不会随意转让宅基地。农村并没有城市所具有的区位优势，以租赁的方式入市收益难，农民收取的宅基地租赁收入不乐观。在城市有了稳定收入和固定住处的村民，才会产生转移宅基地上房屋所有权的意愿。制度上的“房地分离”，可以赋予和保障农民“宅基地用益物权人”身份的抽象权利形象，但是无法给农民提供真实的、有形的住房以解决农民的具象基本生活需求。

一方面农村劳动力流出农村造成农村空心化，另一方面农民难以真正在城市安居，这也就导致很多农民为自己留“后路”——回农村养老。如果农民在城市的就业状况发生改变且无法保证住房需求，同时宅基地已经流转出去，进城农民就会面临居无定所的困境。当这类群体的问题成为不可忽视的社会问题时就会影响社会秩序的稳定。此外，宅基地不仅承担着农民生活居住的功能作用，中国传统的落叶归根的执着以及乡愁的依托，也是宅基地所承载的特殊部分。

宅基地入市除了受国家政策影响外，土地区位是土地流转入市的决定性因素。宅基地入市与参与农村土地整治、城市向农村输入利益没有关系，因此，简单的市场化并不能为农民带来实质上的财产性收入。

（二）资金短缺，财政困难

宅基地入市首先需要农民退出宅基地，宅基地有偿退出资金筹措主要靠政府，这样会增加地方政府的财政负担。当一些地区由于区位优势致使补偿标准和补偿金额较高时，地方财政也难以承受。宅基地入市意味着宅基地的完全物权化，非法的小产权房则找到了合法化路径，变相鼓励了小产权房的发展。同时如果仅在农民所在村集体内形成宅基地转让市场，会形成以村集体为单位的多个小市场。宅基地的所有权人——农村集体经济组织，在利益驱使之下可能会将宅基地流转作为生财之道，用来增加财政收入或填补财政支出。

（三）村民执行意愿弱

在成本与收益不对等的情况下，农民工退出农村宅基地和住宅的动力不足，农村宅基地退出难以获得足额经济补偿，农民对政策的执行意愿就弱。农户宅基地入市交易意愿可能受到多方面因素的影响，如农户家庭经济状况特征、农户家庭的人口特征以及住房相关属性特征。人们关于宅基地入市的执行意愿不强就会出现“上有政策，下有对策”的情况。人们为了规避国家政策，在实践中创造出诸多花样，消极地接受宅基地流转的政策。如长达50年的租赁乃至永久租赁；又如有些地方采取由转出农户先将宅基地交回集体经济组织，然后再由集体经济组织以集体建设用地的名义转让给受让城镇居民的形式；再如还有些地方干脆直接由买卖双方签订一纸卖房契书，即实现了宅基地使用权及其上房屋转让的目的。

宅基地使用权退出的主要障碍在于退出制度安排不合理，以及退出价格、退出标准与土地价值难以计量和匹配。农户宅基地使用权退出后，所有权与使用权不再分离，支配宅基地后续安排的权利则归于宅基地所有人。目前制度对农村宅基地使用权退出后，使用权消灭的相关规定缺乏，在农村宅基地改革试点中存在基本概念混淆的情况。

参考文献

[1]中国社会科学院农村发展研究所．中国农村经济形势分析与预测(2018—2019)[M]．北京:社会科学文献出版社,2019.

[2]李允杰,丘昌泰．政策执行与评估[M]．北京:北京大学出版社,2008.

[3]李智超,于翔．中国跨界环境保护政策变迁研究——基于相关政策

文本(1982—2020)的计量分析[J]. 上海行政学院学报,2021,22(6):12-26.

[4]周晓英,岳丽欣,裴俊良,等. 我国突发事件应急信息管理政策内容的变迁及其特征研究——基于2003—2020年413份政策文本的计量分析[J]. 情报资料工作,2021,42(3):33-43.

[5]程同顺,郭鑫. 我国农村宅基地制度改革的演进历程、基本逻辑及推进原则[J]. 学习论坛,2022,439(1):115-123.

[6]王子娴,许洁. 我国科技期刊政策工具体系研究——基于政策文献内容的量化分析[J]. 中国科技期刊研究,2021,32(11):1445-1454.

[7]王旭,李雨晴. 我国个人信息保护政策文本量化研究及启示——基于"工具—效力—主题"三维框架的探析[J]. 情报科学,2023,41(1):126-133+142.

[8]吕志奎. 公共政策工具的选择——政策执行研究的新视角[J]. 太平洋学报,2006(5):7-16.

[9]向超,温涛,任秋雨."目标—工具"视角下宅基地"三权分置"研究——基于政策文本的内容分析和定量分析[J]. 云南社会科学,2021,240(2):136-144+189.

[10]伍多·库卡茨. 质性文本分析:方法、实践与软件应用指南[M]. 朱志勇,范晓慧,译. 重庆:重庆大学出版社,2017.

[11]姜鑫,马海群,王德庄. 基于质性文本分析视角的开放科学数据与个人数据保护的政策协同研究——以国外资助机构为例[J]. 情报理论与实践,2020,43(7):54-62.

[12]张军涛,张世政. 农村宅基地制度改革中政策工具选择与运用的逻辑——以江西省余江区为例[J]. 农业经济问题,2020,490(10):51-60.

[13] ROTHWELL R, ZEGVELD W. Reindustrialization and Technology [M]. Longman, M. E. Sharpe, 1985.

[14]HOWLETT, RAMESH. Studying public policy: policy cycles and policy substems[M]. Oxford: Oxford University Press, 1995.

[15]欧文·E. 休斯(Owen E. Hughes),彭和平,周明德,等. 公共管理导论(第二版)[M]. 北京:中国人民大学出版社,2001.

[16]唐健,谭荣. 农村集体建设用地入市路径——基于几个试点地区的观察[J]. 中国人民大学学报,2019,33(1):12-22.

第十一章　案例：湖北省 S 市闲置宅基地治理的三个阶段[①]

目前，众多学者已经围绕宅基地闲置与再利用进行深入的探索研究，政府部门也就闲置宅基地治理制定了一系列相关的政策法规。这些研究与政策法规虽为接下来的政策制定提供了理论和政策参考依据，但由于各地的地理位置、历史文化差异巨大，在治理过程中既能展示出同类问题的代表性也有其治理独特性。因此，本章以湖北省 S 市三个村庄不同治理阶段为切入点，探讨各地闲置宅基地再利用的不同模式，试图为全国不同类型地区闲置宅基地治理寻求解决途径。

S 市位于湖北省北部，下辖区、县级市、县各一个。2020 年，该市三次产业比重依次为 15.8%、43.5%、40.7%[②]，仅第一产业在该年实现正增长。特色产业方面，S 市大力发展专用汽车、食用菌、兰花、葡萄、鲜桃等，前两项还是其外贸出口的中流砥柱。S 市城镇化率为 52.9%[③]，由于经济不够发达，该市人口流失现象在湖北省内较为严重。

由于农村人口向城市流动，宅基地闲置现象在 S 市农村较为普遍，但是不同村对于闲置宅基地的处理方式各不相同，可划归为三个不同阶段：第一，搁置不理，即因成本过高而未处理闲置宅基地；第二，收回未利用，即将闲置宅基地及地上附着物收回村集体，但未利用；第三，收回利用方式成熟，即可以很好利用村中闲置宅基地。这三个阶段依次以 N 村、X 村与 G 村为代表（图 11－1）。

---

① 本章撰写：潘墨涛、冯钰、翟天豪。

② 资料来源：《2020 年 S 市国民经济和社会发展统计公报》。

③ 资料来源：《2019 年 S 市国民经济和社会发展统计公报》。

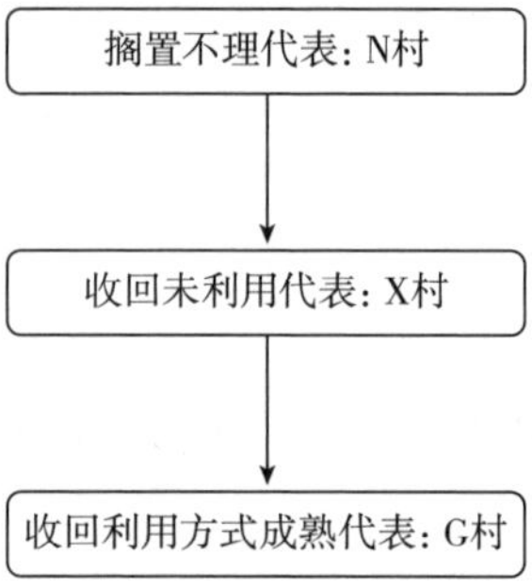

图 11－1　闲置宅基地处理三个阶段

第一节　N 村——搁置不理

N 村位于 S 市区西北部，村中虽发展集体经济，但连年歉收未能带来盈利，再加上村中原先欠有外债，使得村集体资金匮乏。目前，该村已完成宅基地确权登记，其中闲置宅基地不到 10%[①]。在这一过程中遇到不少难题，尤其是一些历史遗留问题，至今仍困扰着村支书：

“（村民）户口在我们村，现在房子（宅基地上的）已经塌了或者歪了一半，快成为危房了，他本人现在也住到了外面（城市中），但是在八几年九几年申请宅基地的时候，他拿到了土地使用本。就这种情况，你说不给他发不动产证不合法不合理，给他发证吧，他拿在手里用处不大，可以说是浪费资源吧。当然拆掉他的房子他又不愿意，这种类似的情况每个村都有，也不是说这些人心坏，就只是和土地有感情。”

可以看出，N 村的闲置宅基地再利用主要面临使用权难以收回的问题：村中无法随意剥夺 20 世纪八九十年代村民通过合法途径取得的宅基地使用权。而对于迁入城市的原村民来说，宅基地的使用权包含着其对故土的思念，是一种叶落归根的情感寄托，因而其较难放弃这一权利。此外，由于

① 数据源自对村支书的访谈。

该村闲置宅基地四散在多个塆[①]中，地上一些附着物仍能产生部分经济效益。

综合考虑后，村委认为将宅基地收回集体需要面临金钱与感情方面的多重纠纷，成本过高，超出其未来被利用产生的预期收益，村集体无力承担，因此决定暂时不处理村中的闲置宅基地。

第二节　X 村——收回后未利用

X 村隶属 L 镇，L 镇距省会城市仅不到两小时的车程，属于同一都市生活圈。近年来在全镇范围内发展旅游产业，而 X 村积极响应政策，依托本村优美的自然环境与保存较为完整的明清古居开发旅游项目。此外，村集体拥有一座 50 千瓦光伏电站、黄牛养殖基地、260 亩水果基地、20 亩苗木花卉基地等集体资产，年收入不低于 15 万元。

该村闲置宅基地按其地上附着物可分为两种类型：一是房屋已经倒塌的；二是房屋保存完好，仍有开发利用价值的。两种类型中，皆包含普通民居与明清古建筑——首先对于地上房屋已经倒塌的闲置宅基地，由于宅基地的所有权属于集体，“房屋倒塌代表闲置宅基地的地上附着物消失，村集体自然可以直接将宅基地收回，开展‘五清’人居环境整治活动，统一清理倒塌房屋后开发利用”（X 村村支书）。2019 年，村中通过“增减挂钩”方式流转了约 30 亩房屋已经倒塌的闲置宅基地，为村集体带来一定的收入。其次，对于地上房屋仍保存完好的闲置宅基地，村委和房屋所有人沟通后，赔付地上附着物，将其完全收回集体，用于开发旅游。“这些保存完好的房屋中，普通民居多为土坯房，传承文化，具备开发价值，稍加包装后就可以开发民宿”（X 村村支书）。而明清古居文化意义更强，相应地，开发价值更高。目前该村明清古居共 120 间，约三分之一闲置，分散于 6 个塆中，塆内分布较为集中。据村支书介绍，这些古建筑产权归

① “塆”指小沟里的小块平地，由于 S 市多山，村民的房屋一般分布于各个塆中。

私人所有，由于长期自然风化，建筑被腐蚀，人类居住其中存在风险。但这些建筑艺术性很强，维修难度大，同时作为文物，不能随意拆除重建，因而很多村民另寻他处居住。村集体收回后，借旅游、“十四五”规划、乡村振兴等发展方向，整合项目资金，统一修复、开发与保护，让明清古建筑在当代重焕光彩。

在该村清理倒塌房屋或收购完好房屋的过程中，乡土社会情感纽带（人情关系）的作用不可小觑，极大程度降低了交易成本。X 村三面环山，民风淳朴、村民通情理，彼此间依附性较强，关系更加紧密，不好拒绝村集体提出的请求。“村民当然对自己的土地（宅基地）有感情，最初不愿意流转给集体，也不愿意让村里清理其不成型的房屋，但是在我们（村干部）告诉他房子留着影响美丽乡村建设，且一旦倒塌可能会砸到人时，他慢慢就同意把地上房屋交给村集体了。”借一位村干部的话：“城市人与人之间情感比较分离，农村的话，老人去世或者家里生了小孩，都需要其他人来帮忙，邻居之间不管是利益还是情感，都有一些牵扯。而且对于外出人口，因为对清明节、重阳节这些节日比较看重，每年这个时候他们都会回来，所以也不愿意搞僵和村集体、党员代表以及老亲戚的关系，这是多重情感与利益的联结。”因此，村集体和村民沟通收回宅基地的过程很顺利，没有产生纠纷。X 村通过人情关系加速宅基地收回村集体的过程正体现了“显示出高度群体团结性并共享道德价值观的社会应该比更个人主义的社会有更高的经济效益”①，然而这也会导致制度权威退化并产生潜在的契约风险。

虽然宅基地收回顺利，也明确用于发展旅游业，但是具体由谁开发、如何经营，村委目前还未决定：“如果用集体资产自建自营，目前村内游客还少，常住人口只有 300 多户 1000 多人，村干部也只有四五人，加上现在农村工作任务量还是比较繁重的，没有人力来做这个事情，且自建自营有很大的不确定性，存在风险；若委托企业经营，企业和村集体之间如何

① 弗朗西斯·福山．信任［M］．彭志华，译．海口：海南出版社，2001.

分配权责利，后者也无法监管企业的实际利润"，"弄不好村集体就要吃亏"。因而如何既能保护集体资产，又能使其得到最大开发，成为X村一个亟须解决的难题。

从X村实践中可以看出，影响其闲置宅基地处理方式的因素主要有以下两点：第一，村集体有一定的资产。X村是深度贫困村，每年可以获得几十万元的扶贫资金，而且在2019年之后，村里开始通过扶贫基地获得收益，每年约13万元，加上乡村振兴等一些项目资金以及湖北省美丽乡村建设资金，多个项目资金综合利用充实村集体资金。此外，村里有自己的产业，如光伏电站、香菇基地、水果基地等，每年均可为村集体带来一定收益。项目资金与产业收益方便村集体出资收购村民闲置宅基地上的房屋。第二，政策导向强、目标明确。2020年脱贫攻坚收官后，国家自上而下大力推进乡村振兴，L镇借本镇的地理位置与自然环境优势鼓励各村开发旅游业，以此增加村集体收入。在镇政府的影响下，镇上各村都在积极开发旅游资源、发展旅游相关产业。上级政府的大力支持以及周边村庄的竞争，使得X村有足够的动力进行闲置宅基地再利用。

第三节　G村——收回再利用方式成熟

G村与X村同属于L镇，但前者产业基础更加深厚、业态更加多元，包含香菇产业、光伏产业、石矿开采与康养旅游。其中，全村380千瓦的光伏电站每年的上网电费和补贴为村集体带来20万~30万元的年收益。同时，依托于本村丰富的古银杏资源，2018年引入社会企业，占用村民旧宅3户（区域面积30亩），打造康养旅游产业。

近十几年来，因外出务工，一部分G村村民迁入城市居住，其原来的宅基地被闲置下来。此外，由于打造"宜居村庄"的需要，G村将村内原来居住在偏远山区的村民迁下山另建新居，因而一批山上的老房子也被闲置下来。据村里会计介绍，目前村内闲置的宅基地有五六十处，地上房屋小部分倒塌了，其余都是长期没有人居住的，质量堪忧。

G 村多山，闲置宅基地也多位于山上，即使平整后也不好利用，加上村集体资金不足，因而之前没有进行处理。2018 年，G 村成功招商武汉博大集团在本村落户，该集团在开发运营文旅康养小镇方面有丰富的经验，依托 G 村优美的自然环境与古银杏资源，与村集体合作利用闲置宅基地打造康养、文旅与生态农业等项目。在与企业合作的过程中，G 村发展出较为完备的村企合作模式：首先，村集体成立合作社，收回村民闲置的宅基地，赔付其地上附着物，资金均由企业提供。其次，企业引入成熟的运营模式，完成平整土地、设计旅游景观、建立相关配套设施、宣传等一系列工作。最后，关于利益分成，企业每年给村集体保底 10 万元的收入，另外经营所获利润的 20% 也上交村集体。在这一村企合作模式中，村集体负责与村庄、村民相关的管理工作，疏通企业运营渠道，并维护村庄优美的自然环境。而企业则负责引入资金、管理模式并实际运营，为村庄带来客流量。其中，除村集体和企业获利，村民也可借增加的客流量出售农副产品、提供餐饮住宿等相关旅游服务，使 G 村呈现“多方共赢”的良好局面。

与 X 村相比，G 村进一步推动了闲置宅基地的再利用，在收回的基础上利用其产生收益。究其原因，除政策优惠外，主要在于可利用性、利用的持续性较高：第一，具备优良的资源禀赋。G 村成功利用闲置宅基地的经验主要在于引入社会企业，借助企业力量。但企业选择该村在于这里的自然环境更好，位于千年银杏谷景区范围内，且常住人口较多，更具备吸引企业入村落户的条件。第二，具备足够的资本。G 村与 X 村能够将闲置宅基地收回，是因为村集体有足够的资本，不过区别在于前者使用企业资金，而后者整合了政府项目资金。第三，引入成熟的管理技术。企业入驻 G 村，带来成熟的旅游开发运作模式，这可以算作管理技术的转移，为 G 村可持续利用闲置宅基地增加筹码。第四，乡村人力资本存量保证了闲置宅基地利用的可持续性。人力资本是经济发展的重要因素之一，据村会计介绍，因村里有香菇、光伏以及采石等产业，常住人口较多，加上企业开发旅游资源吸引来的客流量，极大地推动当地经济社会发展，进而保证闲置宅基地利用的可持续性。

第四节　小结

N村、X村与G村属于同一地级市下辖村庄，地理位置相近，然而对于闲置宅基地再利用方式却各不相同，分别处于三个阶段（图11－1），这是村庄自身禀赋与外部环境（政策）交织作用的结果。发展经济学将土地、人口、技术、资本和政策作为推动经济发展的重要变量。[1] 闲置宅基地再利用的最终目的是促进村庄经济发展，因而可以从发展经济学的角度分析三个村庄在处置闲置宅基地的问题上处于不同阶段的原因。通过对各个案例的思考可知，首先，资本是首要原因。N村由于村集体经济匮乏、资金短缺，因而无力将闲置宅基地收回村集体；而另外两村拥有集体产业，每年均可产生收益，同时借助项目资金或企业资金，可较为顺利地将宅基地收回集体以备后续开发利用。其次，政策发挥的作用不可小觑。N村经济发展主要还是依托于农业，上级政府也没有明确的政策引导经济发展。而X村和G村的上级政府大力推行以旅游促发展的方针，在各方面均给予村庄一定的政策引导与支持，因此对于闲置宅基地的再利用具有一定政策激励效果。再次，技术也是推动经济发展的关键要素，由于仅G村成功引入了外来企业成熟的经营管理模式，因而其较其余两村可以进一步向前推动闲置宅基地的利用进程。最后，人力资本也是影响三村利用方式各不相同的归因之一。三村中，N村人口外流严重；X村常住人口也较少，村干部希望通过发展旅游业吸引人才回流，提升村庄人气；而G村情况较好，本村常住人口2300余人，是X村的2倍以上，且不少还是青壮年，因而其闲置宅基地再利用具有良好的前景。

推动乡村振兴离不开土地资源，而闲置宅基地作为农村存量建设用地的一部分，对其再利用是一种高效、节约的表现，能够为乡村产业发展提供资源保障。我国从2015年起正式开展宅基地制度改革试点工作，推动宅基地入市，意在提高农村土地价值，激励村集体或个人再利用闲置宅基地，为乡村振兴提供原始资本积累。此种方式在逻辑推理角度具备合理性，且根据前文三村的实际情况，可以看出市场对于农村闲置宅基地有需求，加上一定的政策激励，村集体利用闲置宅基地意愿较强，且 G 村的实践也表明闲置宅基地入市可行性很高，未偏离政策预期。然而，农村闲置宅基地是否需要入市、以何种方式入市、入市后如何再利用等需要考虑村庄实际情况，如地理位置、集中程度、收回难易程度、市场需求度等。此外，目前农村宅基地进入市场还是按照“村集体在农民自愿前提下，依法把有偿收回的闲置宅基地转变为集体经营性建设用地入市”的方式，倘若宅基地入市政策完全推行，允许个人宅基地直接进入市场，届时会有大量资本涌入农村，如何制定规则保证农村土地市场有序运转需要着重考虑。

参考文献

[1]速水佑次郎，神门善久．发展经济学：从贫困到富裕[M]．北京：社会科学文献出版社，2009.

第五篇

城乡融合与宅基地流转

第十二章　宅基地使用权城乡流转[①]

党的十九大报告中首次提出实施乡村振兴战略与构建城乡融合发展的体制机制和政策体系。在乡村振兴战略指引下，盘活农村闲置宅基地改革成为整体谋划城乡用地、实现农民财产权益的重要手段。2018 年中央一号文件中提出农村宅基地“三权分置”，其目的是适度放活宅基地使用权，盘活农村闲置宅基地，促使宅基地有序参与市场交易。本章从农村宅基地使用权概念与理论入手，旨在探究农村宅基地使用权城乡流转及其影响因素，以及农村闲置宅基地城乡流转的现实意义。

第一节　问题的提出

长期以来，相比于农村，城市具有更好的就业、就医、就学条件，对城市生活的向往和对市民身份的认可成为大多数“农一代”对后辈的期许。随着工业化、城镇化进程的不断加快和户籍制度改革，越来越多的“农二代”“农三代”走出农村涌入城市，成为父辈期许的“城里人”。然而，随着越来越多的农村人背井离乡、定居城市，加之农村宅基地使用权流转受限，农村宅基出现闲置甚至荒废的现象越来越普遍，并逐渐演变为村庄空心化、人口老龄化的“乡村病”。与此同时，城市也开始饱受交通拥挤、住房紧张、环境污染等“城市病”的困扰。相形之下，农村相较于城市人口密度更低，环境质量更优，加之近年来农村基础设施不断完善，

① 本章撰写:张帆。

生活条件也越来越便利，部分城市居民又产生了回到农村居住生活的愿望。

然而，受现行农村宅基地管理制度限制，城市居民不具备购买农村宅基地和农村住宅的资格，农村宅基地处于“农民想卖卖不出，市民想买买不到”的两难处境。现实中参与农村宅基地流转的少数市民，则多出于法不责众心理或亲属间跟风购买等原因，通过私下签订协议的方式获得宅基地使用权。当国家征收补偿或房价升值时，部分作为出让方的农民在利益驱使下，常以受让方不属于本集体经济组织成员为由，通过法律途径使得合同无效，以此获取额外利益。在该类产权纠纷中，作为宅基地受让方的城市居民不受法律保护，使得有意购买农村宅基地的市民望而却步。

可以说，城市居民作为土地、房产市场重要参与主体，能否参与农村闲置宅基地流转，在一定程度上决定了农村宅基地能否最终实现盘活利用。如何突现宅基地对集体经济组织外部成员流转，是目前理论和政策创新面临的难题。

第二节　基本概念

一、宅基地使用权

农村宅基地使用权概念，最早出现在 1982 年颁布的《村镇住宅建设用地管理条例》。[1]《中华人民共和国国家标准土地基本术语》将农村宅基地使用权定义为：“经法律核准，农村集体经济组织分配其成员用于修建住宅及其他相关附属物的，不限使用期限的集体建设用地使用权。”2007 年《中华人民共和国物权法》第一百五十二条、第一百五十三条规定，宅基地使用权为用益物权，标志着宅基地使用权以立法的形式得到确认。用益物权是指使用权人在特定条件下对他人或组织拥有的物品进行占有、使用、处理、收益的其他物权。此外《中华人民共和国民法典》第三百六十二条将宅基地使用权表述为：“宅基地使用权人依法对集体所有的土地有占有和使用的权利，依法有权利用该土地建设住宅及其附属设施。”目前宅基地的所有权为集体所有，使用权为农民所有。受现行法律的制约，宅基地使用权人只具有占有、使用宅基地的权利，无权自由处置宅基地使用权并获取收益。马俊驹等将农村宅基地使用权定义为农村居民在集体所有，经审批分配的土地上建造住宅及其附属设施，用于居住的权利。[2]

二、宅基地使用权流转

流转即流通、转让或转移之意。陈小君等提出宅基地使用权的“转移”，是指使用权人通过租赁、转让、股权取得等方式将使用权转让给他人，使权利主体发生变化的一系列交易行为。[3]谢梅玲认为宅基地使用权包含收益权能，将宅基地使用权定义为“为了提高农民财产性收益，盘活农村闲置的土地资源，使宅基地使用权进入土地市场流通的一种行为”。[4]

根据物权理论和实践，宅基地使用权流转的方式可以包括转让、出租、抵押、继承四种方式。转让，是指农民将住宅出售给他人的一种交易行为，按照“地随房走”的原则，受让人将同时获得宅基地的使用权，受让人可能是本集体经济组织内部成员，也可能是非本集体经济组织的成员，前者在法律允许的范畴之内，后者超出现行法律框架不受保护；出租，是指农民将住宅租赁给他人使用的一种交易行为，承租人变相拥有了宅基地的使用权，由于《土地管理法》对农民住宅出租的行为持开放态度，因此该方式已成为农民处理宅基地及地上住宅和附属设施的主要方式之一；抵押，是指农民为了获取资金周转，将住宅抵押给金融机构获得周转资金的行为，由于现行法律并未禁止以农村住宅设立抵押权[5]，此类情况在现实生活中也是存在的；继承，是指继承人通过继承农宅进而继承农村宅基地使用权的一种行为，属于宅基地流转的特例情况。

通过考察宅基地使用权流转方式的法理和实践发现，目前我国法律对城市居民参与宅基地流转做了诸多限制。在重重限制之下，农村宅基地的集体经济组织内部成员流转能力和意愿不足、供求市场难以形成，以城市居民为代表的外部成员有流转能力和意愿却无资格流转。由此，一方面农村宅基地大量闲置，另一方面农民以低于市场的价格将宅基地及地上房屋以出租的形式出售给市民，不受法律保护。换言之，农民利益受损、市民利益不受保护，现行土地管理体制出现了“双输”的结果。

因此，在不打破村集体拥有宅基地所有权的前提下，若能适度放活宅基地使用权流转范围，让市民参与进来，不但可以增加农民财产性收益，而且可以为城乡融合发展搭建畅通的要素流通渠道；同时，也可以降低甚至根本性地消除“隐性流转”引发的纠纷。为此，必须创新宅基地使用权。

综合上述学者的观点，结合本文研究内容，以及目前国家相关法律对宅基地使用权的界定和学者的研究成果，可将农村宅基地使用权定义为：农村集体经济组织内部成员对其依法申请获得的宅基地及其所有的地上住宅和附属设施享有占有、使用和有限处分的权利。基于此，农村宅基地流转，也相应地定义为：农民为了提高财产性收入，有权采取出租、转让和入股等方式，将手中闲置的宅基地使用权及地上房屋、附属设施的使用权或所有权有偿转让的一种交易行为。

三、市民参与农村宅基地流转意愿

意愿是指人们根据道德法律观念和自己的知识储备，针对某一事物、政策或现象而持有的欲望。意愿也可以与经济学上的“需求”建立起关联，即有欲望且有购买能力。市民参与农村宅基地流转意愿，就可以理解为市民对农村宅基地使用权流转这一交易行为的欲望。

市民参与农村宅基地流转能够帮助农民通过流转宅基地使用权增加财产性收入，有利于破解当前农村宅基地闲置问题。目前，受国家法律关于城市居民不能购买农村住宅的限制，城市居民对是否流转农村宅基地持观望态度。如何调动城市居民参与农村宅基地流转的积极性，从而盘活农村闲置宅基地，带动区域经济发展，应该通过与市民面对面交流、由市民提建议等方式了解其真实想法，总结归纳限制市民参与农村宅基地流转的原因，进而有针对性地破除阻力和障碍，推动城市居民放下思想包袱，积极参与农村宅基地流转。

第三节 基础理论

一、土地产权理论

马克思虽然未对“土地产权”做出明确的定义，但在其所著的《资本论》《剩余价值理论》中对土地产权进行了大量且透彻的论述。马克思在关于土地终极所有权及其衍生权的阐述中，提出土地产权是生产关系的一种表现，土地终极所有权及其衍生权共同组成了土地产权，其衍生权包括占有权、使用权、转让权、处分权、收益权、继承权等。所谓终极所有权，是指土地终极所有权主体把其拥有的土地作为个人意志支配领域并加以保持的一种权利。土地占有权是指经济主体对其所掌握和支配的土地占有的权利，马克思在其著作《以公社和公社为基础的所有制解体的理由》中指出：“实际占有从一开始就不是这些条件的想象性关系，而是对这些条件在能动的、现实的关系中产生的，也就是实际将这些条件作为自己的活动主体的条件。”[6]马克思理论清晰地阐述了土地占有权是建立在社会经济关系之上的，而不是建立在个人意志之上的，土地使用权与土地占有权最初均由土地占有者享有，随着生产力发展和土地转让的出现，土地占有权和使用权逐渐分离开来。

产权理论的另一位代表是诺贝尔经济学奖得主罗纳德·哈里·科斯（Ronald H. Coase）。科斯认为，只有在交易成本为零、产权初始定义清晰的情况下，市场机制才能实现资源的帕累托最优。但是，在现实生活中交易成本不可避免。为了降低交易成本对产权配置效率的影响，尽可能实现帕累托最优，应该明晰并保护产权、引入市场机制，从而降低交易成本、提高资源利用效率，实现资源配置最优。

土地产权制度是以土地为载体而建立的，土地所有权和使用权是其最重要的权利安排；同时，土地使用权交易在土地产权市场化配置中起关键性作用。受现行法律制约，农村宅基地使用权尚无法通过市场交易实现最优配置。因此，有必要清晰界定宅基地使用权，并进而放活宅基地使用权的交易范围，使城市居民更加积极主动参与农村宅基地流转，从而降低交易成本，在实现城乡居民各有所得的前提下，避免农村宅基地的闲置浪费，实现个体、集体和国家“三赢”。因此说，产权理论的核心思想，对我国探索宅基地“三权分置”制度改革、促进农村宅基地使用权流转有积极的指导和借鉴意义。

二、理性选择理论

理性选择理论（Rational Choice Theory），最早由美国传播学家克莱伯提出，20 世纪 90 年代詹姆斯·柯尔曼（James Coleman）使该理论发展，从个体行动者与法人行动者出发，整合社会学理论微观主义与宏观主义，在经济社会学领域中占有重要地位。这一理论主要是研究消费者进行理性消费决策的理论，以消费者理性选择为出发点，选择的最终目的是以成本最小化、利润最大化为目标。[7]有学者认为理性选择“追求效益最大化”理论的人除了考虑经济因素之外，还会受自身感性的情感因素影响，甚至还包括一些文化因素等，这种选择行为也是当前理性选择研究的关注点。

本文以城市居民参与农村宅基地流转意愿及影响因素为主要研究内容，通过对理性选择理论的研究，可以更加全面深入了解作为“理性经济人”的市民做出参与农村宅基地流转的决策时，受到哪些因素的影响，对于本研究全面深入分析影响因素有一定的帮助和促进作用。

三、制度变迁理论

制度变迁的诱因，是制度供给与需求出现了不平衡，在大多数行为主体的强烈呼声下，往往会引发制度变迁。[8]制度变迁一方面源自行为主体对新制度的强烈需求，另一方面源自政府采取强制手段改变现行政策，从而引发制度变迁。从我国宅基地制度变迁轨迹来看，在人民公社时期，中央发布的《关于各地对职工宅基地问题作出若干补充规定的通知》指出：“禁止出租和买卖宅基地，地上房屋可以买卖，但宅基地所有权仍属于生产队集体。”改革开放后，为遏制农村“建房热”占用耕地的问题，1981年，国务院发布的《关于阻止农村建房占用耕地的紧急通知》指出，“集体分配给员工的宅地只能由员工使用，不能出租、买卖、擅自转让”，进一步限制了宅地使用权的转移，严格限制宅基地流转的现行模式正式确立。21世纪初，随着《国务院办公厅关于加强土地转让管理严禁炒卖土地的通知》（国办发〔1999〕39号）、《国务院关于深化改革严格土地管理的决定》（国发〔2004〕28号）等相关规定发布，以及《中华人民共和国担保法》《中华人民共和国物权法》等法律出台，宅基地使用权被严格限制使用。

近十年来，随着社会经济的发展和农村人口非农化转移，农村宅基地闲置浪费问题日益凸显。为解决宅基地闲置问题，2015年国务院在33个县（市、区）开展宅基地制度改革试点，2018年又发布了《关于实施乡村振兴战略的意见》，其主旨是：“在实行集体所有权、保障农户资格权和产权的前提下，适度利用宅基地和地上房屋的使用权，增加农民的财产收入。”2019年新《土地管理法》进一步鼓励农村集体经济组织及其成员充分利用闲置宅基地和闲置住房，自此宅基地使用权限制流转出现了松动的迹象。

宅基地使用权“隐形流转”导致流转收益分配不公，给各权利主体造成了不同程度的损失。因此，根据制度变迁理论，在宅基地使用权转移诱发性变迁的情况下，必然导致正式制度发生变迁。具体而言，宅基地产权可以在兼顾土地保障和资产功能的前提下，围绕如何才能将产权权利束的各项权利以“总量不变、结构调整”的方式分配给不同主体，以形成内部灵活性、外部稳定、相对公平的产权交易或流转规则。[9]

第四节　影响因素

城市居民由于不属于农村集体经济组织成员，因此不具备购买使用农村宅基地的资格。然而，相对于城市，农村宅基地及农村住宅具有明显的价格优势，且农村自然环境相对于城市更加宜居，部分城市居民出于自身利益、身体健康等多种因素的考虑，越来越愿意选择到农村生活，尤其是位于城市周边的郊区村，由于其距离城市较近且能够更为便利地享受城市医疗卫生等公共服务，更是得到城市居民的青睐。

当城市居民参与农村宅基地流转时，往往会受到宅基地禀赋特征、政务服务特征、社会环境特征等外部因素的影响；此外，由于城市居民个体之间的差异，即使受到的外部影响因素相同，在做出参与农村宅基地流转的决策时，还会受到个体特征、家庭特征、生活偏好特征、政策认知特征等内部因素的影响。因此，有必要从内部因素和外部因素两个层面，深入分析城市居民参与农村宅基地流转的意愿及影响因素。

一、外部影响因素

外部因素主要为城市居民在做出参与农村宅基地流转时受到的宅基地禀赋特征、政务服务特征、社会环境特征等方面影响。

（一）宅基地禀赋特征

根据马克思土地产权理论，土地占有权是建立在社会经济关系之上的，而不是建立在个人意志之上的。因此，当农村宅基地具备距离城市较近且道路交通、自来水管网、天然气管网等公共基础设施较完善等明显优势时，能极大地降低城市居民在农村的生活成本，且在农村生活的城市居民可以享受到与城市基本等同的生活条件，在个人付出生活成本和享受生活质量等多重因素的驱动下，城市居民更愿意选择到距离城市较近的农村居住生活，进而更加愿意参与农村宅基地流转。同时，相较于偏远农村宅基地，城郊村宅基地更受城市居民的青睐，在经济利益的驱动下，城市居民参与城郊村宅基地流转也更为活跃。

随着城市与农村交流交往日趋频繁，城市与农村融合更加紧密，土地作为承载人力、财力、物力相互流通的纽带，在城乡融合战略的驱动下，越来越多的城市居民将走出城市、融入农村，投身新农村建设，城市郊区村作为新农村建设的“桥头堡”，势必成为城市居民融入农村的“第一站”，因此加大城市郊区村基础设施建设，改善人居环境，将形成农村引才、用才、留才的“虹吸效应”。因此，越来越多的城市居民参与农村宅基地流转，有利于农民将农村宅基地的使用权通过出租、转让等方式转化为最终收益。

（二）政务服务特征

根据科斯定理，只有在交易成本为零、产权初始定义清晰的情况下，市场机制才能实现配置资源的帕累托最优。由此可见，要明确保护产权、降低交易成本、引入市场机制，才能提高资源利用效率，实现资源配置优化。良好的政务服务便于城市居民快速掌握农村宅基地流转信息，可以极大地降低农村宅基地流转过程中产生的时间、中介等成本。因此，提高政务服务水平，建立和完善农村宅基地流转市场，不仅有利于调动作为需求方的城市居民参与农村宅基地流转的积极性，也有利于作为出让方的农民将流转宅基地的意愿更快速、更便捷地发布出去，最终实现城市居民与农民互惠互利、双方共赢的良好局面。

（三）社会环境特征

根据理性选择理论，选择的最终目的是以成本最小化、效益最大化为目标进行的。随着城市居民对生活品质和生活质量要求的提高，当部分城市居民成为首批“吃螃蟹”的人参与农村宅基地流转并获得更好的生活体验和生活质量时，身边的亲属朋友往往会结合自身住房条件、对生活品质追求以及对健康发展需要等实际，与到农村居住的城市居民进行比较，在此过程中，如果在农村居住的市民生活条件、生活质量相对于在城市居住时有了明显的改善，往往会带动其在城市居住的亲朋好友争相模仿，从而选择到农村生活，进而带动更多的城市居民参与农村宅基地流转。

二、内部影响因素

内部因素主要为城市居民个体特征、家庭特征、生活偏好特征、政策认知特征等方面的影响。

（一）个体特征

城市居民相较于农民眼界更加开阔，学历层次、知识储备、接受新事物的能力更强，且从事的职业类别更加多样，因此是否参与农村宅基地流转也会有更多的考虑。首先，相对于女性，男性适应能力更强，更愿意紧跟政策和制度导向谋求自身发展的机会，随着城乡融合战略的深入，人们对农村发展的信心日益增强，一批想干事、想创业的男性优先投入新农村建设已成为一种趋势；其次，根据理性选择理论，随着人们生活阅历的增长和对生活品质要求的提升，年龄较大、有一定经济基础的城市居民，往往更愿意到空气更加清新、生活空间更加贴近自然的农村居住生活，因此大部分城市居民出于晚年能够过上田园生活的考量，愿意搬到农村生活；最后，随着人们学历层次的提升，对新事物、新生活方式接受程度也更高，特别是在城市就业压力增大，岗位竞争日趋激烈的背景下，一些年富力强、懂农业生产技术的城市居民为了实现自身价值、谋求更好的发展，也愿意到农村从事农业产业发展和设施农业种植，在此过程中如何解决居住问题成为下乡市民首先需要考虑解决的问题，因此下乡男性市民更愿意参与农村宅基地流转。

（二）家庭特征

受中国传统观念的影响，住房往往成为衡量一个家庭经济实力和生活水平的标杆；同时，以亲情、友情编织起来的人际关系，在人们心中格外重要。因此，当一个家庭有经济实力能够享受到更好的居住条件时，往往选择更换居住年限较久的房屋，特别是目前部分老旧小区生活空间狭窄，绿化面积不足，对城市居民缺乏吸引力，而选择到农村居住生活，不仅可以享受独门独院的生活环境，利用农村宅基地周边的土地种植绿色健康的蔬菜，还可以根据家庭成员的情况自由支配和布置生活空间，改善生活环境。因此农村宅基地对有一定经济基础，又追求宽敞、自由生活环境的城市居民具有较强的吸引力。

此外，城市居民传统的养老观念正在悄然变化，养儿防老与子女共同居住的观念正在转变，当子女娶妻生子后，老年人为了给儿孙创造更加优越的生活居住条件，往往选择与子女分开居住，无房的老人这时就需要租房用于居住，而相对于城市，农村租房成本更低，且不用忍受上下楼的困扰，更能够满足老年人居住需求，因此年龄较大且具有稳定收入的城市居民往往选择到农村生活。

（三）生活偏好特征

改革开放以来，一大部分农村居民通过自身努力从原来的农民身份转换为市民身份。然而随着城市的发展，污染日趋严重，交通拥堵日趋严峻，在城市生活的新市民不得不忍受"鸽笼"般的"蜗居"生活；随着宅基地管理制度改革的不断深入，城市居民通过租赁、购买等方式获得农村宅基地成为可能，从农村进入城市的新市民，受政策的驱动对重返农村生活的意愿较为强烈，特别是从小居住在平房区，陆续留在城市工作生活的新市民，对于乡土有更深的依赖。当有了一定的经济基础，此类新市民往往通过私下购买或居住亲属农宅的方式获得农村宅基地使用权，从而从城市返回农村生活。

（四）政策认知特征

由于城市居民长期在城市生活，对农村宅基地流转的政策熟悉程度和关注度不尽相同，熟悉当前我国农村宅基地管理制度的市民往往对参与农村宅基地流转持观望态度，而不熟悉农村宅基地流转政策的市民往往出于从众心理和法不责众的心态，通过私下交易的方式获得农村宅基地的使用权和农村住宅的所有权。随着城市居民法律意识的提升，若现行宅基地制度仍不做出调整，势必会增加城市居民参与农村宅基地流转的顾虑，导致农村宅基地闲置浪费的状态愈演愈烈。因此，从制度变迁角度来看，虽然国家有放活农村宅基地使用权流转的信号，但如何消除城市居民的思想顾虑，还需要在法律和制度上予以明确，进一步坚定城市居民参与农村宅基地流转的信心和决心。

第五节　现实意义与可行性

进入新时代，我国农村正面临农业发展质效不高、农民增收后劲乏力、内部发展能力弱等现实问题。造成上述问题的原因，与乡土人才大量外流、农村集体经济组织资金积累不足、农业科技技能普及率不高、农村宅基地及地上房屋、附属设施等资产难以变现等因素密切相关。

显然，由于现行宅基地管理制度的“内部封闭性”已经限制了城乡之间人、财、技等资源要素的自由流动，进一步加剧了城乡“二元结构”。一方面农村宅基地难以发挥吸引人才、资本的载体作用；另一方面宅基地难以实现其财产价值，与城乡融合发展倡导的城乡资源“双循环模式”相悖。因此，在城乡融合背景下，适度放活宅基地的使用权，一方面可以为农民就近就便就业提供岗位，另一方面可以推动城市资本向农村转移，带动农村基础设施改造升级。为适应城乡融合和乡村振兴的需要，现阶段有必要适度放宽宅基地使用权流转主体范围，[10]推动城市人口、资本下沉农村，助力农村经济社会发展，实现城乡共享改革发展成果的目的。

在新一轮土地制度改革与快速城镇化双重驱动下，城乡融合已是必然趋势。面对时代进步和现实需要，如何盘活和利用农村闲置宅基地，成为当前宅基地制度改革面临的难题。在此背景下，2015 年中共中央、国务院发布《关于农村土地征收、集体经营性建设用地入市、宅基地制度改革试点工作的意见》；同年 12 月，在全国 33 个试点县（市、区）暂行调整实施集体所有耕地使用权不得抵押、宅基地使用权不得抵押的规定。乡村振兴战略提出以来，城乡融合趋势加快发展。2018 年，中央一号文件明确提出“宅基地所有权、资格权、使用权‘三权分置’改革探索”。2019 年新修订的《土地管理法》第六十二条规定，国家允许进城落户的农村村民依法主动退出宅基地，鼓励农村集体经济组织及其成员充分利用闲置宅基地和闲置住房。2019 年《中共中央 国务院关于构建城乡融合发展体制和健全政策体系的意见》指出，通过改革宅基地制度、完善农村金融服务、促进工商资本下乡等措施，促进城乡要素自由流动、平等交换从而缩小城乡发展差距和收入差距，加快形成城乡融合新的发展关系。2020 年，中央农村工作会议提出将县域作为城乡融合发展的重要切入点，加大土地流转力度，允许宅基地进入市场流通，为宅基地入市流转打开了“政策之窗”，并于同年在部分县（区）及地级市开展新一轮宅基地管理制度改革试点。由此可见，在政策推动下，农村宅基地正从单一的居住使用作用向居住、生产、社会保障和财产权益转变，从基本保障属性向财产属性转变，为城市居民参与农村宅基地流转创造了条件。

一、盘活闲置宅基地的有效途径

近年来，随着城镇化、工业化和农业现代化进程的不断加快，农民非农迁移、离土离乡等现象非常普遍[11]，一方面出现农村“空心化”、农民“老龄化”以及农户“空巢化”等现象，另一方面产生农村宅基地不减反增、“一户多宅”以及“建新不拆旧”等问题。[12][13] 国民经济和社会发展统计公报数据显示，2011 年全国农村人口 6.6 亿人，人户分离人口 2.71 亿人；2021 年全国农村人口 4.9 亿人，人户分离人口 5.04 亿人。通过上述两组数据对比可以发现，10 年间中国农村人口减少 1.7 亿人，人户分离人口增加 2.33 亿人。在这 10 年中随着农村人口的减少和人户分离人口的增加，宅基地使用权分配制度并未停止运转，仍然为拥有农村户籍的农民提供宅基地。据统计，2000 年至 2021 年 20 年间，中国农村人口减少，但宅基地面积却增加了 71.32 亿平方米。[14] 此外，2017 年《中国农村发展报告》数据显示，每年因农村人口转为城市人口新增农村闲置住房 5.94 亿平方米。通过分析可以看出，随着农村人口外迁和非农化转移，农村开始出现“人走地留”“人走房空”“人地分离”“人户分离”等现象。加之我国现行法律只允许农村宅基地在本集体经济组织内部成员之间进行流转，使得农村宅基地流转范围狭窄，成为有价无市的“死产”，造成大量宅基地的闲置和浪费。因此，打破宅基地使用权流转的限制，有利于实现农村宅基地使用权价值最大化，是解决农村宅基地闲置、农村“空心化”问题的有效途径。随着城乡融合进程的加快，打破宅基地使用权流转的限制、建立规范的宅基地流转市场，是保障城乡土地使用权平等、统筹城乡协调发展的有效途径。

二、保护农民财产权的应有之义

我国城乡差距的主要来源是农村宅基地与城镇住宅用地的功能属性和产权结构差异造成的城乡居民财产收入差距。[15]数据显示，在影响城乡居民收入差距的相关因素中，家庭的财产性收入超过60%，据统计，我国目前农民家庭的财产性收入只占总收入的3%，远低于发达国家40%的水平。[16]从农民的视角来看，由于《物权法》《土地管理法》等均对农村宅基地使用权流转作出了限制，农民希望通过土地获得财产性收益，进而改善生产生活条件的愿望难以实现。与之相对，城镇居民却可以通过继承、转让、抵押等方式，自由处分建设用地使用权和房屋所有权。由此可见，现行土地权利分配制度，使农村宅基地使用权长期处于静止状态，无法彰显财产价值，一方面导致稀缺土地资源无法高效配置，另一方面导致农村闲置宅基地、农宅及附属设施无法通过市场交易变现，最终会使农民的利益受到损害。显然，限制宅基地使用权流转不仅阻碍了城市化进程，也拉大了城乡差距。因此，应该建立符合当前经济社会实际的新型宅基地流转制度，赋予农村宅基地与城市建设用地同等的权能，使农民获得租赁、转让、抵押宅基地的权利，进而增加农民财产性收入。

三、城乡融合战略的大势所趋

现行法律限制农村宅基地流转将导致城乡“二元结构”的加剧。特别是在城乡融合进程中，农村青壮年人口大量外流、村集体经济组织积累薄弱、农业产业碎片化家庭化等问题错综复杂，现有人、财、物等资源已无法支撑农村社会经济持续发展，因此迫切需要城市资本、资源、人才等流入农村、支援农村。但是，现行法律对宅基地流转的限制使农村土地资源无法得到合理配置，影响城乡资源自由流通，已成为阻碍城乡融合的壁垒。城乡融合的关键在于要素资源公平有效配置，然而在城乡“二元结构”模式下，由于农村的生活条件、基础设施、公共服务等不占优势，对城市人口、资本缺乏吸引力，因此打破宅基地使用权流转的限制，一方面可以为就业创业不利、无法承担高昂房价的市民提供发展空间，另一方面随着人民对食品、环境、健康的重视，有利于吸引以发展绿色农业、休闲农庄和乡村旅游为目的的社会资本涌入农村。因此，笔者认为，现行农村宅基地流转制度已明显滞后于城乡融合发展的需要。解决上述问题的路径之一是对现有农村宅基地管理制度进行改革，适度放活宅基地的使用权，鼓励支持热爱农村生活、热心农村发展的城市居民通过盘活利用农村闲置宅基地，带动农业人才助农增收，促进工商资本下乡兴农，进而提高农业产业化、集约化水平，最终实现城乡融合对资源要素合理配置的要求。

四、防范潜在风险的现实需要

随着城市人口急速增加，与之相伴的是城市居住空间不足和房价的急速飙升。部分城市居民为了降低生活成本，将购房或租房目标由城市转移到农村。城市居民通过与农民私下签订协议的方式，对农村住宅进行租赁或直接购买，从而获得宅基地的使用权。尽管国家明令禁止城市居民购买农村宅基地及地上房屋，但在利益的驱使下基于农民与市民之间的“隐性流转”行为确实存在，而且逐渐由个人之间的私下买卖、租赁，发展到明面上小产权房的开发销售。“隐性流转”屡禁不止，不仅使土管部门处境尴尬，也使宅基地现行管理体系受到挑战，并为愈演愈烈的农村宅基地产权纠纷埋下隐患，使城乡融合发展和宅基地管理制度改革不得不承担处理复杂历史遗留问题的包袱。“隐性流转”问题不仅对现行法律权威进行挑战，也为日后产权纠纷埋下隐患。“隐性流转”的成因是目前法律对宅基地的有偿退出和盘活利用缺少具体的规范，是宅基地居住保障功能过剩和资产权能不足的表现。正如索托所说，资产资本化必须依赖“正规所有权制度”，包括资产属性的明确和资产收益权的法律保障。[17]因此，打破宅基地使用权流转限制，通过明晰资产收益权、细化市场准入制度，使宅基地在法律规定的范围内进行流转能有效纠正并降低“隐性流转”风险。

参考文献

[1]操小娟,徐姝,杜丹宁．乡村振兴战略下农村宅基地“三权分置”的法律制度构建[J]．浙江大学学报(人文社会科学版),2019,49(6):167－181.

[2]马俊驹,余延满．民法原论[M]．北京:法律出版社,2010.

[3]陈小君,高飞,耿卓,等．后农业税时代农地权利体系与运行机理研究论纲——以对我国十省农地问题立法调查为基础[J]．法律科学,2010,28(1):82－97.

[4]谢梅玲．农村宅基地使用权流转的法律问题——以“三权分置”为背景[J]．现代营销(经营版),2018(9):96－97.

[5]王利民．物权法研究(下卷)[M]．北京:中国人民大学出版社,2007.

[6]马克思,恩格思．马克思恩格斯全集:第46卷(上)[M]．中共中央马克思恩格思列宁斯大林著作编译局,译．北京:人民出版社,1979.

[7]侯钧生．西方社会学理论教程[M]．天津:南开大学出版社,2001.

[8]马广奇．制度变迁理论:评述与启示[J]．生产力研究,2005(7):225－227,230－243.

[9]范传棋,毛运意．农村宅基地产权制度的动态演进及其理论逻辑[J]．四川师范大学学报(社会科学版),2020,47(3):44－50.

[10]吴宇哲,孙小峰．改革开放40周年中国土地政策回溯与展望:城市化的视角[J]．中国土地科学,2018,32(7):7－14.

[11]YUZHE WU, ZHIBIN MO, YIPENG,et al. Market - driven land nationalization in China: A new system for the capitalization of rural homesteads [J]. Land Use Policy,2018(70):559 - 569.

[12]LI XY, CHEN HS. Two - Way Floating or Irreversible Floating? The Transition of Migrants from Urban Social Integration to Permanent Settlement in the Cities in China[J]. Sustainability,2021,13(16):9442 - 9442.

[13]张勇. 农村宅基地有偿退出的政策与实践——基于 2015 年以来试点地区的比较分析[J]. 西北农林科技大学学报(社会科学版),2019,19(2):83 - 89.

[14]YUZHE WU, WENDAN JIANG, JIAOJIAO LUO,et al. How Can Chinese Farmers' Property Income Be Improved? A Population - Land Coupling Urbanization Mechanism[J]. China & World Economy,2019,27(2):107 - 126.

[15]张勇,周丽. 农民市民化进程中农村宅基地财产权的实现路径[J]. 山西农业大学学报(社会科学版),2020,19(4):66 - 70.

[16]索托. 资本的秘密[M]. 于海生,译. 北京:华夏出版社,2007.

第十三章　案例：新疆阿克苏地区温宿县[①]

第一节　研究区域概况

温宿县隶属新疆阿克苏地区，为传统的农业、林果大县，全县人口、经济发展水平在地区7县2市中排名居中，县城距离南疆中心城市阿克苏市直线距离仅12公里。县域内建有阿克苏湿地公园、龙泉湖公园、阿克苏森林公园等景观，生态绿色长廊“柯柯牙防护林”贯穿县城东部，水资源丰富、生态自然环境优越，加之县域内矿产、油气资源丰富，商贸物流园、空港物流园、新疆理工学院坐落在县城之内，因此该县具有良好的开发前景和发展空间，对人口集聚具有很强的吸引力。

近年来，随着外地人口的大量涌入和城市居民对生活环境质量要求的提高，加之在农村购买住房或租赁房屋价格相对较低，越来越多的城市居民选择到农村居住生活，此类情况在城市郊区农村尤为显著。此外，得益于县域北部山区良好的自然生态环境和阿克苏地区对温宿县旅游业的支持，居住在旅游景点附近的农民以入股或转让农村住房的方式融入旅游产业发展已成为趋势，通过旅游产业带动农民增加财产性收入的愿望得以实现。另外温宿县为农业大县，南部平原地区以种植稻米为主，东西两侧以种植核桃、红枣、苹果为主，驰名全国的阿克苏红富士苹果主产区就在温宿县境内。随着农业产业化发展，农产品加工企业遍布温宿县各乡镇，企

① 本章撰写：张帆。

业主为方便员工工作生活，采取购买、租赁农村宅基地的方式，为员工提供住房，推动了农村宅基地的流转。鉴于以上原因，将温宿县作为研究对象，具有一定的代表性。

一、地理区位及自然旅游条件

研究区域温宿县位于新疆维吾尔自治区以南，隶属阿克苏地区管辖。县域南北长 167 千米，东西宽 154 千米，土地总面积 14335.16 平方千米（含团场面积 877.49 平方千米）。温宿县自古以来是新疆南北相接的重要通道，为西域三十六国姑墨古国故地，是古代丝绸之路的重要商业城市。南疆铁路、314 国道自东向西穿境而过，民航机场距县城仅 3 千米，区域性中心城市阿克苏市位于温宿县南 12 千米。境内有著名的天山神木园、托木尔峰自然保护区、温宿大峡谷和协合拉引水枢纽大坝等独具特色的旅游资源。拍摄《西游记》时的无底洞、白马河、流沙河等取景地也在温宿境内，境内还有古岩画、驿站、烽火台、城池等具有古代民族、宗教、文化艺术特色的历史遗迹。悠久的历史文化、优美的自然风光和便利的交通条件使温宿县在对外客流引入、旅游观光、商贸洽谈等方面具备得天独厚的区位优势。近年来，温宿县以“阿温联盟”为契机，坚持城镇空间向南发展，积极打造集生态、开放、休闲、宜居于一体的生态魅力之城，初步形成了北部民俗风貌区、中部适宜人居区、南部城镇现代区、东部综合工业区、西部生态种植区的城市布局。吸引大量周边城市和团场居民到温宿县城区安家落户，城市人口进入增长快车道。

二、行政区划及人口数量

（一）行政区划

温宿县辖 8 镇 5 乡，140 个村民委员会、15 个社区居委会、2 个农村社区。8 镇，即温宿镇（城关镇，为县人民政府所在地）、吐木秀克镇、佳木镇、克孜勒镇、阿热勒镇、柯柯牙镇、托甫汗镇、共青团镇；5 乡，即恰格拉克乡、博孜墩乡、依希来木其乡、古勒阿瓦提乡、托乎拉乡。

（二）人口数量

截至2019年末，全县总人口268688人（含五团、六团）。其中：城镇人口69766人，占全县总人口的25.97%，农村人口198922人，占全县总人口的74.03%；维吾尔族人口194458人，占全县总人口的72.37%，汉族人口66679人，占全县总人口的24.82%。城镇人口主要集中在温宿镇，零散分布在吐木秀克镇、佳木镇、阿热勒镇（表13－1）。

表13－1　城乡人口基本情况

县（市）乡镇	总人口	城镇人口	农村人口
温宿县	268688	69766	198922
温宿镇	53027	48243	4784
托乎拉乡（托甫汗镇）	20191		20191
吐木秀克镇	15110	793	14317
佳木镇	19988	2730	17258
阿热勒镇	23852	1199	22653
古勒阿瓦提乡	16677	—	16677
依希来木其乡	18824	—	18824
恰格拉克乡	17314	—	17314
博孜墩乡	7225	—	7225
塔格拉克牧场（柯柯牙镇）	3549	—	3549
克孜勒镇	27772	3923	23849
共青团镇	11511	819	10692
五团	20871	7190	13681
六团	12777	4869	7908

注：托甫汗镇原称水稻农场，隶属于拉乎拉乡，2018年改制为托甫汗镇。本表为拉乎拉乡和托甫汗镇数据的合并。

资料来源：阿克苏地区统计年鉴（2020）。

三、社会经济情况

近年来，随着温宿县地方经济和城镇化飞速发展，该县第三产业发展较快，第二产业几近饱和，第一产业逐年递减。以2019年为例，相较于

2016 年，第三产业生产总值增长 141056 万元，城镇人口增长 1.02 万人，流动人口增长0.71 万人，从事农林牧渔业人口减少 2.47 万人。可见随着该县第三产业的发展，创造了大量的就业机会，农村富余劳动力大量外出务工，从事农林牧渔业人员不断减少，外来流动人口呈逐年递增趋势（表 13－2）。

表 13－2 温宿县社会经济主要指标

指标	2016 年	2017 年	2018 年	2019 年
地区生产总值（万元）	1178879	1179393	665760	806214
第一产业	515121	470300	230371	250727
第二产业	439780	476790	211788	190453
第三产业	223978	232303	223601	365034
年末总人口（万人）	26.06	26.80	26.64	26.86
城镇人口	5.95	5.65	5.80	6.97
乡村人口	20.11	21.15	20.84	19.89
年末户籍人口（万人）	23.41	23.72	23.55	23.5
年末流动人口（万人）	2.65	2.36	3.1	3.36
第一产业从业人员（万人）	10.04	10.12	10.23	10.22
第二产业从业人员（万人）	0.23	0.26	0.31	0.37
第三产业从业人员（万人）	1.24	1.35	1.52	1.52
乡村从业人员（万人）	11.96	9.21	9.01	9.04
农林牧渔业从业人员（万人）	10	7.78	7.53	7.53
城镇居民人均可支配收入（万元）	2.58	2.75	3.0	3.22
农村居民人均纯收入（万元）	1.02	1.09	1.28	1.42

资料来源：阿克苏地区统计年鉴（2014—2020）。

四、土地利用情况

根据《温宿县土地利用总体规划（2010—2020 年）》数据，温宿县地方土地总面积为 13457.67 平方公里（不含五团、六团），其中农用地面积 8297.06 平方公里，占土地总面积的 61.65%；建设用地面积 110.21 平方公里，占土地总面积的 0.82%；其他土地面积 5050.4 平方公里，占土地总面积的 37.53%（表 13－3）。

表 13－3　温宿县土地利用结构

土地利用类型	面积（平方千米）	比例（%）
土地总面积	13457.67	100
农用地面积	8297.06	61.65
耕地	827.16	6.15
园地	305.12	2.27
林地	264.29	1.96
牧草地	6674.94	49.60
其他农用地	225.55	1.68
建设用地面积	110.21	0.82
城乡建设用地	89.69	0.67
交通水利用地	13.48	0.10
其他建设用地	7.03	0.05
其他土地面积	5050.4	37.53
水域	115.63	0.86
自然保留地	4934.76	36.67

资料来源：《温宿县土地利用总体规划（2010—2020 年）》。

五、农村宅基地流转情况

（一）宅基地流转规模

通过与温宿县住建局住房保障办干部访谈了解到，2019 年全县共有农户 49705 户，宅基地数量 53851 处，平均每户拥有 1.08 处宅基地。与温宿县恰格拉克乡、古勒阿瓦提乡、柯柯牙镇、克孜勒镇等 13 个乡镇抗震安居办干部访谈了解到，全县闲置农村住房 3253 处，占全县农村宅基地总量的 6%。目前通过出租、入股、转让等方式已流转宅基地 708 处，占全县闲置农村宅基地总量的 21.7%。其中：以入股的方式流转宅基地 485 处，主要集中在博孜墩乡、柯柯牙镇等自然条件优越、风景优美的旅游区，占全县闲置农村宅基地总量的 14.9%；以出租、转让等方式流转宅基地 223 处，主要集中在距离县城较近的托乎拉乡、托甫汗镇，占全县闲置农村宅基地总量的 6.8%。截至 2023 年还有 2545 处宅基地及地上住房处于闲置状态，在各乡镇均有分布，占全县农村住房总量的4.72%，占闲置农村住房总量的78.2%。

（二）宅基地使用权流转方式

根据对调查地区乡村振兴局干部和乡镇抗震安居办干部访谈了解到，目前市民参与农村宅基地流转的方式主要有五种形式。

一是借用拥有农村户籍亲属的名义，购买农村二手房，获得宅基地的使用权。主要集中在托乎拉乡、依希来木其乡、托甫汗镇、柯柯牙镇等与县城接壤的城郊村。

二是从农民手中购买农村宅基地使用权自行建房。主要群体为个体工商户、农村土地集中经营大户等富裕阶层。

三是以旅游开发为目的，动员农民以入股等方式将住房出租给旅游企业。主要集中在博孜墩乡、柯柯牙镇等旅游景区集中、生态环境良好的偏远牧区村。

四是从事农产品收购、生产、加工的商人，在生产经营过程中通过购买农村宅基地或通过购买农民闲置住房，建造烘干房、晾晒场及加工车间。主要分布在克孜勒镇、共青团镇、佳木镇等农林牧场改制村。

五是通过租赁的方式获得宅基地的使用权。主要分布在托乎拉乡托乎拉村、库如力村、海力瓦甫村等城乡接合部，租赁主体主要为外来流动人口。

第二节　问卷设计、样本选择及调查方法

一、问卷设计

本论文主要研究市民参与农村宅基地流转的意愿及影响因素，因此本论文调查对象涉及两类，一类是参与过农村宅基地流转的市民，另一类是没有参与过农村宅基地流转的市民。通过对上述两类市民特征因素的比较，分析市民参与农村宅基地流转的意愿及影响因素。笔者在参考前人关

于市民参与农村宅基地流转意愿和影响因素调查问卷，以及相关研究者关于市民下乡驱动因素等成果的基础上，初步设计了调查问卷初稿（详情参见本章附录）。然后以征求意见的方式，征求地、县国土资源部门、住建部门、乡镇干部的意见建议，对调查问卷初稿进行了修改完善，同时，在研究区域内对修改后的调查问卷进行小范围试调研和访谈，再根据试调研情况对问卷进行最终修改完善，确保调查问卷问题明确、逻辑清晰、由浅入深，以期调研结果真实可靠。

调查问卷在问题清楚、逻辑清晰的基础上，考虑到被调查人员意愿和接受度，本着高度凝练、简洁易填的原则，分七个部分设计调研问卷。第一部分为被调查市民个体特征，包括性别、年龄、文化程度、职业、工作经历5个问题；第二部分为市民家庭基本特征，包括家庭收入、住房使用年限、家庭人均住房面积、日常交通工具、亲属关系5个问题；第三部分为宅基地禀赋特征，包括宅基地与中心城区的距离、流转费用占收入比重、通天然气情况、交通情况、就医情况、教育情况、居住环境、农村住房质量8个问题；第四部分为生活偏好特征，包括居住面积、食品安全、空气质量、生活习惯、居住习惯等6个问题；第五部分为政策认知特征，包括宅基地所有权认知、宅基地政策认知、宅基地法律认知3个问题；第六部分为政务服务特征，包括信息获取、监督管理2个问题；第七部分为社会环境特征，包括产权纠纷、他人流转行为等6个问题。

二、样本选择及调查方法

本研究以城市居民为对象，为全面反映温宿县城市居民参与农村宅基地流转的意愿及影响因素，本文调查样本根据研究区域人口年龄结构，采用分层随机抽样的方法进行选取。在此基础上，充分考虑城市居民职业、性别，由于研究区域城市人口主要集中居住在温宿镇，故不考虑区域人口比例。本次问卷采用随机调查法，选择不同年龄段的人群发放问卷。调查过程中本着一人一答、如实填写原则，最大限度保证调查问卷的真实性和覆盖面。被调查者认真填写后收回问卷。

三、调查结果统计分析

本次发放调研问卷 373 份，收回 373 份，有效问卷 361 份，占发放问卷总数的 96.8%，其中：愿意参与农村宅基地流转的 163 份，占有效问卷总数的 45.15%，不愿意参与农村宅基地流转的 198 份，占有效问卷总数的 54.85%。

（一）市民个体特征

从性别上看，参与此次调查的人群中男性 178 名，占比 49.3%；女性 183 名，占比 50.7%。从年龄上看，参与此次调查的人群中 30 岁以下的 151 名，占比 41.8%；30～50 岁的 94 名，占比 26.1%；50 岁以上的 116 名，占比 32.1%。从文化程度上看，参与此次调查的人群中高中及以下同等学力的 87 名，占比 24.1%；大专学历的 12 名，占比 3.4%；大学及以上同等学力的 262 名，占比 72.5%。从职业上看，参与此次调查的人群中自由职业者 71 名，占比 19.67%；经商、个体 27 名，占比 7.5%；企业 45 名，占比 12.5%；机关、事业单位 218 名，占比 60.33%。从农村工作生活经历来看，参与此次调查的人群中没有农村工作生活经历的 79 名，占比 21.88%；有农村工作生活经历的 282 名，占比 78.12%。

（二）市民家庭特征

从家庭收入情况来看，参与此次调查的人群中年收入为 5 万元以下的有 117 户，占比 32.4%；年收入为 5 万～10 万元的有 135 户，占比 37.4%；年收入为 10 万元以上的有 109 户，占比 30.2%。从住房使用年限来看，参与此次调查的人群中住房使用在 5 年以内的有 139 户，占比 38.5%；住房使用在 5～15 年的有 135 户，占比 37.4%；住房使用在 15 年以上的有 87 户，占比 24.1%。从人均住房面积来看，参与此次调查的人群中人均住房面积在 30 平方米以下的有 55 户，占比 15.2%；人均住房面积在 30～50 平方米的有 49 户，占比 13.57%；人均住房面积在 50 平方米以上的有 257 户，占比 71.23%。从日常出行交通工具来看，参与此次调查的人群中使用公共交通出行的有184户，占比50.96%；使用摩托车出行的有64户，占比17.73%；自驾小汽车出行的有113户，占比31.31%。从“居住在农村的亲友”这一项来看，参与此次调查的人群中没有亲属在农村居住的有94户，占比26%；有亲属在农村居住的有267户，占比74%。

（三）宅基地禀赋特征

从希望流转农村宅基地距离城市中心的距离来看，参与此次调查的人群中希望流转到距离城市中心较远农村宅基地的有119名，占比32.96%；希望流转到距离城市中心较近农村宅基地的有242名，占比67.04%。从流转农村宅基地费用占家庭收入比重的承受程度来看，参与此次调查的人群中能够承受流转费用占家庭收入比重10%以下的有194名，占比53.74%；能够承受流转费用占家庭收入比重10%~30%的有136名，占比37.67%；能够承受流转费用占家庭收入比重超过30%的有31名，占比8.59%。从对农村通天然气情况的满意度来看，参与此次调查的人群中对农村通天然气不满意的有184名，占比50.97%；对农村通天然气满意的有177名，占比49.03%。从对农村交通情况的满意度来看，参与此次调查的人群中对农村交通不满意的有140名，占比38.78%；对农村交通满意的有221名，占比61.22%。从对农村就医条件的满意度来看，参与此次调查的人群中对农村就医条件不满意的有205名，占比56.79%；对农村就医条件满意的有156名，占比43.21%。从对农村教育条件的满意度来看，参与此次调查的人群中对农村教育条件不满意的有173名，占比47.92%；对农村教育条件满意的有188名，占比52.08%。从对农村居住环境的满意度来看，参与此次调查的人群中对农村居住环境不满意的有173名，占比47.92%；对农村居住环境满意的有188名，占比52.08%。

（四）市民生活偏好特征

从对居住空间宽敞程度的期望来看，参与此次调查的人群中认为居住空间宽敞不重要的有47名，占比13%；认为居住空间宽敞较为重要的有193名，占比53.5%；认为居住空间宽敞重要的有121名，占比33.5%。

从对食品安全的重视程度来看，参与此次调查的人群中认为食品安全不重要的有 150 名，占比 41.55%；认为食品安全较为重要的有 103 名，占比 28.53%；认为食品安全重要的有 108 名，占比 29.92%。从对空气质量的重视程度来看，参与此次调查的人群中认为空气质量不重要的有 115 名，占比 31.86%；认为空气质量比较重要的有 51 名，占比 14.14%；认为空气质量非常重要的有 195 名 54%。从乡土情怀来看，参与此次调查的人群中乡土情怀不重的有 118 名，占比 32.69%；乡土情怀较重的有 51 名，占比 14.13%；乡土情怀重的有 192 名，占比 53.18%。从住楼房感受程度来看，参与此次调查的人群中认为住楼房不压抑的有 93 名，占比 25.77%；认为住楼房比较压抑的有 120 名，占比 33.24%；认为住楼房压抑的有 148 名，占比 40.99%。

（五）市民政策认知特征

从城市居民对农村宅基地所有权归属认知来看，参与此次调查的人群中认为宅基地所有权归国家所有的有 127 名，占比 35.18%；认为宅基地所有权归集体所有的有 77 名，占比 21.33%；认为宅基地所有权归个人所有的有 157 名，占比 43.49%，说明大部分市民对农村宅基地所有权归属认识不清楚，占参与调查人群总数的 78.67%。从城市居民对农村宅基地流转政策的了解程度来看，参与此次调查的人群中不了解农村宅基地流转政策的有 122 名，占比 33.8%；比较了解农村宅基地流转政策的有 126 名，占比 34.9%；了解农村宅基地流转政策的有 113 名，占比 31.3%，说明大部分城市居民不了解农村宅基地流转政策，占参与调查人群总数的 68.7%。

（六）政务服务特征

从城市居民获取农村宅基地流转信息的便利程度来看，参与此次调查的人群中认为获取农村宅基地流转信息不方便的有 117 名，占比 32.4%；认为获取农村宅基地流转信息方便的有 244 名，占比 67.59%，说明研究区域城市居民获取农村宅基地流转信息较为便利。从城市居民对政府管理农村宅基地流转的行为来看，认为政府管理农村宅基地流转不规范的有 72

名，占比 19.94%；认为政府管理农村宅基地流转规范的有 289 名，占比 80.06%，说明研究区域政府在农村宅基地流转上监管较为规范。

（七）社会环境特征

从城市居民对参与农村宅基地流转的风险判断来看，参与此次调查的人群中担心参与农村宅基地流转出现产权纠纷的有 166 名，占比 45.98%；不担心参与农村宅基地流转出现产权纠纷的有 195 名，占比 54.02%。从他人参与农村宅基地流转情况来看，参与此次调查的人群中身边亲戚、朋友没有参与过农村宅基地流转的有 177 名，占比 49%；参与过农村宅基地流转的有 184 名，占比 51%。从城市居民参与农村宅基地流转的意愿来看，不愿意参与农村宅基地流转的有 198 名，占比 54.85%；愿意参与农村宅基地流转的有 163 名，占比 45.15%。

通过调查问卷可知，目前研究区域市民参与农村宅基地流转的主要方式为直接购买农村住房获得农村宅基地的使用权；参与农村宅基地流转的目的主要是康养、发展农业产业和旅游产业；大部分城市居民希望直接流转农村宅基地自己新建住房。

第三节　实证分析

随着社会经济的发展进步，城市居民的消费倾向已逐步由生存型消费向发展型消费和享受型消费转变。[1] 近年来城市居民为获得更好的居住环境、更加健康的食品品质、更加新鲜的空气质量，逐渐将居住生活空间由城市转移到农村。但受制于宅基地使用权对流转主体的身份限制，城市居民通过合法程序很难获得宅基地的使用权，因此大量有参与农村宅基地流转意愿的市民被拒之门外。在城乡融合发展的背景下，城乡要素流动加快，随着城乡融合的深入，必然涉及人口、资本由城市向农村转移，因此如何发挥农村宅基地承载人口、资本的作用，分析城市居民参与农村宅基地流转意愿及影响因素具有重要的现实意义。

本章基于上一章数据描述性统计分析，运用实证分析法，分析各自变量对因变量的影响效果，并运用 Logistic 二元回归分析，检验各个自变量的显著性，通过剔除不相关的自变量，保留显著自变量，进一步验证研究假设，并对显著自变量对因变量的影响做出解释。

一、Lojistic 回归模型分析

（一）模型构建

Logistic 回归模型是分析个体决策行为中常用的模型，是分析因变量为二分变量的常用模型。[2] 由于城市居民在做出参与农村宅基地流转的决策时，会出现愿意或不愿意参与宅基地流转两种意愿，适用于 Logistic 二元回归模型。同时，市民出现愿意或不愿意参与宅基地流转的意愿又受到个体、家庭、宅基地禀赋等因素的影响，因此本文选择 Logistic 回归模型来分析城市居民参与农村宅基地流转的意愿及影响因素，其具体形式如下：

$$P_n = 1/(1 + e^{-Y_n}) = 1/[1 + e^{-(\alpha+\beta_n)}] \tag{1}$$

简化后得到：

$$\log[P_n/(1 - P_n)] = Y_n = \beta_0 + \beta_1 X_{1n} + \beta_2 X_{2n} + \beta_3 X_{3n} + \beta_4 X_{4n} +, \cdots, + \varepsilon_n \tag{2}$$

式中：Y 为因变量，代表城市居民是否愿意参与农村宅基地流转，为二分变量，当 $Y=1$ 时表示城市居民愿意参与农村宅基地流转，当 $Y=0$ 时表示城市居民不愿意参与农村宅基地流转；β_0 为回归方程常数量，β_1，β_2，β_3，β_4，$\cdots$，β_n 为影响因素的回归系数；X_1，X_2，X_3，X_4，$\cdots$，X_n 为自变量，代表影响城市居民参与宅基地流转的因素；ε_n 为随机扰动项；P_n 为城市居民愿意参与宅基地流转的概率；$1 - P_n$ 为城市居民不愿意参与农村宅基地流转的概率。

（二）自变量描述

在前文关于市民参与农村宅基地流转意愿及影响因素理论分析的基础上，结合调查问卷结果，将市民个体特征、家庭特征、宅基地禀赋特征、生活偏好特征、政策认知特征、政务服务特征、社会环境特征 7 组变量作

为自变量。其中：个体特征包括性别、年龄、文化程度、职业、农村工作生活经历5个测度；家庭特征包括家庭年收入、住房使用年限、人均住房面积、出行交通工具、居住在农村的亲友5个测度；宅基地禀赋特征包括距离城市中心距离、流转费用占家庭收入比重、通天然气情况、交通情况、就医条件、教育条件、居住环境、农村住房质量8个测度；生活偏好特征包括房屋宽敞、食品安全、空气质量、乡土情怀、住楼房感到压抑5个测度；政策认知特征包括宅基地所有权归属、宅基地流转政策知晓度、市民流转宅基地是否受法律保护3个测度；政务服务特征包括获取宅基地流转信息便利、宅基地流转监督管理2个测度；社会环境特征包括是否担心产权纠纷、他人流转农村宅基地行为2个测度（表13-4）。

表13-4 解释变量、赋值及预期效应

分类	变量	变量赋值	预期方向
个体特征	性别（X_1）	女=1；男=2	+
	年龄（X_2）	≤30岁=1；30~50岁=2；≥50岁=3	+
	文化程度（X_3）	≤高中及以下同等学力=1；大专学历=2；≥大学及以上同等学力=3	-
	职业（X_4）	自由职业=1；经商、个体=2；企业=3；机关事业单位=4	+
	农村工作生活经历（X_5）	没有=1；有=2	+
家庭特征	家庭年收入（X_6）	≤5万=1；5万~10万=2；≥10万=3	+
	住房使用年限（X_7）	≤5年=1；5~15年=2；≥15年=3	+
	人均住房面积（X_8）	≤30㎡=1；30~50㎡=2；≥50㎡=3	-
	出行交通工具（X_9）	公共交通=1；摩托车=2；小汽车=3	+
	居住在农村的亲友（X_{10}）	没有=1；有=2	+
宅基地禀赋特征	距离城市中心距离（X_{11}）	远（>10公里）=1；近（≤10公里）=2	+
	流转费用占家庭收入比重（X_{12}）	≤10%=1；10%~30%=2；≥30%=3	-
	通天然气情况（X_{13}）	不满意=1；满意=2	+
	交通情况（X_{14}）	不满意=1；满意=2	+
	就医条件（X_{15}）	不满意=1；满意=2	+
	教育条件（X_{16}）	不满意=1；满意=2	+

续表

分类	变量	变量赋值	预期方向
宅基地禀赋特征	居住环境（X_{17}）	不满意 =1；满意 =2	+
	农村住房质量（X_{18}）	不好 =1；好 =2	+
生活偏好特征	房屋宽敞（X_{19}）	不同意 =1；一般 =2；同意 =3	+
	食品安全（X_{20}）	不同意 =1；一般 =2；同意 =3	+
	空气质量（X_{21}）	不同意 =1；一般 =2；同意 =3	+
	乡土情怀（X_{22}）	不同意 =1；一般 =2；同意 =3	+
	住楼房感到压抑（X_{23}）	不同意 =1；一般 =2；同意 =3	+
政策认知特征	宅基地所有权归属（X_{24}）	国家 =1；集体 =2；个人 =3	?
	宅基地流转政策知晓度（X_{25}）	没听过 =1；知道一点 =2；很了解 =3	
	市民流转宅基地是否受法律保护（X_{26}）	不受保护 =11；受保护 =2	+
政务服务特征	获取宅基地流转信息便利（X_{27}）	不同意 =11；同意 =2	+
	宅基地流转监督管理（X_{28}）	不规范 =1；规范 =2	+
社会环境特征	是否担心产权纠纷（X_{29}）	担心 =1；不担心 =2	+
	他人流转农村宅基地行为（X_{30}）	没有流转过 =1；流转过 =2	+

（三）因变量描述

在市民参与农村宅基地流转的意愿及影响因素的模型中，当市民有流转意愿时，因变量赋值为“1”，当市民没有流转意愿时，因变量赋值为“0”。进入市民参与农村宅基地流转的意愿及影响因素模型的样本数据见表 13 - 5。

表 13 - 5 进入市民参与农村宅基地流转的意愿及影响因素模型的样本数据

因变量数据类型	样本量	占比
愿意参与流转	163	45.1%
不愿意参与流转	198	54,9%
样本总量	361	100%

二、模型运行、检验及结果分析

(一) 模型运行

在进行模型运行之前，首先对自变量进行共线性检验。本文运用SPASS软件通过VIF（方差膨胀因子）检验自变量之间的共线性。VIF值越大，表示自变量间共线性越严重，一般VIF>10，表明自变量间存在严重共线性问题。VIF检验结果见表13-6，最大VIF值为7.353，平均VIF值为2.24，所有自变量VIF值均小于10，说明不存在共线性问题。

表13-6 VIF检验结果

自变量	VIF（方差膨胀因子）
性别（X_1）	1.101
年龄（X_2）	2.033
文化程度（X_3）	4.219
职业（X_4）	1.625
农村工作生活经历（X_5）	2.214
家庭年收入（X_6）	1.300
住房使用年限（X_7）	1.685
人均住房面积（X_8）	1.187
出行交通工具（X_9）	1.643
居住在农村的亲友（X_{10}）	2.781
距离城市中心距离（X_{11}）	2.334
流转费用占家庭收入比重（X_{12}）	1.139
通天然气情况（X_{13}）	1.428
交通情况（X_{14}）	1.612
就医条件（X_{15}）	1.654
教育条件（X_{16}）	2.036
居住环境（X_{17}）	2.984
农村住房质量（X_{18}）	2.728
房屋宽敞（X_{19}）	1.445
食品安全（X_{20}）	1.574
空气质量（X_{21}）	7.353

续表

自变量	VIF（方差膨胀因子）
乡土情怀（X_{22}）	5.668
住楼房感到压抑（X_{23}）	1.738
宅基地所有权归属（X_{24}）	1.148
宅基地流转政策知晓率（X_{25}）	1.842
市民购买宅基地是否受法律保护（X_{26}）	1.534
获取宅基地流转信息便利（X_{27}）	1.675
宅基地流转监督管理（X_{28}）	1.215
是否担心产权纠纷（X_{29}）	3.403
他人流转农村宅基地行为（X_{30}）	2.934
平均 VIF	2.240

（二）模型检验

由表 13－7 可知，模型通过了模型系数的似然比检验，卡方值为 443.449，显著性 0.000，说明模型中至少有 1 个自变量与市民参与农村宅基地流转意愿相关。模型的 Cox&Snell $R^2=0.707$ 和 Nagelkerke $R^2=0.946$ 两个值均接近 1，且模型拟合优度检验结果显著水平为 $1>0.05$，证明模型接受虚无假设，能够很好地拟合数据。

利用二元 Logistic 回归模型对样本数据进行分析。将截断概率设为 0.5，当拟合概率 >0.5，则认为市民愿意参与农村宅基地流转；当拟合概率 <0.5，则认为市民不愿意参与农村宅基地流转。根据调查模拟数据显示，163 名愿意参与农村宅基地流转的市民中判断正确的为 159 名，正确率为 97.5%；198 名不愿意参与农村宅基地流转的市民中判断正确的为 193 名，正确率为 97.5%。模拟总体百分比为 97.5%。证明市民参与农村宅基地流转意愿及影响因素模型预测结果较为准确。

表 13-7 市民参与农村宅基地流转意愿及影响因素模型参数估计结果

自变量	回归系数 B	标准差 S. E	Wald 值	显著性 Sig.	Exp（B）
性别（X_1）	-1.259	1.251	1.013	0.314	0.284
年龄（X_2）	1.541**	0.710	4.713	0.030	4.669
文化程度（X_3）	3.072	2.303	1.779	0.182	21.588
职业（X_4）	0.900	0.587	2.353	0.125	2.459
农村工作生活经历（X_5）	0.217	1.985	0.012	0.913	1.242
家庭年收入（X_6）	1.167	0.681	2.942	0.086	3.213
住房使用年限（X_7）	1.678*	0.859	3.815	0.051	5.355
人均住房面积（X_8）	-0.157	0.582	0.073	0.788	0.855
出行交通工具（X_9）	0.979	0.665	2.168	0.141	2.661
居住在农村的亲友（X_{10}）	6.148**	2.474	6.173	0.013	467.614
距离城市中心距离（X_{11}）	5.476***	1.936	7.977	0.005	236.809
流转费用占家庭收入比重（X_{12}）	-1.537**	0.744	4.271	0.039	0.215
通天然气情况（X_{13}）	3.540**	1.373	6.644	0.010	34.454
交通情况（X_{14}）	1.797	1.217	2.179	0.140	6.031
就医条件（X_{15}）	1.055	1.241	0.722	0.395	2.872
教育条件（X_{16}）	5.104***	1.965	6.744	0.009	164.610
居住环境（X_{17}）	3.540	1.933	3.355	0.067	34.483
农村住房质量（X_{18}）	1.394	1.470	0.900	0.343	4.031
房屋宽敞（X_{19}）	6.149	10.709	0.330	0.566	468.195
食品安全（X_{20}）	2.091***	0.767	7.435	0.006	8.094
空气质量（X_{21}）	0.801	1.210	0.438	0.508	2.227
乡土情怀（X_{22}）	2.380**	1.076	4.890	0.027	10.800
住楼房感到压抑（X_{23}）	0.597	0.927	0.415	0.520	0.551
宅基地所有权归属（X_{24}）	0.804	0.655	1.505	0.220	2.235
宅基地流转政策知晓率（X_{25}）	-1.527**	0.681	5.030	0.025	0.217
市民购买宅基地是否受法律保护（X_{26}）	1.752	1.277	1.882	0.170	5.767
获取宅基地流转信息便利（X_{27}）	5.179***	1.783	8.435	0.004	177.548
宅基地流转监督管理（X_{28}）	3.221**	1.456	4.892	0.027	25.054
是否担心产权纠纷（X_{29}）	0.965	1.294	0.556	0.456	2.624
他人流转农村宅基地行为（X_{30}）	3.043**	1.424	4.565	0.033	20.973

续表

自变量	回归系数 B	标准差 S. E	Wald 值	显著性 Sig.	Exp (B)
模型系数的 Omnibus 检验			卡方值 443. 449	显著性 0. 000	
−2 对数似然值			53 . 555[a]		
Cox & Snell R^2			0. 707		
Nagelkerke R^2			0. 946		
Hosmer 和 Lemeshow 检验			R^2 = 0. 170	Sig. =1	

说明：*、**、***分别表示在 10%、5%、1% 的显著水平上显著。

根据相关性分析和二元 Logistic 回归分析可得，X_1、X_3、X_4、X_5、X_6、X_8、X_9、X_{14}、X_{15}、X_{17}、X_{18}、X_{19}、X_{21}、X_{23}、X_{24}、X_{26}、X_{29} 17 个自变量对农村宅基地使用权流转没有显著影响；X_2、X_7、X_{10}、X_{11}、X_{12}、X_{13}、X_{16}、X_{20}、X_{22}、X_{25}、X_{27}、X_{28}、X_{30} 13 个自变量对农村宅基地使用权流转有着显著影响。具有显著性的自变量影响强度由弱到强依次为：获取宅基地流转信息便利（X_{27}）、食品安全（X_{20}）、距离城市中心距离（X_{11}）、教育条件（X_{16}）、通天然气情况（X_{13}）、居住在农村的亲友（X_{10}）、宅基地流转政策知晓率（X_{25}）、乡土情怀（X_{22}）、宅基地流转监督管理（X_{28}）、年龄（X_2）、他人流转农村宅基地行为（X_{30}）、流转费用占家庭收入比重（X_{12}）、住房使用年限（X_7）。

（三）回归结果分析

1. 个体特征对市民参与农村宅基地流转的影响

在市民参与农村宅基地流转模型中，个体年龄对市民参与农村宅基地流转的影响达到了 5% 的显著水平，回归系数为 1. 541，显著性水平为 0. 030，存在正向显著性。说明人的年龄越大越愿意参与农村宅基地流转。在愿意参与农村宅基地流转的 163 名市民中，50 岁以上的市民为 94 名，占愿意流转农村宅基地市民总数的 57. 6%。因为中国传统的乡土情怀根深蒂固，市民老年后更愿意回归田园生活，在农村居住既可以满足老年市民种菜、养花的爱好，又可以让家人吃到自己种植的健康蔬菜，满足健康饮食的需要。

2. 家庭特征对市民参与农村宅基地流转的影响

在市民参与农村宅基地流转模型中，住房使用年限对市民参与农村宅基地流转的影响达到了10%的显著水平，回归系数1.678，显著性水平为0.051，存在正向显著性。说明住房使用年限越高市民越愿意参与农村宅基地流转。住房使用超过15年的家庭共有87户，其中62户愿意参与农村宅基地流转，占住房使用年限超过15年家庭总数的71.26%。因为使用年限较长的房屋设施成旧、房屋老化，市民为获得更好的居住条件往往有换新房的意愿。

在市民参与农村宅基地流转模型中，是否有亲友在农村居住对市民参与农村宅基地流转的影响达到了5%的显著水平，回归系数6.148，显著性水平为0.013，存在正向显著性。说明若市民有亲友在农村居住生活则更愿意参与农村宅基地流转。在愿意参与农村宅基地流转的163名市民中，有亲友在农村居住的为162名，占愿意流转农村宅基地市民总数的99.3%。因为在城市工作生活节奏快与亲友聚少离多，如果能够与亲友共同居住，生活上可以相互照应，满足市民对亲情友情的需要。

3. 宅基地禀赋特征对市民参与农村宅基地流转的影响

在市民参与农村宅基地流转模型中，距离城市中心距离对市民参与农村宅基地流转的影响达到了1%的显著水平，回归系数5.467，显著性水平为0.005，存在正向显著性。说明农村宅基地距离城市中心越近越能吸引市民参与流转。在愿意参与农村宅基地流转的163名市民中，愿意流转到距离城市中心较近的市民为161名，占愿意流转农村宅基地市民总数的98.7%。因为距离城市近则到城市购物、就医、就学条件更加便利，在享受农村良好居住生活环境的同时，又能享受城市的公共服务，因此城市郊区农村宅基地更受市民的青睐。

在市民参与农村宅基地流转模型中，流转费用占家庭收入比重对市民参与农村宅基地流转的影响达到了5%的显著水平，回归系数-1.537，显著性水平为0.039，存在负向显著性。说明流转宅基地费用占家庭收入比重越高，市民越不愿意参与农村宅基地流转。在愿意参与农村宅基地流转的163名市民中，98名市民希望流转到农村宅基地的费用占家庭收入比重10%以下，占愿意流转农村宅基地市民总数的60.1%。因为市民用于宅基地流转的费用占家庭收入比重太大，会影响市民正常的生活水平，市民更希望流转到价格较低的农村宅基地，一方面可以降低生活成本，另一方面可以提高家庭生活水平，符合理性选择理论。

在市民参与农村宅基地流转模型中，通天然气情况对市民参与农村宅基地流转的影响达到了5%的显著水平，回归系数3.54，显著性水平为0.01，存在正向显著性。说明通天然气情况越好，市民越愿意参与农村宅基地流转。198名不愿意参与农村宅基地流转的市民中，106名认为农村通天然气情况不好，占不愿意参与农村宅基地流转市民总数的53.5%。因为不能使用天然气则日常生活只能使用传统煤、木柴等燃料，不仅会对居住环境的空气造成污染，而且使用起来非常麻烦，因此市民往往不愿意参与未通天然气的农村宅基地流转。

在市民参与农村宅基地流转模型中，教育条件对市民参与农村宅基地流转的影响达到了1%的显著水平，回归系数5.104，显著性水平为0.009，存在正向显著性。说明教育条件越好，市民越愿意参与农村宅基地流转。在愿意参与农村宅基地流转的163名市民中，121名市民认为农村教育条件好，占愿意参与农村宅基地流转市民总数的74.2%。2017年以来研究区域积极推行干部下乡支教工作，大量干部深入农村幼儿园担任支教教师，且大力新建农村幼儿园，让农村幼儿园与城市幼儿园在师资力量、硬件设施方面的差距越来越小，因此城市居民在农村居住也能让孩子受到较好的启蒙教育。

4. 生活偏好特征对市民参与农村宅基地流转的影响

在市民参与农村宅基地流转模型中，食品安全对市民参与农村宅基地流转的影响达到了1%的显著水平，回归系数2.091，显著性水平为0.006，存在正向显著性。说明市民越重视食品安全越愿意参与农村宅基地流转。在愿意参与农村宅基地流转的163名市民中，认为食品安全比较重要的为100名，占愿意参与农村宅基地流转市民总数的61.34%。因为随着健康养生理念的深入，大部分市民注意到食品安全对健康的重要性，在农村居住可以在院子里种植蔬菜，自己种植的蔬菜绿色环保对健康有益，可以满足城市居民健康养生的需求。

在市民参与农村宅基地流转模型中，乡土情怀对市民参与农村宅基地流转的影响达到了5%的显著水平，回归系数2.38，显著性水平为0.027，存在正向显著性。说明乡土情怀越重越愿意参与农村宅基地流转。在愿意参与农村宅基地流转的163名市民中，150名市民更喜欢到农村居住生活，占同意参与农村宅基地流转市民总数的92%。因为与城市相比农村民风更加淳朴、自然环境更优，特别是老年人更愿意退休后到农村享受田园生活，所以愿意参与农村宅基地流转。

5. 政策认知特征对市民参与农村宅基地流转的影响

在市民参与农村宅基地流转模型中，宅基地流转政策知晓率对市民参与农村宅基地流转的影响达到了5%的显著水平，回归系数-1.527，显著性水平为0.025，存在负向显著性。说明对农村宅基地流转政策越了解市民越不愿意参与农村宅基地流转。在不愿意参与农村宅基地流转的198名市民中，190名市民了解一点或很了解农村宅基地流转政策，占不愿意参与农村宅基地流转市民总数的95.9%。因为现行宅基地流转政策限制城市居民流转农村宅基地，所以熟悉农村宅基地流转政策的市民不愿意参与农村宅基地流转。

6. 政务服务特征对市民参与农村宅基地流转的影响

在市民参与农村宅基地流转模型中，获取宅基地流转信息便利程度对市民参与农村宅基地流转的影响达到了1%的显著水平，回归系数5.179，显著性水平为0.004，存在正向显著性。说明获取农村宅基地流转信息越方便市民越愿意参与农村宅基地流转。在愿意参与农村宅基地流转的163名市民中，99名市民认为获取农村宅基地流转信息方便，占愿意参与农村宅基地流转市民总数的60.7%。因为获取农村宅基地流转信息方便有利于市民选择适合的农村宅基地，不仅可以节省时间，而且可以有选择空间，更符合市民的需求，所以愿意参与农村宅基地流转。

在市民参与农村宅基地流转模型中，宅基地流转监督管理对市民参与农村宅基地流转的影响达到了5%的显著水平，回归系数3.221，显著性水平为0.027，存在正向显著性。说明农村宅基地流转管理越规范市民越愿意参与农村宅基地流转。在愿意参与农村宅基地流转的163名市民中，144名市民认为农村宅基地流转管理规范，占愿意参与农村宅基地流转市民总数的88.3%。因为农村宅基地流转监督管理规范，可以避免流出方与流入方利益受损，同时出现矛盾纠纷时能够得到及时化解，所以市民愿意参与农村宅基地流转。

7. 社会环境特征对市民参与农村宅基地流转的影响

在市民参与农村宅基地流转模型中，他人流转农村宅基地行为对市民参与农村宅基地流转的影响达到了5%的显著水平，回归系数3.043，显著性水平为0.033，存在正向显著性。说明他人流转行为趋使市民参与农村宅基地流转。在愿意参与农村宅基地流转的163名市民中，151名市民的亲属或朋友参与过农村宅基地流转，占愿意参与农村宅基地流转市民总数的92.3%。因为从众心理，受他人参与农村宅基地流转行为的影响，能提高城市居民参与农村宅基地流转的意愿，也是当前“隐性流转”愈演愈烈的诱因。

第四节　结论

市民参与农村宅基地流转的深度和广度关系到农村闲置宅基地能否变废为宝、合理利用，关系到能否帮助农村居民将闲置资产变现，关系到城乡融合发展目标能否实现。因此，鼓励市民参与农村宅基地流转具有重要的现实意义。研究区域地处祖国西北边陲，少数民族群众占多数，鼓励市民参与农村宅基地流转能够改善农村人口结构，帮助农村少数民族群众接受现代文化和文明生活习惯，对于促进民族团结、维护社会稳定意义重大。结合本文研究结果，笔者认为在确保农民利益不受损、生态环境不破坏、基本农田不侵占的前提下，应该适度放活农村宅基地流转范围，优化完善教育、医疗等农村公共服务水平，规范宅基地流转管理和流转流程，进一步提升农村宅基地对市民的吸引力，促进城市居民利用掌握的资本投身乡村振兴建设，推动城乡融合向纵深发展。

一、适度放活宅基地使用权

党的十九大报告指出，要建立“产业兴旺、生态宜居、乡风文明、治理有效、生活富裕”的社会主义新农村总要求，为城乡融合发展和乡村振兴指明了目标和方向。随着城乡融合的深入和乡村振兴战略的实施，越来越多的城市居民认识到农村发展的潜力和价值，他们走出城市深入农村，以乡村文化、自然景观为主线，利用农村特有的人文、自然、田园景观，积极打造健康养老、生态旅游、休闲观光等文旅生态产业，农村价值多元性和农牧业功能多样性的潜力逐步得到释放，为推动传统农牧业与现代产业深度融合搭建了平台。[3]农村宅基地既是吸引城市人才、技术、资本等要素流向农村流动的重要载体，也是城乡资源合理配置的具体体现。适度放活农村宅基地使用权，鼓励城市居民参与农村宅基地流转，不仅能够使农村闲置宅基地得到盘活利用，增加农村财产性收益，而且能够突破城乡融合和乡村振兴过程中农村集体经济组织资金不足的瓶颈。因此在城乡融合背景下，打破农村宅基地流转限制，适度放活宅基地流转范围迫在眉睫。

1. 建立农村宅基地使用权流转市场

农村宅基地具有保障和财产双重属性，盘活利用农村闲置宅基地能够使农民手中的沉睡资产实现变现，缩减城乡居民财产性收入差距。为确保农村闲置宅基地流得出、能变现，有必要建立“政府监管，村集体主导，村民协商”的农村宅基地使用权流转市场，使“隐性市场”非法流转正规化、合法化。政府作为政务服务的提供者，要定期收集县域农村闲置宅基地情况，并根据闲置宅基地资源禀赋制定宅基地流转指导价格，通过搭建互联网信息平台及时向社会公布农村闲置宅基地区位、租赁价格、期限、流转方式等基础信息，为有意愿参与农村宅基地流转的市民、企业提供流转农村宅基地的基本信息，确保农村闲置宅基地在公开透明环境下实现流转。

2. 建立农村宅基地使用权流转审核把关机制

政府要发挥城乡融合设计者、推动者作用，根据乡村土地利用整体规划和市民参与农村宅基地流转用途，认真审核参与农村宅基地流转的市民资格，在确保城市居民不是因为炒房、抄底、坐等升值等行为参与农村宅基地流转的前提下，允许市民参与农村闲置宅基地使用权流转。村集体要履行具体执行职能，在确保本村农民“一户一宅”、户有所居的基础上，对本村闲置宅基地进行登记备案。村集体根据本村闲置宅基地资源禀赋，按照自愿流转、有偿使用、限期使用权的原则，采取民主自治的方式，与拥有闲置宅基地的农民协商宅基地租赁管理办法，明确承租人与出租人的权利义务，约定租赁期限、用途、租金、支付方式及收益分配等内容。需要流转农村宅基地的城市居民经乡镇人民政府进行资格审核后，与村集体、农民签订三方协议，按照规定用途流转获得农村宅基地使用权，并按协议向农民支付租金，村集体按约定比例分配获得租金收益用于改善本村公共基础设施。承租人获得农村宅基地的使用权后，可以用于居住、发展乡村旅游、开办养老康养基地等，租赁期满后，根据出租人意愿办理续租手续，续租费用根据当时市场价格，由村集体、农民和市民协商后共同确定。

3. 建立农村宅基地使用权流转监督机制

实现农村宅基地使用权规范流转离不开事前、事中、事后全过程有效监督。流转前政府要发挥宣传引导作用，积极向市民和农民宣传宅基地使用权流转政策规定，包括限期使用、有偿使用、按用途使用和流转范围等，提高市民和农民对政策的知晓率，确保出租方农民和承租方市民充分了解自己的权利和义务，为发挥公民监督、舆论监督作用打好基础。流转中政府和村集体要做好出租方农民和承租方市民的资格监督，针对农民重点监督农村宅基地流转后居住是否有保障，“一户多宅”、超面积使用的宅基地是否向村集体交纳使用金等；针对市民重点监督市民参与农村宅基地流转的目的，主要包括用途、支付能力等风险评估，确保流转过程中出租方与承租方能正常履行协议并完成流转手续。流转后政府要对县域内宅基地流转使用情况进行跟进监督，及时协调解决宅基地流转后出租方与承租方矛盾纠纷，纠正不按政策规定私下流转农村宅基地的违法行为，确保农村宅基地流转风险可控、程序规范、符合规定。

二、增强闲置宅基地对市民的吸引力

城乡融合最终目标是实现城乡生产空间、生活空间和生态空间的耦合利用，传统农村以农牧业发展为主的自给自足发展模式与城乡融合理念不相适应。因此在城乡融合背景下，应以增加农村财产性收入、盘活农村经济、激活乡村发展潜在动力为目标，结合农村资源禀赋因地制宜、多元利用，深入挖掘农村生态旅游、民俗文化、休闲观光等多层次、多功能、立体式的资源价值。采取“农户委托 + 村集体牵线 + 政府搭台 + 多方主体参与”的模式，由政府搭台、村集体牵线，引导城市居民深入挖掘农村闲置宅基地和地上房屋潜在价值，与农民、村集体开展租赁、入股等多种合作方式，大力发展乡村旅游、健康养老、家庭农场等乡村新产业；推动形成政府、村集体、城市工商资本、城市居民、农民等群体多方参与、合作共赢的盘活利用农村闲置宅基的工作合力，为实现农村闲置宅基地盘活利用和城乡一、二、三产业融合发展增添动力。

1. 提升城郊村闲置宅基地资源禀赋

城市郊区村作为城乡融合的前沿阵地具有得天独厚的区位优势，合理利用城郊村闲置宅基地不仅可以满足农民增加财产性收益的需求，而且可以减少政府在新农村建设中的资金投入，要积极迎合城市居民多元化消费需求，发挥农村生态良好、空气清新的优势，吸引城市资本利用城郊村闲置宅基地开办农家乐、生态康养基地、乡村文化主题乐园等，满足城市居民日常休闲娱乐和城市老年居民健康养老需求。同时，要结合新市民的住房需求，对城郊村闲置宅基地进行集中整合利用，通过建设公租房的方式满足新市民住房需求，公租房租赁收益资金按照政府、村集体、农民三方分配的方式按比例分配，其中政府分配资金用于公租房日常维护，村集体分配资金用于壮大村集体收入，农民分配资金用于改善生活条件。

2. 发挥农村闲置宅基地吸引人才作用

将农村闲置宅基地流转与农用地流转相结合，充分发挥土地城乡资源流转载体作用，优先向下乡发展家庭农场、农产品加工厂的业主和农业技术人才、电商人才流转农村闲置宅基地，帮助其解决农产品深精加工、存储的用地需求，吸引城市资本、农业技术人才等与农业产业相关的要素向农村转移。在为城市人财物等资源要素向农村流动创造便利条件的同时，不断优化提升农村生产要素结构。要充分发挥下乡农业人才优势，将部分闲置宅基地改造为“农业技术大讲堂”“农业技术服务站”，邀请下乡农业人才为农民传授现代种植养殖技术，提高农民科技种田、科技兴牧的能力和水平。要为下乡参与农村宅基地流转的农业企业提供优惠政策，在税收、租金等方面给予优惠，同时要发挥农业企业吸纳就业人员的作用，鼓励在城市务工的青壮年劳动力返乡参与农业生产，解决农村青壮年人口外出导致土地撂荒的问题。

3. 保障下乡城市居民居住权益

市民通过正规途径购买或租用农村宅基地或农村住宅后，要切实保障城市居民享有农村宅基地及地上房屋的使用权，村集体经济组织不得随意剥夺城市居民对宅基地及地上房屋的使用权，政府不得通过强制手段以低于城市居民购买农村宅基地及地上房屋的价格，强迫城市居民签订征收协议，当参与农村宅基地流转的城市居民利益受损时，司法部门应按照流转协议及合同规定事项，公平、公正、公开做出裁定，确保城市居民参与农村宅基地流转后住得安心、用得放心。政府要畅通监督举报渠道，及时受理城市居民在参与农村宅基地流转中反映的问题及意见建议，严格按照城市居民购买或租赁农村宅基地及地上房屋签订的合同规定，保护城市居民的权益，消除城市居民购买、租赁农村宅基地后的思想顾虑。

三、提升农村基础设施和公共服务水平

改革开放以来农村公共基础设施和服务水平得到了极大的改善，农民生活条件发生了天翻地覆的变化，然而与城市相比仍有差距。突出表现在天然气管网、污水处理等公共基础设施不完善，教育、医疗、卫生等公共服务水平有差距，导致部分城市居民对在农村居住生活心存顾虑，一定程度上影响城市人才、资本向农村转移。随着城乡融合和乡村振兴战略的深入实施，城市人才、资本向农村流动是大势所趋。为提高农村对城市人才、资本的吸引力，有必要改善农村公共基础设施，提升农村公共服务水平，进而提升农村宅基地的资源禀赋，以便吸引更多的城市人才、资本到乡村投资兴业，助力乡村振兴、推动城乡融合。

1. 改善农村公共基础设施

结合新农村建设统筹规划城乡公共基础设施建设，加大农村天然气入户和污水管网建设力度，加快推动城市天然气管网和污水管网向城郊村延伸，在其离城市较远的农村加快生活污水集中处理站建设，大力推行煤改电工程。持续开展人居环境整治，提高农村垃圾回收清运水平，为农村居民和下乡生活居住市民提供良好的居住生活条件。坚持点线面结合，城市规划教育、医疗、卫生等公共服务设施时应按照城乡兼顾、辐射乡村的原则，优先向城乡接合部规划建设学校、医院，实现教育、医疗、卫生资源城乡共享。积极迎合电商销售新业态，加快研究区域乡村物流网建设，帮助农民和下乡从事农业的企业降低运输成本、提高运输效率、增加农业生产收入。选择生态环境良好的村，利用闲置宅基地建设健康养老基地，优化完善基地功能设施，鼓励城市退休居民到养老基地康养生活。

2. 提升农村公共服务水平

持续加大乡村教育、医疗、卫生人才的培养力度，制定乡村引才工作

规划，建立完善城市医疗、教育人才下乡支教、支医，农村医疗、卫生人才进城深造循环激励机制，尽快培养优秀乡村教师、医疗队伍。紧盯城乡融合发展需要鼓励乡村青年接受教育、医疗、护理、旅游等专业培训，为城市居民下乡投资兴业扫除公共服务不足、服务质量偏低的障碍。加大乡村干部选拔培养力度，吸引高素质返乡学生、退伍军人进入村“两委”班子，提高村“两委”服务农村、服务农民的能力和水平，解决研究区域村“两委”能力素质不足、服务水平偏低的问题，为城市居民参与农村宅基地流转、协调资本下乡提供有力的服务保障。

3. 保护农村自然生态环境

良好的生态环境是农村吸引城市居民下乡居住生活的重要因素，要继续坚持植树造林、水土保护、耕地保护等政策，打造生态观光园、农业文化园、果蔬采摘园，做好农村生态保护修复等工作，利用农村生态资源优势，做大做强绿色产业，为下乡投资兴业市民创造良好的投资环境，带动农村闲置宅基地得到盘活利用。抓好美丽庭院建设行动，鼓励在村居住群众结合地域文化和自然景观扮靓庭院、培育乡土民风，用淳朴民风和优良生态环境吸引城市居民下乡创业，带动城市资本到农村投资，形成乡村自然人文吸引城市人才、资本的虹吸效应。

参考文献

[1]姚明明,李华．财富结构、消费结构与扩大内需[J]．消费经济,2014,30(5):28－33.

[2]张文彤,董伟．SPSS 统计分析高级教程[M]．北京:高等教育出版社,2004.

[3]张军．乡村价值定位于乡村振兴[J]．中国农村经济,2018(1):2－10.

附　录

城市居民参与农村宅基地流转意愿及影响因素研究

尊敬的先生/女士，您好！

我是北京师范大学政府管理学院公共管理专业的硕士研究生，正在做《阿克苏地区城市居民参与农村宅基地流转意愿及影响因素研究》，希望得到您的大力支持，不胜感激！本次调查采取匿名的方式，而且本人郑重声明不会透露您的个人隐私，调查数据只是运用于科学研究领域。因此请您能抽出宝贵的时间，在符合的选项前打√，除第34题外所有选项均为单一选项。衷心感谢您的参与！

第一部分　个人特征

1. 您的性别？

（1）女　　　　（2）男

2. 您的年龄？

（1）30岁以下　（2）30～50岁　（3）50岁以上

3. 您的文化程度？

（1）高中及以下同等学力　（2）大专　（3）本科及以上同等学力

4. 您的职业？

（1）自由职业（2）经商、个体（3）企业（4）机关、事业单位

5. 您是否有过在乡镇农村工作生活的经历？

（1）没有　　　　（2）有

第二部分　家庭特征

6. 您的家庭年收入？

（1）5万元以下　（2）5～10万元　（3）10万元以上

7. 您家住房已使用的年限？

（1）5年以内　（2）5～15年　（3）15年以上

8. 您家人均住房面积？

（1）30 平方米以下　（2）30 ~ 50 平方米　（3）50 平方米以上

9. 您家日常出行使用什么交通工具？

（1）公共交通　（2）摩托车　（3）小汽车

10. 您家是否有朋友或亲戚在农村居住？

（1）没有　　　（2）有

第三部分　宅基地禀赋特征

11. 您希望流转到的农村宅基地距离城市中心？

（1）远（10 公里以上）　（2）近（10 公里以内）

12. 您认为用于流转农村宅基地的费用占您家庭年收入的多少您可以接受？

（1）10% 以下　（2）10% ~ 30%　（3）30% 以上

13. 您对农村通天然气情况？

（1）不满意　（3）满意

14. 您对农村交通情况？

（1）不满意　（2）满意

15. 您对农村就医情况？

（1）满意　（2）不满意

16. 您对农村教育情况？

（1）满意　（2）不满意

17. 您对当地农村居住环境？

（1）满意　（2）不满意

18. 您认为当地农村住房的质量？

（1）不好　（2）好

第四部分　生活偏好特征

19. 房屋宽敞对我很重要？

（1）不同意　　（2）一般　　（3）同意

20. 食品安全对我很重要？

（1）不同意　　（2）一般　　（3）同意

21. 空气质量对我很重要？

（1）不同意　　（2）一般　　（3）同意

22. 相比城市，我更喜欢农村的生活？

（1）不同意　　（2）一般　　（3）同意

23. 住楼房让人感到压抑？

（1）不同意　　（2）一般　　（3）同意

24. 您认为农村宅基地具备哪些优点可以吸引市民参与农村宅基地流转？（开放题）

第五部分　政策认知特征

25. 您认为农村宅基地的所有权属于？

（1）国家　　（2）集体　　（3）个人

26. 您了解农村宅基地流转政策吗？

（1）没听过　　（2）知道一点　　（3）很了解

27. 您认为城市居民流转农村宅基地是否受法律保护？

（1）不受保护　　（2）受保护

第六部分　政务服务特征

28. 您觉得在当地获取农村宅基地流转信息非常方便？

（1）不同意　　（2）同意

29. 您觉得当地政府对农村宅基地流转的监管是否规范？

（1）不规范　　（2）规范

第七部分　社会环境特征

30. 您是否担心在农村宅基地流转中产生产权纠纷？

（1）担心 （2）不担心

31. 您或者您身边的朋友、亲戚（城市居民）是否流转过农村宅基地？

（1）没有流转过（跳转第 33 题） （2）流转过（跳转第 32 题）

32. 您或者您身边的朋友、亲戚（城市居民）参与农村宅基地流转的方式？

（1）购买农村住房获得农村宅基地使用权 （2）购买农村宅基地新建房 （3）租赁农村住房获得农村宅基地使用权 （4）继承获得农村宅基地使用权 （5）以农民入股的方式获得农村宅基地的使用权 （6）以农民抵债的方式获得农村宅基地的使用权

33. 您是否意愿参与农村宅基地流转？

（1）不愿意（答题结束） （2）愿意（跳转第 34 题）

34. 您希望参与农村宅基地流转的原因？（多选）

（1）降低生活成本 （2）投资增值 （3）康养 （4）发展农业产业 （5）发展旅游产业

35. 您愿意采取何种方式获得宅基地的使用权？

（1）购买农村二手房 （2）购买农村宅基地新建房 （3）租赁农民住房

本调查问卷到此结束，再次感谢您的支持与配合！

第六篇

乡村振兴政策整合

第十四章　政策整合：概念、理论与框架①

完善的宅基地制度对促进农村经济社会发展、保障社会和谐稳定与实现国家繁荣富强都具有重要现实意义。新中国成立以来，宅基地一直都是农村家庭生产生活所倚仗的重要资料，发挥着“户有所居”的保障功能。当前，我国经济社会发展已进入城镇化中后期，农村常住人口逐年减少并不断向城镇涌入。截至 2021 年末，城镇常住农民工数量为 13309 万人②。虽然城乡人口流动受到地理位置、区域经济发展水平、生态环境等多种因素影响，但可以预见，随着我国城镇化水平提高，农村人口会进一步外流。[1]农村人口外流导致农村土地供需与用途也产生根本性转变，住宅用地总体需求减少，外迁农户在务工城市租住、定居，尤其是完成村民市民化转变的那部分群体，几乎完全放弃原先作为居住、生产生活场所的宅基地及其附属建筑物。乡村振兴需要将农村闲置宅基地作为生产要素投入农村生产生活，同时农业机械化和现代化转型也将进一步减少农村劳动力需求，农业劳动力规模可能会停滞甚至下降。[2][3]经济理论和实证都表明，城乡之间人口迁移和城市化不可避免，农村发展必须进行相应调整和规划，而不是反对或忽视这一人口过程。[4]随着农村发展过程中人地关系的转变，提高农村土地资源利用效率成为必行之路。

本章将介绍政策整合的基本概念、理论基础，构建系统分析框架，着重对乡村振兴背景下农村闲置宅基地的盘活利用及相关政策的整合进行研究。

---

① 本章撰写：王倩倩。

② 数据来自国家统计局，http://www.stats.gov.cn/sj/zxfb/202302/t20230203_1901452.html。

第一节　核心概念

“整合”，意为形成或融合成一个统一整体，可以是与其他事物相结合，也可以是与其他事物共同融入一个更大单元。“政策整合”概念，是围绕自上而下的政策制定概念发展的，政策制定者意识到政策存在跨部门影响，在制定政策时将其他相关领域政策目标考虑在内，并以积极的态度参与政策间协调整合。[5]

Underdal（1980）将政策整合定义为：政策决策所有重大后果都被视为政策制定的前提，政策选择根据其对政策组合总效用的影响进行评估，并且不同政策目标彼此间具有某种程度的一致性。[6] Trein 等（2020）将政策整合视为不同政策部门的政策目标和政策工具的组合，并形成一个解决各类复杂政策问题的政策计划。[7] Gejudo（2023）等认为政策整合是一个政治过程，需要行动者在不同的政策目标间进行协调，借助不同政策部门安排各类政策工具，并为解决复杂问题而进行统一实施和评估。[8] 因此，政策整合可以看作一个过程，对于农村闲置宅基地盘活利用而言，利用政策整合概念的价值在于能够将与闲置宅基地盘活利用相关领域政策纳入跨部门和治理级别的规划，即借助跨部门不同政策目标和工具组合来推动闲置宅基地盘活利用工作高效实现，以期在过程中达到三方面目的：第一，消除或减少政策内部或政策之间矛盾；第二，实现政策互助，提升政策效果；第三，推动框架总目标实现。

政策整合的要义是在框架内兼容，各个部门目标在统一框架内能够建立起兼容互助关系，以确保实现单个或多个政策目标。政策部门间存在相互依赖关系，政策问题通常不单属于特定部门，这也就意味着一个部门中的问题或解决方案执行会影响其他部门政策目标实现。宅基地政策问题涉及复杂的、跨领域的社会环境问题，这些问题加上不断变化的社会经济和政治条件对决策提出了更高要求。面对复杂的政策体系，政策整合（Policy Integration）可能是提升政策间协调匹配度以及政策效能的合适方案。

国外诸多学者对关于政策整合已经进行了概念探析和系统的理论建构，而国内仅有少量学者的研究使用到政策整合概念，并将其用于环境保护、经济发展、技术创新等存在跨部门难题政策领域，对政策整合重要性理解仍不到位，需要进一步努力通过政策整合视角去捕捉政策复杂性，并以系统的方式提供不同政策整合目标经验。

第二节　基础理论

一、社会网络理论

社会网络理论作为一种社会学研究范式，诞生于 19 世纪 60 年代，最先应用于社会学、心理学和人类学等学科研究，繁荣于 20 世纪下半叶，从个人主义、本质主义和原子主义的解释转向更具关系性、情境性和系统性的理解。[9]随着社会网络理论研究深入，逐渐与计算机、数学、图论等学科相结合形成更加完善的社会网络理论，并产生了社会网络分析方法。社会网络理论认为网络中的行为者之间或多或少都存在联系，将网络视为行动者和行动者之间关系集合，主要由节点（actor）和联系（relations）两种元素组成。[10]行为者可以是独立个体（如单独的人、事物），也可以是组织（如家庭、学校），有些行为者之间存在直接联系，有些行为者之间存在间接联系，在网络图中以线段连接的形式呈现，根据行动者节点代表含义不同，不同网络中的连线具有不同意义。通过对行为者之间联系进行分析，最终建立模型去分析这些行动者之间关系。社会网络分析理论除了对单纯方法论本身的研究之外，还讨论了小群体（clique）、社会群（social circle）、组织内部网络等内容。

单个行动者和行动者间社会关系形成网络联系，在实际分析过程中，社会网络分析主要分为结构类和关系类两个研究方向：结构类研究关注行动者在组织网络中的结构特征，侧重于研究单一节点在整个社会网络的作用；关系类分析视角更关注行动者社会联结，主要关注行动者之间的互相关联、相互影响的静态动态特征。社会网络分析最终目标是建立一个模型，其效用在于从不以假定存在的节点为出发点，也不试图发现和解释单个节点的持续存在，而是在避免过度关注个体的同时描绘网络关系结构，观察群体关系内部结构情况，从而清晰地描述这种结构对群组内部个体以及整体的影响。[11]社会网络将各节点直接联系和间接联系涵盖在内，行动者网络节点规模和结构能够在一定程度上衡量政策目标实践中政府部门所使用的资源。对于农村闲置宅基地盘活利用政策整合研究而言，行动者网络分析能够探析在实现政策目标过程中行动者之间的配合情形，实现行动者间内外资源交互与联动，本研究采用社会网络理论作为研究理论基础之一。

二、政策工具理论

政策工具，又被称为政府工具（tools of government）或治理工具（governance tools），是政府为了实现既定政策目标而实施的一系列方法、技术和手段。农村闲置宅基地盘活利用可能涉及多种政策工具组合，选择合适的政策工具是政策实施中的关键一步。政策工具研究最先于 20 世纪 80 年代在西方国家兴起，并产生了许多具有代表性的著作，如《政府工具》《公共政策工具》《政府工具——新治理指南》等[12][13][14]。陈庆云（2001）把政策工具看作连接目标和结果的桥梁，认为只有政府通过政策工具的实行才能把政策目标落实为具体行动机制和手段。[15]陈振明等（2017）认为政策工具是政府为满足公众需求（公共物品和服务）而进行的一系列制度安排。[16]张成福等（2017）将政策工具视为政策实质目标转化为具体行动的路径和机制。[17]政策目标的实现需要可靠的政策工具进行支撑，政策工具的选择和使用不仅需要结合政策情境和政策目标，也与资源配置、工具属性以及政策主体间关系等多种因素密切相关。[18]学者们多年对于政策工具的研究已经产生了多种政策工具分类方式。如 Mcdonnell 等（1978）按照政府权威投入将政策工具划分为系统变革工具、命令性工具、能力建设工具、激励性工具和劝告工具。[19] Howlett（2019）按照国家干预程度的强弱，将政策工具划分为自愿性工具、混合型工具和强制性工具三类，[20]朱春奎（2011）在其政策工具分类基础之上又增加了诱因型工具、命令性工具、权威性工具和契约性工具。[21]

政策工具的选择与使用需明确以下两点：第一，政策工具是为政策目标而服务，政策工具本身并不能成为目标；第二，政策工具类别选择和使用权掌握在政府手中，是政府为提供公共服务、实现公共利益而采取的手段。本研究所选用的分类方式是英国学者 Rothwell 和 Zegveld 的分类方法，将政策工具分为需求、供给和环境三种类型。[22]其中，需求侧政策工具对于完成政策目标起到拉动作用，供给侧和环境侧分别起推动和促进作用。这种分类一方面强化了政府在政策制定/执行中掌舵者的定位，与农村闲置宅基地盘活利用政策中多元主体参与和探索多样盘活路径相契合，另一方面该分类在农村土地制度政策分析中的应用已得到学界较为普遍认可。[23]

第三节 分析框架

本研究通过农村闲置宅基地盘活利用政策目标实践逻辑确定政策分析全维度：实现政策目标的本质是在既定政策目标之下，由一系列行动主体选用恰当的政策工具组合达成政策目标的过程。政策整合分析是以政策目标为出发点，以行动者为核心，以政策工具为手段开展的活动，从定义政策问题到政策实施，其目的皆是政策目标实现。Emyr（2003）认为目标整合意味着概念上连贯的政策设计必须符合两个要求：（1）政策设计必须尊重与政策预期目标相关的完整性；（2）尊重正在纳入相关部门目标的完整性（如环境和经济目标）。[24]追求农村发展多维（或多部门）模式的必然结果是每个相关目标相互兼容，若两项或多项政策目标存在交叠，通过政策整合能够在政策供给时充分考虑政策间的互补性和互替性，减少冲突或重复，避免无效或低效政策，以达到各自领域的政策目标。农村闲置宅基地盘活利用政策整合，是指与农村闲置宅基地盘活利用具有目标一致性范围的政策之间的整合，如人才创新类政策中鼓励使用农村闲置宅基地、闲置农房作为创业基地，这些政策在实现自身目标过程中能够同时推动农村闲置宅基地盘活利用目标达成。在分析两个或多个政策之间的整合时，第一个问题是“应该整合什么”，即政策整合的对象。在实践中，政策整合涉及两个或多个政策的目标、行动者和工具之间的简单交叉关系（图 14－1）。开展农村闲置宅基地盘活利用工作必须考虑相关领域政策目标，以及其他领域政策目标为其助力的可能性。

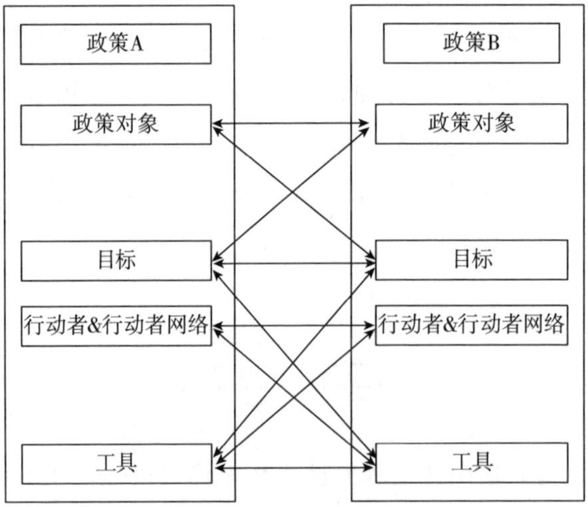

图 14－1　政策整合交叉

资料来源：根据 Briassoulis H. （2004） 整理。[25]

Candel 等（2018）区分了构成政策整合的四个维度：政策框架、政策目标、子系统参与和政策工具。[26] 结合中国实际情况，各地区由于经济、社会以及文化环境的差异政策实施各有特点，多是在中央明确的政策目标引导下制定、实施本地区闲置宅基地盘活利用政策，因此本研究中不考虑政策框架维度，仅从政策目标、行动者（子系统参与）和政策工具三个维度对农村闲置宅基地盘活利用相关政策整合进行分析（表 14－1）。需要特别说明的是子系统参与是指处理特定的政策问题（如失业、经济增长或环境保护）的不同行为者群体，在中国政策情境下的行动者群体即各层级政府。

表 14－1　政策整合维度

政策整合维度	关键指标
政策目标	解决跨边界问题的政策范围
	目标之间的一致性
行动者（子系统参与）	涉及行动者的范围
	行动者之间的交互程度
政策工具	使用的政策工具范围（程序性和实质性）
	是否存在系统层面保证政策工具一致性的程序性工具
	政策工具组合的一致性

资料来源：根据 Candel 和 Biesbroek（2018）整理。[26][27]

（1）X：整合目标。

本研究以政策整合目标作为首要维度。政策目标是多元利益主体在现有可投入资源以及达成政策共识基础上所预设的政策结果，政策过程就是多元主体利用合适的政策工具或政策工具组合实现政策目标的过程。[27]因此，统一目标、提供资源的行动者、恰当的政策工具是政策目标实现的关键组件。既有研究主要集中于政策历史沿革、确权、退出等闲置宅基地单一环节的讨论，尚未形成关于农村闲置宅基地盘活利用相关政策的系统性分析。一方面，缺少对政策目标本身的考虑；另一方面，囿于单一环节（如宅基地确权、闲置宅基地退出），而忽视了盘活利用闲置宅基地本身是多环连贯，忽略了在整个盘活利用过程中与其他政策目标合力的可能性，参与主体的协同程度，以及政策工具组合的匹配度。

分析闲置宅基地政策整合目标之前需要明确农村闲置宅基地政策目标本身，进而分析哪些领域政策目标能够助推农村闲置宅基地盘活利用政策目标实现，能够形成政策合力。2019 年 9 月，农业农村部发布《关于积极稳妥开展农村闲置宅基地和闲置住宅盘活利用工作的通知》，明确提出农村闲置宅基地盘活利用工作要以提高农村土地资源利用效率和增加农民收入为目标。通览所有农村闲置宅基地盘活利用相关政策文本，农村闲置宅基地盘活政策均围绕“农村闲置宅基地盘活利用”总目标而制定，具体可细化分解为两类政策目标：一是土地管理目标，即提高农村土地资源利用效率；二是农村发展目标，即增加农民收入。

（2）Y：行动者。

政策行动者是政策执行过程中最具有主观能动性的要素，拥有合适的政策行动者群体是实现政策目标的现实基础，选择合适的政策工具也是政策行动者的重要工作内容。农村闲置宅基地盘活利用作为农村改革的重要组成部分，闲置宅基地管理、流转交易、复垦等工作需要多个政府部门共同参与，非单个政府部门能够独力完成，其间需各主体间共享资源并审核、引入社会资本来推动政策目标达成。公共管理将政策主体分为社会政治法权主体、国家公共法权主体以及社会非法权主体三类，其中自身携带公共权威的国家法权主体居于国家权力的核心，并拥有分配公共利益，制定、执行和监督公共政策的权责。[28]

本研究中的政策行动者是指农村闲置宅基地盘活利用相关政策的执行主体。主要包括国务院、国务院各机构、党中央部门机构以及相关厅局级单位等。各政府部门之间虽然在职能范围上存在权责差异，但其行动过程和资源调动具有相同之处。换言之，当多个政策目标具有交叉部分时，会存在共同的行动者，同时也可能会驱动相同的政策行动主体以及使用类似的政策工具去达成不同但具有交叉部分的政策目标。

（3）Z：政策工具。

政策工具作为政府主体实现特定公共政策目标的手段、方法和机制，是实现既定政策目标的关键。本研究结合农村闲置宅基地盘活利用政策内容的特点及维度，认为农村闲置宅基地盘活利用政策对于地方闲置宅基地盘活利用实践具有推动、引导和拉动的作用，与 Roy Rothwell 和 Walter Zegveld 的分类方法契合度较高，因此将农村闲置宅基地盘活利用相关政策工具分为三种类型：供给型（提供推力）、需求型（提供拉力）和环境型（提供引导力）。

在农村闲置宅基地盘活利用相关政策中，供给型政策工具是指对农村闲置宅基地的盘活利用起到推动作用的政策工具，政府通过增加对人才、技术、资金以及基础设施等要素的投入，以提高农村闲置宅基地盘活利用各类要素投入的回报率，从而实现农村闲置宅基地盘活利用目标；需求型政策工具是指政府部门积极引导农村闲置宅基地盘活利用工作开展，降低农村闲置宅基地盘活利用政策实践阻力，政策工具可细分为服务外包、公私合作、补偿（补贴）和试点示范等；环境型政策工具是指政府为实现政策目标而提供有利于政策实施的环境，间接影响地方农村闲置宅基地盘活利用政策的发布与落地，主要工具有目标规划、金融支持、法规管制、宣传引导、税收优惠、奖赏鼓励和策略性措施等（表 14－2）。

表 14－2　农村闲置宅基地盘活利用政策工具内涵

类型	政策工具	内涵
供给型	信息技术	政府通过建立农业转移人口等非户籍人口在城市便捷落户系统、宅基地基础信息数据库和管理信息系统、土地利用现状数据库等信息系统，提升农村闲置宅基地盘活利用政策实施的信息化水平，实现盘活过程中的动态信息化管理
	人才培养	政府根据农村闲置宅基地盘活利用政策实施的现实需要，强化组织领导、培育各类新型经营主体，加强农村闲置宅基地盘活利用政策实施的人力资本投入
	资金投入	政府为农村闲置宅基地盘活利用政策实施统筹安排相关财政资金，减轻参与盘活利用主体资金压力，如发行地方政府专项债券、直接财政补贴等
	基础设施建设	建设自然资源资产交易平台、农村土地信息数据库、农村宅基地数据库和管理信息平台等，提供农村闲置宅基地盘活利用的软硬件基础设施
需求型	服务外包	政府将农村闲置宅基地盘活利用相关项目外包给市场上其他主体来实现，允许并鼓励多元主体参与农村闲置宅基地盘活利用的实现
	公私合作	政府主导、工商资本和村集体等主体参与，统筹利用农村闲置宅基地
	补偿（补贴）	政府为退出闲置宅基地的农户及盘活利用主体提供政策优惠及财政补贴，以鼓励农村闲置宅基地盘活利用政策实施
	试点示范	政府根据地方实际，选择条件优越、社会环境适宜的地区，有序开展农村宅基地改革试点示范、闲置宅基地盘活利用试点示范

续表

类型	政策工具	内涵
环境型	目标规划	政府基于农村闲置宅基地现状、农村未来发展需求对农村闲置宅基地盘活利用要实现的目标进行整体描述及长远规划
	金融支持	政府通过金融信贷扶助、资金补贴或提供贴息贷款等措施来推动农村闲置宅基地盘活利用政策的实施
	法规管制	政府通过制定农村闲置宅基地盘活利用相关的实施准则、监管方案、闲置宅基地盘活利用土地用途管制等相关法规制度，约束闲置宅基地盘活利用参与主体的行为，为农村闲置宅基地盘活利用提供稳妥的政策实施环境
	宣传引导	政府通过充分利用信息传播媒介（"传统媒体+新兴媒体"），开展宅基地盘活利用相关政策普及，及时宣传各地区在农村闲置宅基地盘活利用工作实践过程中的典型经验，营造良好的社会舆论氛围
	税收优惠	政府给予参与农村闲置宅基地盘活利用的主体适当税收优惠，如税收减免
	奖赏鼓励	政府通过给予正向激励（如资金奖励）提升农村闲置宅基地盘活利用参与主体积极性，推动农村闲置宅基地盘活利用项目进行，如自愿腾退和在符合条件的情况下购买闲置住宅的可给予适当奖励或补助
	策略性措施	政府通过推动农业转移人口市民化、农村闲置宅基地有偿退出、宅基地制度改革、完善社会保障体系、土地确权和农村土地规划等措施来推动农村闲置宅基地盘活利用的发展

（4）分析框架构建。

在确定以上三个分析维度的基础上，以政策整合目标为第一维度，行动者和政策工具维度分别为第二、第三维度，构建政策整合分析三维度立体框架（图14-2）。框架中的X、Y、Z三个坐标分别代表本研究政策文本分析的三个维度。X轴是政策整合目标维度，闲置宅基地盘活利用政策可能与经济、政治、文化、社会和生态领域内其他政策目标存在整合可能性；Y轴是行动者维度，政策整合概念下的行动者是政策整合目标实现过程中负责监督、协调和实施整合目标进程的组织或个人，在我国的政策情境中，行动者是负责政策实施的各个政府部门；Z轴是政策工具维度，包括需求型、供给型和环境型三类政策工具。在具体的分析部分，首先会根据政策整合分析框架对农村闲置宅基地盘活利用相关政策进行单一维度分析，考虑到研究的完整性，会继续对相关政策文本内容展开双维分析。

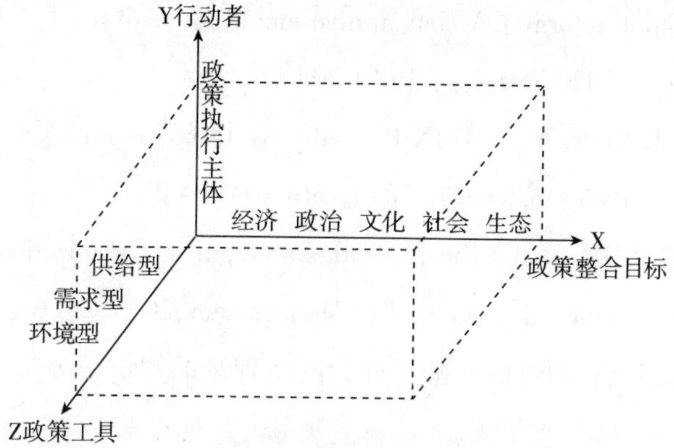

图 14－2　政策整合分析框架

参考文献

[1]蒋子龙,王军,尹文欣,等. 中国农民工流动时空偏好及驱动机理研究——基于2011—2018年全国流动人口动态监测调查数据的分析[J]. 华中师范大学学报(自然科学版),2022,56(6):1011－1020.

[2]REMPEL H. China's agriculture sector: Emerging trends and new challenges[J]. Journal of the Asia Pacific Economy, 1997, 2(3): 332－356.

[3]HEILIG G K. Anthropogenic Factors in Land－Use Change in China [J]. Population and Development Review, 1997, 23(1): 139－168.

[4]GRAU H R, AIDE T M. Are Rural－Urban Migration and Sustainable Development Compatible in Mountain Systems? [J]. Mountain Research and Development, 2007, 27(2): 119－123.

[5]TOSUN J, LANG A. Coordinating and integrating cross－sectoral policies: A theoretical approach [C]. 7th ECPR General Conference, Bordeaux, 2013.

[6]UNDERDAL A. Integrated marine policy: What? Why? How? [J]. Ma-

rine Policy, 1980,4(3):159 – 169.

[7]TREIN P, MAGGETTI M. Patterns of policy integration and administrative coordination reforms: A comparative empirical analysis[J]. Public Administration Review, 2020, 80(2): 198 – 208.

[8]CEJUDO G M, TREIN P. Pathways to policy integration: A subsystem approach[J]. Policy Sciences, 2023, 56(1): 9 – 27.

[9]STEPHEN P B. The Network Paradigm in Organizational Research: A Review and Typology[J]. Journal of Management,2003,29(6): 991 – 1013.

[10]王夏洁,刘红丽. 基于社会网络理论的知识链分析[J]. 情报杂志,2007(2):15 – 21.

[11] WELLMAN B. The community question: The intimate networks of East Yorkers[J]. American journal of Sociology, 1979, 84(5): 1201 – 1231.

[12]HOOD C C. The Tools of Government[M]. London:Macmillan Education UK,1983.

[13]B. 盖伊・彼得斯, 弗兰斯・K. M. 冯尼斯潘. 公共政策工具:对公共管理工具的评价[M]. 北京:中国人民大学出版社,2007.

[14]莱斯特・M. 萨拉蒙. 政府工具: 新治理指南[M]. 肖娜,译. 北京:北京大学出版社, 2016.

[15]陈庆云. 公共政策分析[M]. 北京:北京大学出版社,2001.

[16]陈振明,张敏. 国内政策工具研究新进展:1998—2016[J]. 江苏行政学院学报,2017(6):109 – 116.

[17]张成福,党秀云. 公共管理学(修订版)[M]. 北京:中国人民大学出版社,2007.

[18]彭勃,杨铭奕. 合法性与有效性冲突及其化解:基层公共服务的政策工具选择[J]. 华中师范大学学报(人文社会科学版),2023,62(2):65 – 72.

[19]MCDONNELL L M, ELMOREL R F. Getting the job done:Alternative policy instruments[J]. Educational Evaluation and Policy Analysis,1987,9(2):

133 - 152.

[20] HOWLETT M. Procedural Policy Tools and the Temporal Dimensions of Policy Design [J]. International Review of Public Policy, 2019, 1 (1): 27 - 45.

[21] 朱春奎. 政策网络与政策工具:理论基础与中国实践[M]. 上海:复旦大学出版社,2011.

[22] ROTHWELL R, ZEGVELD W. An assessment of government innovation policies[J]. Review of Policy Research, 1984,3(3):436 - 444.

[23] 林耀奔,叶艳妹. 基于政策工具视角的中国耕地占补平衡制度分析[J]. 农村经济,2019,439(5):45 - 50.

[24] EMYR V T. Sustainable Development, Market Paradigms and Policy Integration[J]. Journal of Environmental Policy & Planning,2003,5(2): 201 - 216.

[25] BRIASSOULIS H. Policy integration for complex policy problems: What, why and how[J]. Greening of Policies: Interlinkages and Policy Integration, Berlin, 2004: 3 - 4.

[26] CANDEL J J, BIESBROEK R. Policy integration in the EU governance of global food security[J]. Food security, 2018, 10(1): 195 - 209.

[27] 陈玲,赵静,薛澜. 择优还是折中?——转型期中国政策过程的一个解释框架和共识决策模型[J]. 管理世界,2010,203(8):59 - 72 + 187.

[28] 李文钊,蔡长昆. 政治制度结构、社会资本与公共治理制度选择[J]. 管理世界,2012(8):43 - 54.

第十五章　闲置宅基地政策整合：文本分析[①]

2015年11月，中共中央发布《深化农村改革综合性实施方案》，将宅基地制度改革确定为基本思路之一，并强调界定农房财产权和探索农民住房保障新机制的重要性，逐步探索宅基地自愿有偿退出和使用制度。2017年，中央一号文件《中共中央 国务院关于深入推进农业供给侧结构性改革加快培育农业农村发展新动能的若干意见》为闲置宅基地盘活实践提供了方向性指导，利用“旅游+”“生态+”等模式将闲置宅基地利用起来，推进农业、林业、旅游业、教育和康养等产业深度融合，增加村民经济收入。为了贯彻落实党关于优先发展农业农村的战略部署，党的十九大报告提出乡村振兴战略并明确指出：“有序开展县域乡村闲置集体建设用地、闲置宅基地土地综合整治。”2019年9月，农业农村部印发《关于积极稳妥开展农村闲置宅基地和闲置住宅盘活利用工作通知》，提出了一系列鼓励探索盘活利用农村闲置宅基地和闲置住宅的政策措施。2020年6月，在全面深化改革委员会第十四次会议上审议通过《深化农村宅基地制度改革试点方案》；同年9月，全国104个县（市、区）以及3个地级市启动实施新一轮农村宅基地制度改革试点。各地在落实宅基地制度改革、闲置宅基地盘活利用过程中结合地区情况开展差异化探索，这些实践为其他地区开展闲置宅基地盘活利用活动提供了有效借鉴。

为了更加精准地分析农村闲置宅基地盘活利用政策整合目标，本章根据前文的理论基础与分析框架，对中央农村闲置宅基地盘活利用政策文本

① 本章撰写：王倩倩。

进行整合梳理，分析了乡村振兴背景下农村闲置宅基地盘活利用政策的基础特征，对政策整合目标、行动者目标与政策工具进行深入探究。

第一节　文本采集与编码

本研究以“闲置宅基地”“农村闲置宅基地”“宅基地盘活利用”等为关键词在北大法宝数据库中全文检索，筛选出538篇相关政策文本，鉴于获取的政策文本类别多样、内容复杂，为保证政策文本的代表性与权威性，按照以下标准进行二次筛选：在政策范围方面，本研究只选择中央层级颁布的政策文本。对于地方而言，根据中央政策的指导制定和执行地方政策，中央层面的政策目标指向性更强也更具有引导性，因此仅对国家层面农村闲置宅基地盘活利用相关政策文本进行收集和梳理。在政策内容方面，所选政策文本必须与农村闲置宅基地盘活利用直接相关，如涵盖“农村闲置宅基地再利用”“闲置农房利用”等内容的政策，与农村闲置宅基地盘活利用无关的政策文本直接剔除。在政策类型方面，本研究所选择的政策文本主要涉及国务院、农业农村部、自然资源部、文化和旅游部等部门颁布，单独或联合发布的通知、计划、意见等政策文本，筛除函、回复等存在重复内容的政策。在政策效力方面，筛除当前失效政策，仅保留现今有效的政策文本。基于此，最终选定35份政策文本，部分目录如表15－1所示（详见附表15－1）。

表15－1　中央层级农村闲置宅基地盘活利用政策整合相关政策目录示例

编号	政策名称	发布部门	发文字号	发布日期
1	关于促进节约集约用地的通知	国务院	国发〔2008〕3号	2008.01.03
2	关于进一步加强农村宅基地管理的通知	农业农村部	中农发〔2019〕11号	2019.09.11
3	关于积极稳妥开展农村闲置宅基地和闲置住宅盘活利用工作的通知	农业农村部	农经发〔2019〕4号	2019.09.30

续表

编号	政策名称	发布部门	发文字号	发布日期
……	……	……	……	……
35	关于促进乡村民宿高质量发展的指导意见	文化和旅游部；公安部；自然资源部等部门	文旅市场发〔2022〕77号	2022.07.08

通过 NVivo11 Plus 质性分析软件对筛选的政策文本进行手动编码。该工具依托于扎根理论，可用于挖掘政策文本信息，能够有效辅助政策文本可视化工作开展，其优势在于强大的编码功能，能够直观展示政策文本内容，对其反复编码而不易出错。

首先，将经筛选的 35 份政策文本导入 NVivo11 Plus 软件，运行词频分析项目，字体大小代表出现频度高低（频度越高字体越大，反之则小），分析结果显示，筛选的农村闲置宅基地盘活利用相关政策文本皆在农村土地资源利用和农村发展范围内（图 15－1），说明整体文本筛选较为精准。

图 15－1　闲置宅基地政策整合文件词频分析

其次，根据文本内容提取政策整合目标。Corbin（2008）将文本编码分为三个阶段：开放式、轴心式以及选择式编码。[1]此过程是一步步精练政策文本内容，提取核心概念的过程。开放式编码形成一般意义，轴心编码形成概念词，此阶段得到5个关键主题，有“耕地保护”“城乡融合”“新型城镇化”“农村产业发展”“创新创业”。个别政策文本条款涉及多个要素，考虑到政策意向多面性，会对其进行重复编码。

最后，进入选择编码阶段。该阶段需高度抽象形成核心类别，因此将“新型城镇化”与“城乡融合”合并为城乡融合发展，再结合闲置宅基地盘活利用，得出农村闲置宅基地盘活利用政策整合四大重要主题（父节点），闲置宅基地盘活利用—城乡融合发展、闲置宅基地盘活利用—农村产业发展、闲置宅基地盘活利用—返乡人员创新创业和闲置宅基地盘活利用—耕地保护，具体材料来源数量及参考点数量见表15－2。

表15－2 闲置宅基地盘活利用政策整合目标（父节点表）

节点名称	材料来源	参考点
闲置宅基地盘活利用—农村产业发展	21	43
闲置宅基地盘活利用—城乡融合发展	25	70
闲置宅基地盘活利用—返乡人员创新创业	8	16
闲置宅基地盘活利用—耕地保护	9	15

在确定政策目标分析维度和编码节点后，利用NVivo11 Plus对农村闲置宅基地盘活利用相关政策文本进行政策工具编码。首先，将政策工具设为父节点，维度具体分析关键词设为对应子节点。其次，采取手动逐行编码的方式将政策文本内容相关节点的重要信息编入相应节点，形成三级编码层级结构。根据上述编码规则，得到农村闲置宅基地盘活利用政策工具编码；在行动者维度，因为政策整合目标下的行动者网络组成个体不同，无法像政策整合目标和政策工具一样借助软件采取一致编码的统计方式，因此行动者维度单独计量。

为降低编码结果的主观性，在编码工作完成之后需要确认编码的可信度。编码信度的保证及验证方式主要有两种，一种是由相同领域、类似研究水平的两人对相同材料进行编码，编码后计算同意度百分比，高于70%

则说明编码信度良好，反之则需重新审视编码内容，校准编码信度，根据已有研究编码一致性系数高于 0.8 时可以认为编码信度较好。第二种方法是同一位研究者在不同时期对同一份材料文本内容进行编码，编码后同样计算一致性，当初期大于 80% 后期大于 90% 时则可认定材料编码信度良好。[2] 本研究采用的是第二种验证方式，研究者在间隔 21 天后再次对 35 份闲置宅基地盘活利用政策整合文本进行编码，通过计算得到内部一致性比例为 92%，编码信度较高。

第二节　文本特征

一、发文年份特征

遴选的政策文本中最早出现农村闲置宅基地盘活利用工作内容文件为 2008 年。随着农村经济社会发展水平逐步提升，土地资源集约化利用相关政策需求变得愈发迫切，2015 年盘活利用农村闲置宅基地更加受到重视，体现在文本数量上即为自 2015 年文本发布数量明显上升；乡村振兴战略提出以来农村闲置宅基地盘活利用相关的政策文件大幅增加，数量趋势变化如图 15－2 所示。

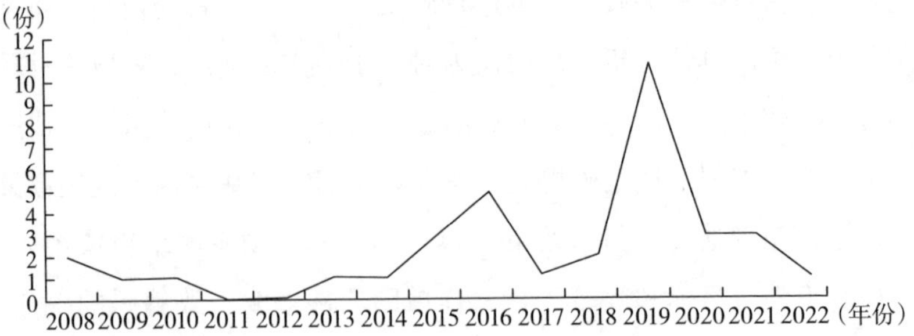

图 15－2　农村闲置宅基地政策整合文本数量年度趋势

由图 15－2 可知自 2008 年以来，关于农村闲置宅基地盘活利用政策整合文件发布数量整体上呈现高低起伏趋势，在 2019 年出现最高峰，发文量为11份，2008至2022年平均每年发文量为2.5份，其中2015年、2016年、2019年、2020年、2021年皆高于平均发文量，其余年份皆低于平均发文量，2010年、2011年为发文量最低年份，相关文本量为0。随着时间推移，国家对于闲置宅基地盘活利用能够推动农村经济社会发展重要性认识不断加深，相关文本量也逐年上升，但总体政策文本量仍偏少，且年度发文量不均衡。出现这种情况的主要原因是国家更关注农村宅基地改革的整体工作引导，而农村闲置宅基地盘活利用仅为宅基地改革中的一环（亦可将其视为改革手段），对于农村闲置宅基地盘活利用指导工作的细化程度不足。

二、发文类型特征

农村闲置宅基地盘活利用政策整合相关文本涉及国务院规范性文件、部门规范性文件、部门工作文件、党内法规制度，如表15－3所示。其中国务院规范性文件及部门规范性文件占比高达71%，说明我国的农村闲置宅基地盘活利用政策整合相关文件具有较强的权威性和引导性。

表15－3　农村闲置宅基地盘活利用政策整合相关文件类型统计

序号	政策类型	发文数量（份）	发文占比（%）
1	国务院规范性文件	11	31
2	部门规范性文件	14	40
3	部门工作文件	7	20
4	党内法规制度	3	9
合计		35	100

三、发文主体特征

农村闲置宅基地盘活利用政策文本发文主体涉及30个主体，重点发文主体即主要负责部门有10个（表15－4）。其中国务院、国家发展和改革委员会、农业农村部、自然资源部、文化和旅游部五个主体发文数量共计24份，占政策发文总数的68.6%。同时这五个部门与其他部门联合发文比例较高，占联合发文总数的45.5%，利于形成部门合力，推动政策目标实现。国土资源部（已撤销）、国务院办公厅、农业部（已撤销）、中央农村工作领导小组办公室、住房和城乡建设部发文数量共计11份，占总发文量的31.4%。另外，财政部、教育部、科技部、交通运输部、国家乡村振兴局等21个主体也积极参与政策出台工作。上述发文主体整体上呈现多元化趋势且重点发文部门在国家行政级别架构具有较高权威，说明国家对于闲置宅基地盘活利用所践行目标（土地管理、农村发展）给予了足够重视和政策资源投入。

表15-4　农村闲置宅基地盘活利用政策整合重点发文主体统计

序号	发文主体	发文数量（份）	联合发文数量（份）	联合发文占单独发文比
1	国务院	11	0	0.00
2	国家发展和改革委员会	4	5	1.25
3	农业农村部	5	3	0.60
4	自然资源部	2	3	1.50
5	文化和旅游部	2	2	1.00
6	国土资源部（已撤销）	2	1	0.50
7	国务院办公厅	3	0	0.00
8	农业部（已撤销）	3	0	0.00
9	中央农村工作领导小组办公室	2	0	0.00
10	住房和城乡建设部	1	0	0.00

第三节　目标—行动者—工具分析

一、政策目标分析

政策目标体现了决策者政策意图，本研究以政策整合目标为第一分析维度。通过进一步分析收集的政策文本发现，农村闲置宅基地盘活利用政策整合目标主要可分为三类（四项）政策整合目标：经济发展类、人才发展类、土地保护类。表 15 - 5 中的政策目标及分类用于编码时识别政策整合目标。

表 15 - 5　政策整合目标分类及含义

整合目标分类	整合目标（细分）	含义说明
经济发展	闲置宅基地盘活利用—农村产业发展	在尊重农民意愿，保障农民用益物权基础之上，探索多元方式盘活利用闲置宅基地，将农村闲置宅基地改造建设为乡村产业发展用地，用以承载各类产业项目，提高农村宅基地利用效率
	闲置宅基地盘活利用—城乡融合发展	坚持农业农村优先发展，按照依法、自愿、有偿原则回收农村闲置宅基地，合规地转变为集体经营性建设用地，探索农村闲置宅基地农民住房宅基地使用权抵押贷款，畅通农村资产抵押质押融资链条，在实现城乡要素自由流动和平等交换的过程中拓宽农民融资渠道、盘活农村闲置土地资源，增加农民财产性收入
人才发展	闲置宅基地盘活利用—返乡人员创新创业	农村闲置宅基地优先倾斜支持返乡入乡创新创业用地，营造鼓励创新创业的良好环境，通过引导各类人才到乡村兴办产业来增加乡村就业岗位和就业机会，拓展农民就业和增收新路径
土地保护	闲置宅基地盘活利用—耕地保护	统筹考虑节约集约农村集体建设用地和耕地保护工作，按照尊民意、重民生的原则合理规划农村闲置宅基地整理复垦开发，用以补充耕地保障粮食安全

对中央层级农村闲置宅基地盘活利用政策整合目标分布情况进行编码统计和单维分析，统计结果见表 15 - 6。为保证编码科学性，在对政策文本进行编码时，根据政策文件标题和具体内容综合判断政策文本所属整合类别，如有多层目标则细分为多个编码，由此避免整合目标不清的问题。通过编码统计结果发现，我国中央层级农村闲置宅基地盘活利用政策整合政策目标中，“闲置宅基地盘活利用—城乡统筹发展”分布最多，为 70 条，占政策编码总条目数的 48.28%；“闲置宅基地盘活利用—产业发展”略少于“闲置宅基地盘活利用—城乡统筹发展”，占政策编码总条目数的 30.34%；“闲置宅基地盘活利用—返乡创新创业”和“闲置宅基地盘活利

用—耕地保护”两个政策整合目标分布都比较少，分别为15条和16条，均不足12%。

表15-6　中央层级农村闲置宅基地盘活利用政策整合目标编码分布

政策整合目标	编码参考点合计	百分比
闲置宅基地盘活利用—产业发展	44	30.34%
闲置宅基地盘活利用—城乡统筹发展	70	48.28%
闲置宅基地盘活利用—返乡创新创业	16	11.03%
闲置宅基地盘活利用—耕地保护	15	10.34%
合计	145	99.99%

从上述政策整合目标分布情况可以发现：农村闲置宅基地政策整合目标覆盖了经济、社会和生态领域。农村沉睡土地资产唤醒不仅在农村领域内考虑，也关注城乡融合发展、共同发展，通过产业和人才助推农村闲置宅基地盘活利用，并一如既往地关注耕地保护这一传统农村议题。整合目标重点在于经济发展层面，对人才发展和土地保护类目标的关注度有待提升。经济类整合目标在所有整合目标占比78.62%，而“闲置宅基地盘活利用—返乡创新创业”和“闲置宅基地盘活利用—耕地保护”共占政策整合目标编码总条目的21.37%。

具体到各个政策整合目标，不同政策整合目标具有不同的实践路径和重点。“闲置宅基地盘活利用—产业发展”主要是利用闲置宅基地发展农村产业，为农村产业发展提供产权保障和融资条件，加大对乡村产业发展用地倾斜支持力度；“闲置宅基地盘活利用—城乡统筹发展”主要内容包括住房财产权抵押贷款试点、“城乡人口迁徙+农业转移人口落户”（帮助农业转移人口市民化身份转变）、引导农业转移人口有序流转土地承包经营权、农村集体建设用地建设保障性租赁住房等，目的在于统筹城乡发展，一方面农村闲置宅基地可以作为城乡发展的要素投入；另一方面城乡发展本身就能够带动农村闲置宅基地盘活利用政策目标实现。“闲置宅基地盘活利用—返乡创新创业”则是面对返乡下乡人员创业需求，在符合土地利用总体规划的前提下，通过调整农村存量土地资源，缓解创业创新用地难问题，主要目的在于利用农村闲置宅基地减轻返乡下乡人员创业压力，支持农村创新创业；“闲置宅基地盘活利用—耕地保护”主要是将宅基地整理所节约的土地复垦为耕地，增加耕地数量，依法依规合理开发利用农业农村资源，推动农村闲置宅基地盘活利用和耕地保护共同发展。

二、行动者分析

为了更清晰地揭示行动者间协作情况，本研究借助 UCINET6 社会网络分析软件，对农村闲置宅基地盘活利用行动者主体内部整合情况进行网络图谱绘制。在政策文本中提取出行动者（政府部门）交互情况，若部门间存在共同行动将对应数值设为1，反之则为0，由此形成政府部门内部行动者 N 阶方阵。利用 UCINET6 对交互矩阵数据进行二值化处理（附表 15－2），然后借助可视化软件 NetDraw 绘制出农村闲置宅基地盘活利用行动者网络图谱（图 15－3），另外行动者数据统计可能存在微小误差，因个别政策文本并未明确负责部门。为了解析行动者网络图谱，本研究借助中心度和网络密度等指标进行个体特征和网络整体关联性分析。

关于行动者个体特征有很多可选的评价量化指标，如度数中心度、向量中心性、接近中心度和中间中心度等。其中，度数中心度是指与单一节点直接相连的节点数目，值越大意味着所代表的行动者节点越居于网络中心，具备更高的权力支配地位。本节试图发现农村闲置宅基地盘活利用政策整合行动主体网络中哪些行动者是居于核心地位，因此选取度数中心度作为考察指标。图谱内节点代表不同政府部门，节点大小以点度中心度为标准进行排序，节点越大表明该主体度数中心度越大，与其他行动者协作联系越多，同时在网络图谱中就越处于核心位置。政府部门之间协作关系以线段联结，并且两个行动者之间至少有一次协作关系。借助 UCINET6 对中心度指标进行计算（附表 15－3），研究发现度数中心度排名前三的主体分别是农业农村部、国家发展改革委和自然资源部。农业农村部的度数中心度最高，印证了农业农村部在农村闲置宅基地盘活利用政策整合行动主体网络中拥有最大权力，能够直接链接和调动到最多主体。农业农村部、国家发展改革委和自然资源部作为国家重要部门，经常参与农村领域政策制定，且所协同事项存在重合部分。

从图15－3中可以直观地看到各节点之间相互联结较多，表明农村闲置宅基地盘活利用政策落实过程中的行动者具备多元化特征。大多数主体分布在图形中上区域，分布在图形的中间部位的是国家发展改革委、农业农村部、自然资源部与文化和旅游部等在内的行动主体，意味着农业农村部、国家发展改革委和自然资源部等部门处于政府部门行动者网络的核心地位；网络外围环绕着水利部、司法部、国家电网和银保监会等主体，这部分行动者较少参与盘活利用政策整合实践。

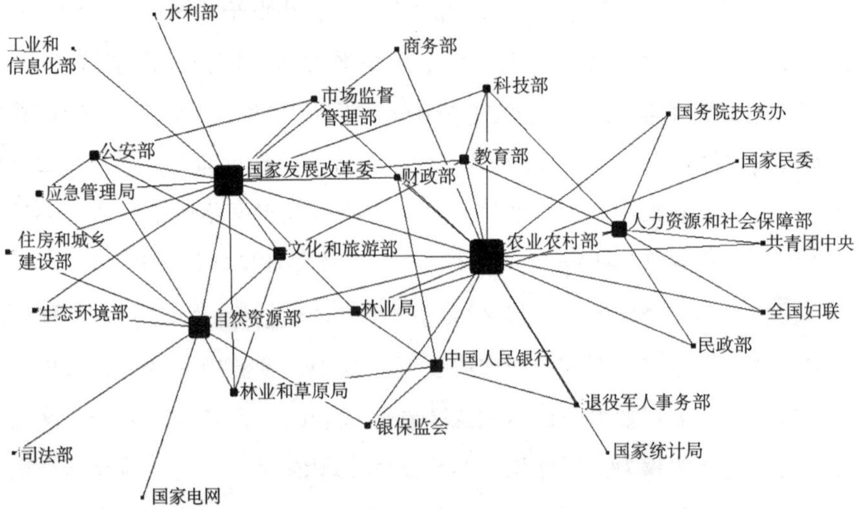

图15－3　行动者网络图谱

对于农村闲置宅基地盘活利用行动者联系紧密程度测量，需要选择更加复杂的分析指标，本研究选取网络密度和平均最短距离两个指标进行综合评价。网络密度是从整体上反映网络节点间联系紧密程度的指标，对于行动者主体网络而言，网络密度越高则意味着主体间联系越密切。平均最短距离是指网络之中所有节点相连最短距离的平均值，数值越小代表行动者之间连通性越好。用UCINET6算出行动主体网络（二值化后数据）密度参数值，一般将密度大于 0.5 的网络视为密度较大网络（林聚任，2009）。[3]如图 15－4 所示，行动者网络密度值约为 0.07，远小于 0.5，说明整体网络行动者之间关系较为松散，各行动者之间协作水平存在较大可提升空间。整体网络中平均最短距离指标以距离反映节点与节点链接的难易程度，整体行动者网络“可达性”距离指标数值为 1.8，说明任意一个行动者只要通过其他一个行动主体就可以建立协同关系，行动者之间具有较强的凝聚力，各方协作路径较为通畅。

```
BLOCK DENSITIES OR AVERAGES
------------------------------------------------------------------------------

Input dataset:                (C:\Users\Desktop\分析数据GT0)
Output dataset:               (C:\Users\Desktop\密度GT0-coh)


  Density   0.066

  Avg Distance   1.804

--------------------------------------
Running time: 00:00:01 seconds.
Output generated: 06 3月 23 19:10:51
UCINET 6.758 Copyright (c) 2002-2022 Analytic Technologies
```

图 15－4　行动者网络密度指标测量结果

三、政策工具分析

将甄选的中央层级农村宅基地盘活利用相关政策文本导入 NVivo11 Plus 中，并将其纳入政策工具维度进行分析，共得到 372 个参考点（表 15－7）。编码显示，中央层级农村闲置宅基地盘活利用相关政策工具囊括了供给型、需求型和环境型 15 种具体政策工具，其中供给和环境两种政策工具类型被全覆盖，需求型政策工具中“服务外包”政策工具未被覆盖。从总体农村闲置宅基地盘活利用相关政策整合政策工具整体分布情况来看，政策工具利用存在着分布不均的情况。

表 15－7　农村闲置宅基地盘活利用相关政策整合政策工具编码及分布

工具类型	工具名称	节点数量	百分比	合计
供给型	人才培养	40	10.75%	20.16%
	基础设施建设	5	1.34%	
	信息技术	16	4.30%	
	资金投入	14	3.76%	
需求型	服务外包	0	0.00%	12.10%
	补偿（补贴）	2	0.54%	
	公私合作	12	3.23%	
	试点示范	31	8.33%	
环境型	目标规划	23	6.18%	67.74%
	金融支持	16	4.30%	
	宣传引导	13	3.49%	
	税收优惠	5	1.34%	
	奖赏鼓励	16	4.30%	
	法规管制	51	13.71%	
	策略性措施	128	34.41%	
合计		372	99.98%	100%

在供给型、需求型和环境型政策工具中，环境型政策工具应用最多，共计252条，占政策工具编码条目数量的67.74%；供给型政策工具使用比例低于环境型政策工具，共计75条，占政策工具编码条目数量的20.16%；需求型政策工具应用最少，仅占比12.10%。根据以上编码结果可知，我国中央层级在制定农村闲置宅基地盘活利用相关政策时在需求拉动、供给推动和营造良好环境上均有考量，但在工具选择和使用上有所偏重。从总体分布情况来看，在14种细分工具中，使用最多的四种政策工具分别是“策略性措施”“法规管制”“人才培养”“试点示范”。

在三类政策工具下具体政策工具间也呈现较大差异。首先，在应用最多的环境型政策工具中，最受青睐的是“策略性措施”，涉及128个参考点，占所有环境型政策工具的34.41%，比例远高于其他环境型具体政策工具，这表明我国闲置宅基地盘活利用工作仍处于初级阶段，政府对于闲置资源盘活仍保有审慎态度，以缓和的具体策略引导农村闲置宅基地盘活利用；“法规管制”涉及51个参考点，在环境型政策中占比13.71%，体现出制定农村闲置宅基地盘活利用相关规范的迫切性，通过产权界定、市场准入等法律条规的制定来更好地规范农村闲置宅基地盘活利用各项工作开展；“目标规划”是使用第三多的环境型政策工具，占环境型政策工具总数的6.18%，再次表明我国关于农村闲置土地资源还有很长的路要走，对于闲置宅基地盘活利用的发展进行了战略性目标部署；“金融支持”“宣传引导”“税收优惠”“奖赏鼓励”使用都比较少，表明我国尚未形成良好的农村闲置宅基地盘活环境，还需继续构建有利于农村闲置宅基地盘活利用的金融、税收和支持鼓励正向引导的良好环境，并且重点关注细化领域立法，防止在多主体涌入和市场运行过程中出现监管缺失问题。

其次，在供给型政策工具类型中，“人才培养”为中央农村闲置宅基地盘活利用相关政策使用最多的政策工具，占所有供给型工具的53.33%，比例远高于其他供给型政策工具使用，这表明中央对人才资源投入的重视，通过加大对人才和组织领导的投入来助推我国农村闲置宅基地盘活利用整体工作的进程，也在一定程度上缓解了盘活利用初级阶段工作经验不足的窘境；除“人才培养”政策工具外，“信息技术”和“资金投入”两个政策工具使用比例相差无几，在所有供给型政策工具中分别占比21.33%和18.67%，这表明我国为了推进农村闲置宅基地盘活利用，在闲置宅基地盘活上加大信息科技的投入的同时也关注到资金紧缺问题，但“资金投入”工具使用在总体上占比较低仅为3.76%；“基础设施建设”在供给型政策工具中占比低至0.67%，凸显了国家在农村闲置宅基地盘活利用政策布局中对于资金和基础设施建设支持方面的不足。

最后，在需求型政策工具使用上，使用最多的政策工具为“试点示范”，主要包括闲置宅基地利用试点示范，农房财产权抵押贷款试点、闲置宅基地有偿退出试点等，再次印证了我国农村闲置宅基地盘活利用整合资源路径尚不成熟，更多地通过开展试点示范区总结经验，探索高效运行机制和规范管理制度；“公私合作”政策工具占需求型政策工具总量比例的26.67%，在需求型政策工具使用中占据第二的位置，这表明在工作开展时充分考量社会各方力量，政府不仅自身出力还积极引导社会资本力量进入盘活领域，为盘活农村闲置土地资源助力；“补偿（补贴）”政策工具使用比例较低，不足5%，而“服务外包”政策工具则是未曾出现，充分表明农村闲置宅基地盘活利用市场闭环尚未形成，主要通过试点示范区建设和公私合作的方式拉动农村闲置宅基地盘活利用。

参考文献

[1] CORBIN J, STRAUSS A. Basics of Qualitative Research: Techniques and Procedures for Developing Grounded Theory [M]. Thousand Oaks: SAGE Publications, 2008.

[2]刘世闵,李志伟. 质性研究必备工具：NVivo之图解与应用[M]. 北京:经济日报出版社,2017.

[3]林聚任. 社会网络分析：理论、方法与应用[M]. 北京:北京师范大学出版社,2009.

第十六章 乡村振兴政策整合分析[①]

为了探究乡村振兴战略背景下的中央农村闲置宅基地政策整合目标和行动主体及政策工具之间的整合情况，以发现不同政策整合目标下行动者和政策工具整合偏好。在前文政策整合分析框架基础之上，本章将乡村振兴政策整合目标、行动主体和政策工具相结合进行综合分析，分别将乡村振兴背景下的宅基地盘活利用政策与城乡融合发展、农村产业发展、返乡创新创业与耕地保护四类政策目标进行整合探讨。

第一节 城乡融合发展

一、目标—行动者整合分析

在前文研究基础之上获得“闲置宅基地盘活利用—城乡融合发展”政策整合目标之下的行动者交互矩阵，借助 UCINET6 进行二值化处理（附表 16－1），将上述矩阵导入 UCINET6，借助可视化软件就会得到在该政策整合目标之下的行动者整合网络图谱（图 16－1）。从图中可以清晰地看到不同行动者之间的整合情况，如农业农村部、自然资源部和国家发展改革委等主体处于网络核心位置，且与其他节点连接线段最为密集，因此这些行动者可能是网络中的核心行动者。

为了进一步验证，借助中心度指标获取各行动者权力地位情形（附

① 本章撰写:王倩倩。

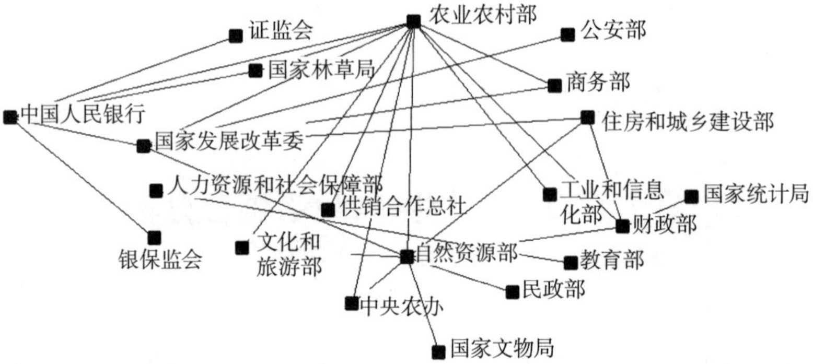

图 16－1　“闲置宅基地盘活利用—城乡融合发展”行动者整合网络图谱

表 16－2），分析结果显示处在网络中心前四位行动者为农业农村部、自然资源部、国家发展改革委和中国人民银行，与行动者网络图显示情形一致。因此为了实现农村闲置宅基地盘活利用以及城乡融合发展的政策目标，农业农村部、国家发展改革委以及自然资源部和财政部等部门在目标实现中发挥着主要作用，而教育部、国家文物局和国家统计局等行动主体则参与度有限，处于整合网络的边缘位置。

网络密度是考量整体网络行动能力的关键指标，本研究通过网络密度指标来体现不同行动者之间的密集程度，密度取值范围为［0，－1］，一般以 0.5 为界，大于 0.5 接近于 1，则可认为该网络密度越高，反之则密度越低。为获得行动者网络整体密度情况，借助 UCINET6 对网络密度指标进行测量，图 16－2 是该整合目标下行动者网络密度计算结果。“闲置宅基地盘活利用—城乡融合发展”的网络密度为 0.081，高于农村闲置宅基地盘活利用行动者整体网络密度水平，但行动者之间紧密程度仍处于较低水平，协作关系不明显，整体网络结构呈现松散状态；标准差为 0.273，表明网络离散程度不大，行动者网络内部存在小团体抱团情况；整体网络密度不高并不影响关系建立，平均最短距离为 2.138，说明除极端情形外（行动节点单独形成联系），网络中任一行动者只需连接两个节点就能建立协作关系。

DENSITY / AVERAGE MATRIX VALUE

Input dataset: 城乡融合发展 (C:\Users\Desktop\UCINET\城乡融合发展)
Output dataset: 城乡融合发展-density (C:\Users\Desktop\城乡融合发展-density)

Density	Ties	Std De	Avg Distance
0.081	34	0.273	2.138

1 rows, 4 columns, 1 levels.

Running time: 00:00:01
Output generated: 03 2月23 11:13:06
UCINET 6.758 Copyright (c) 2002-2022 Analytic Technologies

图 16－2　“闲置宅基地盘活利用—城乡融合发展”
行动者网络密度指标测量结果

二、目标—工具整合分析

如表 16－1 所示，在“闲置宅基地盘活利用—城乡融合发展”政策整合目标之下，使用最多的政策工具类型为环境型政策工具，占“闲置宅基地盘活利用—城乡融合发展”目标政策工具总量的 70.50%，其次是供给型和需求型，分别占政策工具总量的 17.00% 和 12.50%。具体从细分政策工具来看，“策略性措施”“法规管制”“试点示范”“人才培养”为“闲置宅基地盘活利用—城乡融合发展”政策整合目标较为偏好的政策工具，分别占据政策工具使用分布的 32%、18%、9% 和 9%。其余政策工具采用比例较小，均不足 9%，另外在该整合目标之下“服务外包”未被提及。

上述结果表明，我国在制定涉及闲置宅基地盘活利用和促进城乡融合发展的政策过程中，更多地采取策略引导和试点示范的方式进行探索，人才投入是实现目标的必要投入，而法规管制是维护农民权益的主要工具，“闲置宅基地盘活利用—城乡融合发展”政策整合目标对环境型、需求型以及供给型政策工具均有采用，并且在环境侧进行了重点部署。

表 16－1 “闲置宅基地盘活利用—城乡融合发展”整合目标下工具使用分布

工具类型	政策工具	节点数量	百分比	合计
供给型	资金投入	4	2.00%	17.00%
	信息技术	11	5.50%	
	基础设施建设	1	0.50%	
	人才培养	18	9.00%	
需求型	服务外包	0	0.00%	12.50%
	补偿（补贴）	2	1.00%	
	公私合作	5	2.50%	
	试点示范	18	9.00%	
环境型	税收优惠	2	1.00%	70.50%
	宣传引导	5	2.50%	
	金融支持	9	4.50%	
	目标规划	17	8.50%	
	奖赏鼓励	8	4.00%	
	法规管制	36	18.00%	
	策略性措施	64	32.00%	

三、行动者—工具整合分析

根据政策文本内容，把 NVivo11 Plus 中“闲置宅基地盘活利用—城乡融合发展”政策整合目标节点下的政策工具与行动者相对应，多数情况下在文本内容中会指定多个行动者共同行动，为保证数据完备和精准，共同履责的行动者所使用的政策工具会在每一行动者节点进行单独计量。采集数据后，为满足网络分析软件处理格式要求，需要对原始数据进行处理，关系矩阵如附表 16－3 所示。根据上述关系矩阵形成行动者—工具整合网络图谱（图 16－3）。图形直观地展示了 27 个行动者和 12 个政策工具之间的整合情形，由行动者节点发出的线条直接链接至政策工具，线条越密集代表单一行动者整合工具范围越广。行动者之间也存在整合群体，因此需要结合图 16－3 的分析结果。受客观条件的限制，所收集的政策样本数量和深度有限，难以支撑起复杂的聚类分析，但仍然可以根据行动者属性及政策工具使用数量进行简单分类。

经分析可知，不同行动者子群按照工具整合范围基本可以分为三类：第一类是整合程度最高的强势行动群体，国家发展改革委、农业农村部、自然资源部和财政部等行动者基本整合了所有的细分工具类型；第二类是密集小群体，部门协作较为密切的行动者会倾向于选择类似的工具，如农业农村部、人民银行、银保监会和证监会等行动主体由于职能属性交叉密切，偏好采用金融支持、公私合作和资金投入等工具；第三类是边缘行动者群体，这类行动者在政策整合目标下的参与度较低，进而采用政策工具的情形有限且类别单一，如工业和信息化部、国家文物局和民政局仅单一采用单一环境型或供给型政策工具。

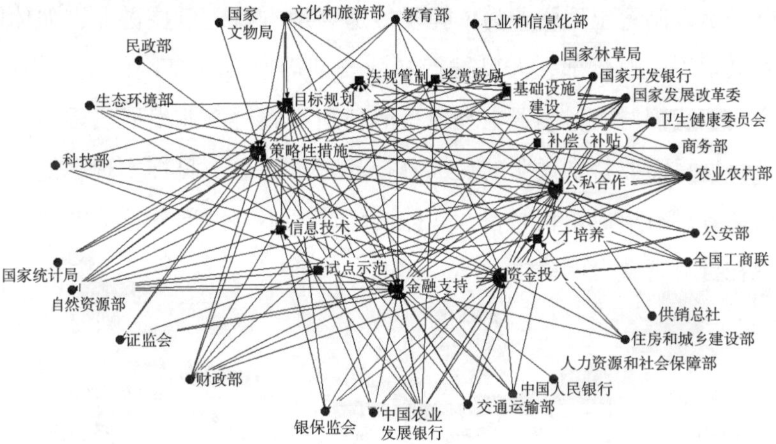

图 16－3 “闲置宅基地盘活利用—城乡融合发展”行动者—工具整合网络图谱

第二节 农村产业发展

一、目标—行动者整合分析

根据政策文本内容统计“闲置宅基地盘活利用—农村产业发展”政策

整合目标之下行动者之间交互数据，利用UCINET6进行二值化处理（附表16－4），借助可视化软件得到行动者整合网络图谱（图16－4）。从图示结果可以看到不同节点与其他节点联结密集程度不一，网络图谱直接展示了哪些行动者之间有协作关系，如文化和旅游部与农业农村部、公安部等行动者节点之间均有合作。为了进一步明晰不同行动者在网络中的地位，借助UCINET6计算网络中行动者的度数中心度（附表16－5）。

在行动者整合网络中，农业农村部、国家发展改革委、文化和旅游部与自然资源部的度数中心度均处于较高水平，说明这四个部门处于行动网络核心的位置，究其原因可能是政府本身职能设置的关系，在“闲置宅基地盘活利用—农村产业发展”整合之下，农村闲置宅基地一个重要的盘活利用路径是以闲置土地资源为依托发展适合地方特色的旅游业，如休闲农业、农家乐等。财政部、人民银行和公安部等节点处于网络次中心位置，这也说明了我国对农村闲置宅基地盘活利用与农村产业发展注重经济方面的支持。这里需要特别说明的是部分行动者虽然参与目标实现，但由于与其他行动者没有形成密切联系，整体网络广度不够，部分行动者也因此并未出现在行动者整合网络之中。

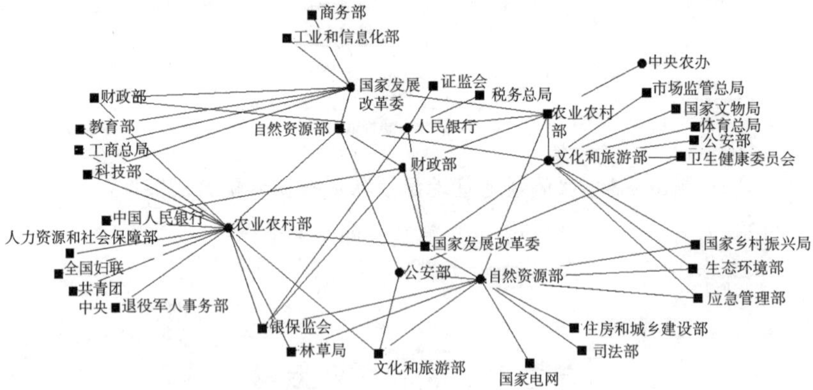

图16－4　“闲置宅基地盘活利用—农村产业发展”行动者整合网络图谱

为获得“闲置宅基地盘活利用—农村产业发展”行动者网络密度情况，通过UCINET6对网络密度指标进行测量，如图16－5是该整合目标下行动者网络密度计算结果。“闲置宅基地盘活利用—农村产业发展”的网络密度为0.065，与农村闲置宅基地盘活利用行动者整体网络行动者之间紧密性相当。标准差数值较低，平均最短距离为2.195，网络内部行动者建联较为便捷。总体来看，该政策整合目标下的行动者整合网络结构比较分散，凝聚力有限，网络结构整体呈现分散性特征。

```
DENSITY / AVERAGE MATRIX VALUE
--------------------------------------------------------------------------------

Input dataset:                GT_0 (C:\UsersDesktop\行动者网络GT_0)
Output dataset:               GT_0-density (C:\Users\Desktop\行动者网络_GT_0-density)


                 Density     Ties    Std De    Avg Distance
                 ------ ------ ------ --------------------------------------
                  0.065       60      0.246       2.195


1 rows, 4 columns, 1 levels.


----------------------------------------
Running time:  00:00:01
Output generated:  06 3月 23 23:07:00
UCINET 6.758 Copyright (c) 2002-2022 Analytic Technologies
```

图16－5　“闲置宅基地盘活利用—农村产业发展”
行动者网络密度指标测量结果

二、目标—工具整合分析

“闲置宅基地盘活利用—农村产业发展”政策整合目标之下所使用的政策工具分布情况如表16－2所示，三类工具类型的占比状况为环境型>供给型>需求型，占比分别为67.39%、23.91%和8.7%。从细分工具来看，“策略性措施”“法规管制”“人才培养”“奖赏鼓励”占比均高于7%，“目标规划”和“金融支持”占比略小，分别为6.52%和5.43%。其余政策工具如“信息技术”“试点示范”“公私合作”则使用较少，且绝对节点数量相差不大，“服务外包”和“补偿（补贴）”两类政策工具均未被采用。

上述结果表明，我国在实现闲置宅基地盘活利用和农村产业发展这一政策整合目标时，较多地使用环境型和供给型政策工具，其中环境型主要在明确政策目标的前提下对盘活利用闲置宅基地进行策略引导，同时借助法规管制规范盘活利用行为，另外也在强化人才引领和推进基础设施建设方面发力，保障政策目标实现。

表 16－2　“闲置宅基地盘活利用—农村产业发展”整合目标下工具使用分布

工具类型	政策工具	节点数量	百分比	合计
供给型	资金投入	1	1.09%	23.91%
	信息技术	3	3.26%	
	基础设施建设	3	3.26%	
	人才培养	15	16.30%	
需求型	服务外包	0	0.00%	8.70%
	补偿（补贴）	0	0.00%	
	公私合作	4	4.35%	
	试点示范	4	4.35%	
环境型	税收优惠	2	2.17%	67.39%
	宣传引导	3	3.26%	
	金融支持	5	5.43%	
	目标规划	6	6.52%	
	奖赏鼓励	7	7.61%	
	法规管制	9	9.78%	
	策略性措施	30	32.61%	

三、行动者—工具整合分析

为获取行动者使用政策工具的具体情况，首先在“闲置宅基地盘活利用—农村产业发展”政策整合目标节点之下，根据政策文本内容进行基础数据统计，其次为追求精确的网络匹配图像呈现，借助 UCINET 进行格式和二值化数据处理，经处理的关系矩阵如附表 16－6 所示。根据上述关系矩阵形成行动者—工具整合网络图谱（图 16－6），直观地展示了 31 个行动者和 11 个政策工具之间的整合情形，与“闲置宅基地盘活利用—城乡融合发展”相较而言，“闲置宅基地盘活利用—农村产业发展”目标下的行动者和政策整合工具的整合分布则更加均匀。

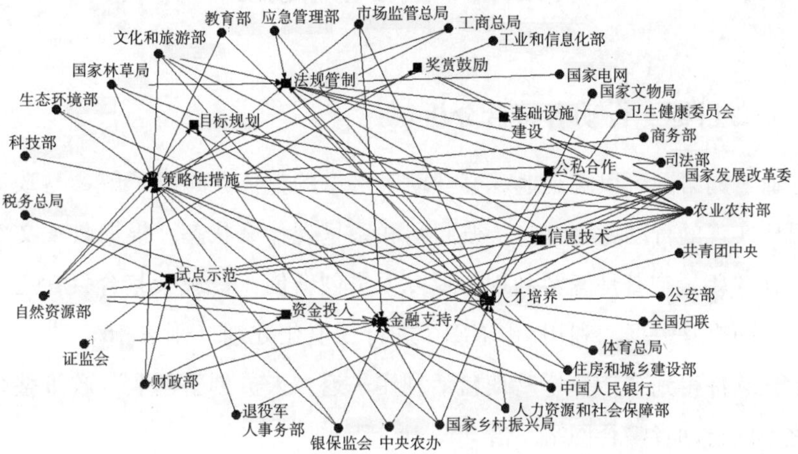

图 16－6　“闲置宅基地盘活利用—农村产业发展”整合目标下行动者—工具整合网络图谱

按照行动者子群工具整合范围可以分为两类。第一类是图中线条交叉最为密集的强势行动群体，“闲置宅基地盘活利用—农村产业发展”政策整合目标之下强势主体权力分布特征同样也在图 16－6 中得以体现，农业农村部、国家发展改革委、文化和旅游部与自然资源部为强势行动主体，该部分行动者群体基本涉及所有政策工具，在实现宅基地盘活利用过程中的手段更为多元化。第二类是密集小群体，多数行动者在实现农村闲置宅基地盘活利用以及农村产业发展的政策交叠区域内都会整合两种及以上的政策工具展开工作，比如（“国家乡村振兴局＋自然资源部＋文化和旅游部”）行动者整合子群，为实现政策整合目标偏好于将策略性措施、人才培养、金融支持等政策工具组合使用。另外，个别政策主体由于游离于行动者网络之外，所涉及的政策工具同样不会在行动者—工具整合网络图谱中体现。

第三节　返乡创新创业

一、目标—行动者整合分析

通过网络图可以宏观地观察行动者网络的整体架构，了解参与政策整合目标实现的行动者有哪些，彼此间联系呈现什么状态。根据政策文本内容统计“闲置宅基地盘活利用—返乡人员创新创业”政策整合目标之下行动者之间交互数据，利用 UCINET6 进行二值化处理（附表 16－7），借助可视化软件得到“闲置宅基地盘活利用—返乡人员创新创业”政策整合目标之下的行动者整合网络图谱（图 16－7）。

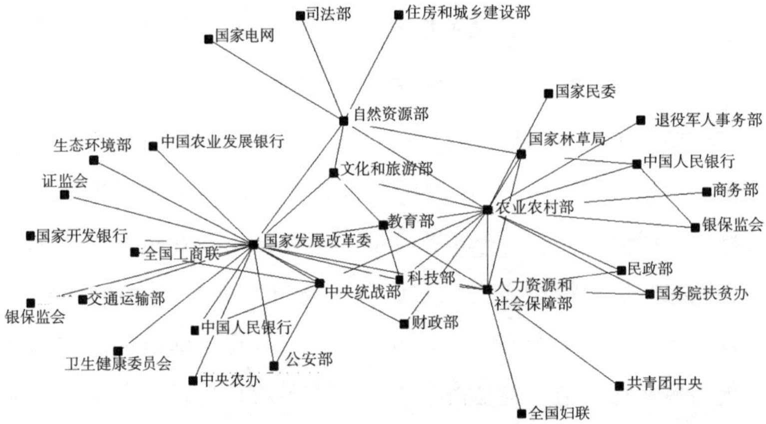

图 16－7　“闲置宅基地盘活利用—返乡人员创新创业”行动者整合网络图谱

个体中心网络分析是站在相对角度对节点中心性进行分析，度数中心度是对行动者网络中哪些部门处于核心地位的精准测量。从“闲置宅基地盘活利用—返乡人员创新创业”行动者网络的测量结果（附表 16－8）中我们可以发现，国家发展改革委、农业农村部和人力资源和社会保障部拥有前三的中心度度数。对于“闲置宅基地盘活利用—返乡人员创新创业”政策整合目标的实现而言，最为灵活的投入是人力资源，闲置宅基地需要农民、村集体或其他盘活主体以合理的利用方式进行盘活利用，宅基地为返乡创新创业人员提供了可调动资源，整合目标的实现需要人力资源和社会保障部从中引导和支持。另外国家发展改革委作为发展农村经济和进行体制改革的职能部门，农业农村部作为农村领域最高领导部门，处在行动者网络中心是地位的合理体现。

通过 UCINET6 对“闲置宅基地盘活利用—返乡人员创新创业”行动者整合网络的网络密度指标进行测量，结果如图 16－8 所示。“闲置宅基地盘活利用—返乡人员创新创业”的网络密度为 0.058，整体密度水平较低，低于闲置宅基地盘活利用整体密度水平，且与前述两类政策整合目标相较也属于低值，说明该整合目标之下行动者之间连接极为松散，行动者之间的协作关系较弱。平均最短距离指标值为 1.913，每两个行动者参与行动需要 1.913 个政府部门就能建立联系。总体来看，此政策整合目标下的行动者之间联系的紧密度需要进一步提高，网络整体结构较为疏散。

```
DENSITY / AVERAGE MATRIX VALUE
--------------------------------------------------------------------------------

Input dataset:                (C:\Users\Desktop\UCINET\创新创业)
Output dataset:                 -density (D:\Documents\UCINET data\创新创业-density)


                    Density   Ties   Std De   Avg Distance
                    ----------------------------------------
                    0.058      61    0.233      1.913

1 rows, 4 columns, 1 levels.


----------------------------------------
Running time:  00:00:01
Output generated:  08 3月 23 20:09:27
UCINET 6.758 Copyright (c) 2002-2022 Analytic Technologies
```

图 16－8　“闲置宅基地盘活利用—返乡人员创新创业”行动者网络密度指标测量结果

二、目标—工具整合分析

如表 16－3 所示，在“闲置宅基地盘活利用—返乡人员创新创业”政策整合目标之下的政策工具使用中，最为倚重的政策工具类型为环境型政策工具，整体上呈现环境型 > 供给型 > 需求型，分别占比为 69.05%、26.19% 和 4.76%。具体而言，在环境型政策工具使用中，“策略性措施”是最为倚重的政策工具，在环境型政策工具总量中占比 45.24%，“宣传引导”使用略少，除“目标规划”政策工具未使用外，其余政策工具使用绝对数量相差无几，皆低于政策工具总量节点数量 5%。供给型政策工具中，“人才培养”政策工具使用较多，“信息技术”与“基础设施建设”两类政策工具使用量占比相同，皆为 2.38%，“资金投入”政策工具占比略高于二者。需求型政策工具是“闲置宅基地盘活利用—返乡人员创新创业”之下使用比重最低的政策工具类型，其中四类政策工具使用绝对数量相差很小，以所占比重来看，“试点示范”和“公私合作”各占半数，而“服务外包”和“补偿（补贴）”则未涉及。

上述结果表明，我国在制定同时涉及闲置宅基地盘活利用和返乡人员创新创业的政策内容时，较少借助市场的力量，较多地使用到环境型和供给型政策工具，其中环境型主要是引导和鼓励返乡下乡人员在符合土地利用总体规划的前提下依据相关用地政策，利用农村闲置宅基地开展设施农业建设和经营，同时通过多种媒体渠道宣传推介优秀带头人，以期发挥其示范带动作用。除此之外，相关行动者也在督促相关部门加强工作指导，建立部门间协调机制，施行返乡创业培训计划、新型职业农民培育工程等人才培育行动，以及利用财政资金撬动和引导社会各类资本支持人员返乡创业，提高土地资源利用效率。

表 16－3 “闲置宅基地盘活利用—返乡人员创新创业”整合目标下工具使用分布

工具类型	政策工具	节点数量	百分比	合计
供给型	资金投入	2	4.76%	26.19%
	信息技术	1	2.38%	
	基础设施建设	1	2.38%	
	人才培养	7	16.67%	

续表

工具类型	政策工具	节点数量	百分比	合计
需求型	服务外包	0	0.00%	4.76%
	补偿（补贴）	0	0.00%	
	公私合作	1	2.38%	
	试点示范	1	2.38%	
环境型	税收优惠	1	2.38%	69.05%
	宣传引导	5	11.90%	
	金融支持	2	4.76%	
	目标规划	0	0.00%	
	奖赏鼓励	1	2.38%	
	法规管制	1	2.38%	
	策略性措施	19	45.24%	

三、行动者—工具整合分析

为获取行动者使用政策工具的具体情况，在“闲置宅基地盘活利用—返乡人员创新创业”政策整合目标节点之下，根据政策文本内容进行基础数据统计之后，再借助 UCINET6 进行数据格式和二值化处理，经处理的关系矩阵见附表 16－9。根据上述关系矩阵形成行动者—工具整合网络图谱（图 16－9）。

从图谱中可以直观地看到 33 个行动者和 11 个政策工具的整合情形，中心度高的节点会吸引其他节点而形成强势行动者子群，由图 16－9 可知在“闲置宅基地盘活利用—返乡人员创新创业”政策整合目标之下的行动网络基本由 3 个强势子群组成，其他节点被权力地位较高的节点吸引而均匀环绕其周围，这就造成了行动者和工具整合范围的差异较大。在行动网络中权力地位较高的行动者整合着最广泛的政策工具，中心度较低的行动者，也即在权力排序中较低的行动者整合工具类型就偏少。如国家发展改革委、农业农村部和人力资源和社会保障部工具整合范围囊括策略性措施、人才培养、试点示范和金融支持等 11 种政策工具，而像司法部、住房和城乡建设部、中国人民银行等行动者仅涉及一至两个政策工具的使用。

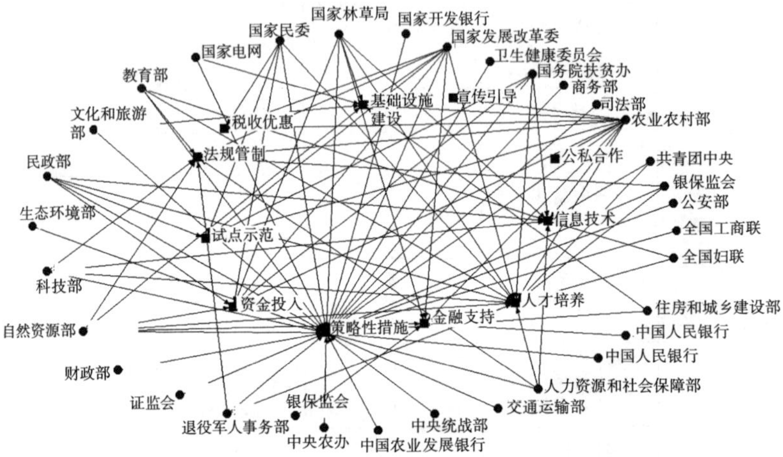

图 16－9 “闲置宅基地盘活利用—返乡人员创新创业”整合目标下行动者—工具整合网络图谱

第四节 耕地保护

一、目标—行动者整合分析

通过 NVivo11 Plus“闲置宅基地盘活利用—耕地保护”政策整合目标节点编码高效地获取行动者及其政策工具使用情况，然后利用 UCINET6 将数据进行二值化处理（附表 16－10），将上述矩阵导入 UCINET6 借助可视化软件得到在该政策整合目标之下的行动者整合网络图谱（图 16－10）。

涉及“闲置宅基地盘活利用—耕地保护”政策内容条款较少，体现在行动者网络上就是获得一个结构极为简单的网络图谱，从图中可以直观地看到共有 12 个行动者在实现农村闲置宅基地和耕地保护目标中直接或间接发力。由于涉及条款较少所以在政策文本内容中能够感知“闲置宅基地盘活利用—耕地保护”中的核心行动者为自然资源部（原国土资源部门）和

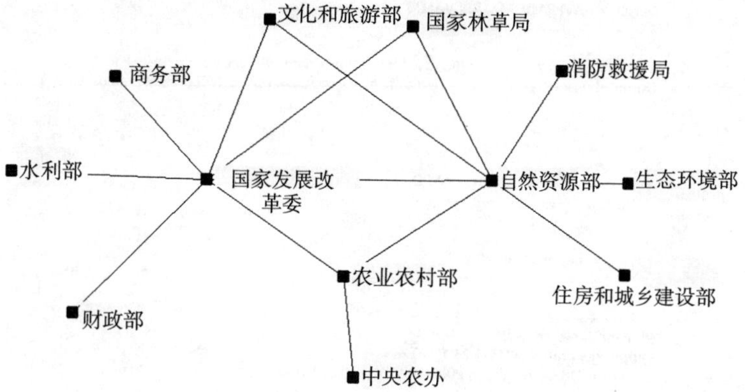

图 16-10　“闲置宅基地盘活利用—耕地保护”行动者整合网络图谱

国家发展改革委。对行动者网络图谱节点中心度进行计算（附表 16-11），结果显示中心度最高的为自然资源部和国家发展改革委，但闲置宅基地和耕地同属土地管理范畴，在政策制定及实践过程中应是各级自然资源部门主导与发展改革委、农业、旅游等相关部门的协同联动。在农业农村优先发展的原则指导下，国家发展改革委与自然资源部配合带领相关行动者共同落实节约用地和耕地保护制度，进行风险防控，强化农村土地用途管制，以“万村整治”示范工程建设为重要抓手，带领相关部门统筹使用土地整理复垦专项资金，全面支撑和推动农村闲置宅基地整理，所得土地复垦为耕地，加大土地利用综合整治力度。

与前三个政策整合目标分析路径相似，同样借助 UCINET6 对“闲置宅基地盘活利用—耕地保护”行动者整合网络的网络密度指标进行测量（图 16-11）。“闲置宅基地盘活利用—耕地保护”的网络密度为 0.114，整体密度水平极低，远低于闲置宅基地盘活利用政策整合行动者网络整体密度水平，这主要是由于参与主体数量太少。网络结构极简，行动者之间通达度较高，平均最短距离指标值为 1.286，意味着每两个行动者通过 1.286 个政府部门就能建立协作关系。总体来看，此政策整合目标资源交互较为便捷，但行动者密度较低，应根据目标达成需要进一步扩充行动者范围。

```
DENSITY / AVERAGE MATRIX VALUE
--------------------------------------------------------------------------------

Input dataset:              (C:\Users\DesktopUCINET\耕地保护)
Output dataset:                 -density (C:\Users\Desktop\UCINET\耕地保护-density)


              Density   Ties   Std De   Avg Distance
              ----------------------------------------
                0.114     15    0.317     1.286

1 rows, 4 columns, 1 levels.


----------------------------------------
Running time:  00:00:01
Output generated:  09 3月 23 15:46:23
UCINET 6.758 Copyright (c) 2002-2022 Analytic Technologies
```

图 16－11　“闲置宅基地盘活利用—耕地保护”行动者网络密度指标测量结果

二、目标—工具整合分析

“闲置宅基地盘活利用—耕地保护”政策整合目标使用的政策工具分布情况如表 16－4 所示，国家层级关于同时涉及闲置宅基地盘活利用和耕地保护的政策条款较少，仅有 38 条。从政策工具分布情况来看，依旧是环境型政策工具占比最高，为 52.63%，而需求型和供给型政策工具占比相近，分别为 26.32% 和 21.05%，和上述几个政策整合目标不同的是“闲置宅基地盘活利用—耕地保护”政策整合目标中的需求型政策工具使用比例要高于供给型政策工具使用比例。从细分政策工具类型来看，由于该政策整合目标涉及政策内容较少，因此政策工具节点之间的绝对数量相差不大。环境、需求和供给三类政策工具使用最多的工具分别是“策略性措施”“试点示范”和“资金投入”，这与“闲置宅基地盘活利用—城乡融合发展”政策整合目标偏好类似。其余政策工具使用数量较少，且“奖赏鼓励”“宣传引导”“金融支持”“目标规划”等 9 种政策工具在该政策整合类目下未曾涉及。

表 16－4　“闲置宅基地—耕地保护”整合目标下工具使用分布

工具类型	政策工具	节点数量	百分比	合计
供给型	资金投入	7	18.42%	21.05%
	信息技术	1	2.63%	
	基础设施建设	0	0.00%	
	人才培养	0	0.00%	
需求型	服务外包	0	0.00%	26.32%
	补偿（补贴）	0	0.00%	
	公私合作	2	5.26%	
	试点示范	8	21.05%	
环境型	税收优惠	0	0.00%	52.63%
	宣传引导	0	0.00%	
	金融支持	0	0.00%	
	目标规划	0	0.00%	
	奖赏鼓励	0	0.00%	
	法规管制	5	13.16%	
	策略性措施	15	39.47%	

上述结果表明，“闲置宅基地盘活利用—耕地保护”政策整合目标之下，政府部门在制定农村闲置宅基地盘活利用政策时，综合考量了耕地保护相关事宜，在供给、需求和环境侧皆进行了政策部署。从政策工具使用情况来看，要想同时实现农村闲置宅基地盘活利用和耕地保护双重政策目标，可能需要进一步丰富相关政策条款，包括增加资金投入、进行试点示范以及强化相关的法规管制等。

三、行动者—工具整合分析

在 NVivo11 Plus“闲置宅基地盘活利用—耕地保护”政策整合目标节点下，根据政策文本内容进行基础数据统计，然后借助 UCINET6 进行相关数据处理工作，经处理的关系矩阵如表 16－5 所示。

根据上述关系矩阵形成行动者—工具整合网络图谱（图 16－12）。从图谱中可以直观地看到 7 个行动者和 6 个政策工具的整合情形，中心度高的节点会吸引其他节点形成强势行动者子群，在“闲置宅基地盘活利用—耕地保护”政策整合目标之下，根据工具整合范围来看整合情形较差，行动者整体网络中的行动者较少，但即使如此，“闲置宅基地盘活利用—耕地保护”政策整合目标仍然和其他目标整合情形类似，强势节点涉及大部分工具类型，强势节点之外并未形成较为密集的行动者群体，因此也不存在行动者—工具整合密集小群体，多数行动者仅采用单一政策工具，这也体现了“闲置宅基地盘活利用—耕地保护”行动者在政策目标实现过程中的参与度不足。

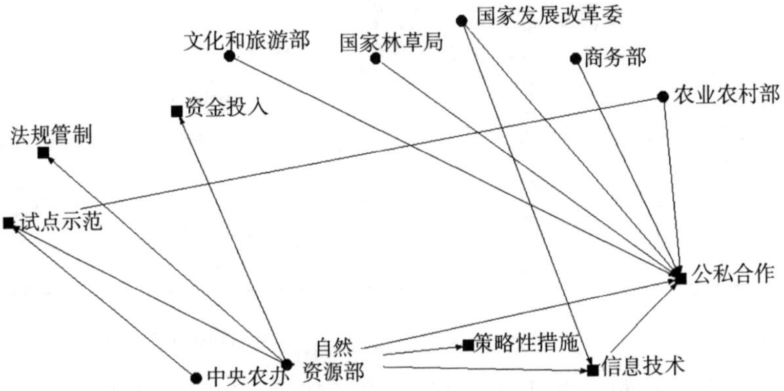

图 16－12　“闲置宅基地盘活利用—耕地保护”整合目标下行动者—工具整合网络图谱

表 16－5　“闲置宅基地盘活利用一耕地保护”行动者一工具整合网络二值化矩阵

	信息技术	人才培养	资金投入	基础设施建设	服务外包	公私合作	补偿（补贴）	试点示范	目标规划	金融支持	法规管制	宣传引导	税收优惠	奖赏鼓励	策略性措施
自然资源部	1	0	1	0	0	1	0	1	0	0	1	0	0	0	1
国家发展改革委	1	0	0	0	0	1	0	0	0	0	0	0	0	0	0
财政部	0	0	0	0	0	1	0	0	0	0	0	0	0	0	0
水利部	0	0	0	0	0	1	0	0	0	0	0	0	0	0	0
农业农村部	0	0	0	0	0	1	0	1	0	0	0	0	0	0	0
国家林草局	0	0	0	0	0	1	0	0	0	0	0	0	0	0	0
文化和旅游部	0	0	0	0	0	1	0	0	0	0	0	0	0	0	0
中央农办	0	0	0	0	0	0	0	1	0	0	0	0	0	0	0

第五节　小结

行动者主要依据目标实践形成行动者网络，细分政策工具类型基本涉及环境型、供给型以及需求型三类政策工具，但每类政策整合目标的行动者组成、政策工具类型偏好以及行动者整合工具广度等分析结果存在差异（表 16－6）。

表 16－6　政策整合目标二维交叉分析简要总结表

政策整合目标	闲置宅基地盘活利用—城乡融合发展	闲置宅基地盘活利用—农村产业发展	闲置宅基地盘活利用—返乡人员创新创业	闲置宅基地盘活利用—耕地保护
地位排序（前三）	农业农村部、自然资源部、国家发展改革委	农业农村部、国家发展改革委、文化和旅游部	国家发展改革委、农业农村部、人力资源和社会保障部	自然资源部、国家发展改革委、农业农村部
工具使用偏好	环境型＞供给型＞需求型	环境型＞供给型＞需求型	环境类＞供给型＞需求型	环境类＞需求型＞供给型
行动者整合工具广度	强势行动群体整合了所有细分工具类型；密集小群体由于职能属性交叉密切，倾向于选择类似的工具；边缘行动者群体采用政策工具类别单一	强势行动群体整合了所有细分工具类型；密集小群体整合两种及以上政策工具	行动网络基本由三个强势子群组成，政策工具整合使用范围较广；其他单一行动者涉及一至两个政策工具的使用	强势节点涉及大部分工具类型，强势节点之外并未形成较为密集的行动者群体，因此也不存在密集小群体，多数行动者仅采用单一政策工具

从纵向看，农村闲置宅基地盘活利用政策整合目标实现是由强势行动者牵头行动，行动者之间交流较为便捷但紧密性较低，所采用政策工具类型偏好相似度相对较高。各个整合目标的实现皆是由国家发展和改革委员会以及农业农村部主导，不同的政策整合目标之下存在不同行动者协同配合，如“闲置宅基地盘活利用—返乡人员创新创业”整合目标下人力资源投入是实现政策目标的重要投入，因此人力资源和社会保障部在其行动者

网络中扮演重要角色。从行动者性质来看，我国农村闲置宅基地政策整合下的行动者分布在多个领域，包括经济（中国人民银行、银保监会、财政部）、社会（民政部、退役军人事务部、住房和城乡建设部）、文化（文化和旅游部、国家文物局）、生态（国家林草局、生态环境部）等。各个整合目标下都存在孤立节点未被纳入行动者网络，这些孤立节点与其他行动者可能存在协作空间，但制定政策时并未被考虑在内。行动者之间通达度较好，但网络密度整体偏低，行动者之间紧密性需要进一步提升。关于政策工具的使用，各个政策整合目标在三个工具类型中均有布局，所有政策整合目标首要偏好工具类型同为环境型政策工具，不同的行动者群体对于政策工具有不同的整合广度，依附权力地位较高节点形成的子群对政策工具的整合范围大于弱势及孤立节点的政策工具整合广度。

从横向看，政策整合目标之下的强势行动者决定着工具使用类别及广度。具体而言，“闲置宅基地盘活利用—城乡融合发展”整合目标主要锚定的是经济发展领域，在该目标之下由农业农村部、国家发展改革委和自然资源部主导行动者网络，且该整合目标在所有政策整合目标中采用政策工具类别最多，主要借助需求侧政策工具中的“试点示范”、供给侧政策工具中的“人才培养”和环境侧工具“策略性措施”来实现目标，其内容集中于深化农村宅基地制度改革试点、支持示范工程建设，强化政府部门组织领导、建设农村专业人才队伍，稳定吸纳农业转移人口等方面；“闲置宅基地盘活利用—农村产业发展”主要依靠“人才培养”“试点示范”“公私合作”“策略性措施”这四种政策工具，通过将人才引入乡村产业发展，增加产业用地需求，以及通过策略性措施引入社会力量共同开展试点示范工作，文化和旅游部是除了农业农村部和国家发展改革委之外的强势行动者，这是因为在该政策整合目标下，闲置宅基地盘活利用的重要方式是将其改造建设成乡村旅游、农村体验活动场所（如休闲农业、民宿），需要与文化和旅游部联动协作。相较于其他政策整合目标而言“闲置宅基地盘活利用—返乡人员创新创业”政策整合目标的实现则主要通过国家发展改革委、农业农村部和人力资源和社会保障部来主导协调各项工作，在符合农村宅基地管理规定和相关规划的前提下，通过调整存量土地资源，解决返乡人员创业用地难问题，以“策略性措施”“试点示范”“公私合作”“人才培养”为目标实现提供了大部分的助力。“闲置宅基地盘活利用—耕地保护”行动者网络主导者仍然与其目标特质相关，除了农业农村部和国家发展改革委外还包括自然资源部（土地管理职能部门），主要采取整理、复垦等方式，与前几个政策整合目标相比，行动者数量较少且网络结构最为松散。

上述四个政策整合目标综合分析来看，我国农村“沉睡”土地资源环境规划尚不成熟，对不同领域关注度不一，最为重视经济发展目标达成，土地保护关注度需进一步提升。网络密度整体偏低，各个政策整合目标的行动者协作紧密性需继续加强。不同部门职能及所擅长工作不同，存在强势行动者子群引领工作方向是必要的，但培育更多密集小群体可以更好地促进行动者网络内部资源流动和政策目标实现。各个整合目标虽然选择工具有所偏重，但总体上倚重策略措施和试点区域建设来推动资源利用和农村发展。策略性措施具有良好的指引性作用，是营造盘活闲置土地资源良好环境的重要手段，而在农村闲置宅基地盘活模式和路径尚未发展成熟之前，为保证政策实施方向正确和政策效能提高，引入多方参与主体进行试点示范是保证盘活行动低风险的优选，同时资金投入和宣传引导也必不可缺。除此之外，我国在考虑农村闲置宅基地盘活利用整体布局时，需求侧的服务外包、政企合作和补偿补贴，供给侧的信息技术及基础设施建设，环境侧的宣传教育、税收补贴等政策手段也应同时考虑在内，确保形成良好的资源流动闭环，防止在盘活过程中出现政策体系不健全而影响农村可持续发展。

第十七章　案例：大同市云州区易地扶贫整体搬迁治理①

21 世纪以来，我国陆续组织开展易地扶贫搬迁工作，截至 2015 年已累计搬迁 680 万人。《全国“十三五”易地扶贫搬迁规划》提出，五年内再对近 1000 万建档立卡贫困人口实施易地扶贫搬迁。全部搬迁人口中，自然村整村搬迁约 565 万人，占总搬迁人口的 34.7%。②

整村搬迁造成大量土地闲置，若不及时加以治理，将造成巨大的资源浪费，也为乡村振兴战略实施带来现实困难，积重难返。积极稳妥、有序组织开展易地扶贫搬迁旧房拆除工作，因地制宜采取整理、复耕、复绿等方式实施旧宅基地整治，有利于提高农村土地集约节约利用水平，对巩固脱贫攻坚成果、推进实施乡村振兴战略具有重要意义。

已有不少学者关注了闲置宅基地治理方式[1]、宅基地退出机制[2][3]、退出意愿及影响因素[4-7]、退出效果[8]、流转机制及影响因素[9-13]，也有学者从休闲农业[14]、庭院经济[15]、特色产业[16]等角度探讨了闲置宅基地再利用的具体策略。然而，对农村闲置宅基地形成机理以及治理方式探讨较少，针对整村搬迁闲置宅基地治理方式及其影响因素的研究则更是空白。面对整体搬迁村闲置宅基地治理这一新事物，探索性案例研究可以有效地对实践进行总结提炼，进行理论升华，可以阐释复杂现象背后的机理。[17]本文基于对国家级扶贫开发工作重点县——山西省大同市云州区整村搬迁闲置宅基地治理方式的实地调查，旨在探索整体搬迁村闲置宅基地

① 本章撰写：邵俊霖、崔兴平。

② 国家发展改革委．全国“十三五”易地扶贫搬迁规划[R]. 2016.

治理方式及其形成机制，以期为我国易地扶贫搬迁后闲置宅基地治理提供理论参考和实践经验借鉴。

第一节　研究区概况

云州区（原大同县，2018 年 2 月经国务院批复撤县立区）位于山西省北部、大同市东郊，是国家燕山—太行山集中连片特困地区扶贫开发县、国家级扶贫开发工作重点县（2019 年 4 月退出）。“十三五”期间，全区易地扶贫搬迁涉及 120 个村 13498 人，其中整体搬迁村 18 个，分布在 4 个乡镇，其中：聚乐乡 6 村（艾家洼、黄家洼、东阁老山、西阁老山、上羊落、小北庄），瓜园乡 7 村（东沙窝、西沙窝、黑石崖、道西湾、滕家沟、梁庄、南坡），西坪镇 4 村（东咀、西咀、上高庄、大坊城）和周士庄镇 1 村（东水峪）。整村搬迁贫困人口 969 户 2136 人，同步搬迁 524 户 1067 人，整村搬迁人口占总搬迁人口的 23.73%。18 个整体搬迁村中，西坪镇上高庄、东咀、瓜园乡道西湾、梁庄、南坡、滕家沟以及聚乐乡 7 个村安置在西坪中心村，占用建设用地；西坪镇大坊城、西咀安置在大坊城新村，占用林地；瓜园乡西沙窝、黑石崖安置在瓜园中心村，占用建设用地；东水峪、东沙窝分别安置在原村址附近的东水峪中心村和东沙窝新村，占用林地。

第二节　整体搬迁村闲置宅基地治理方案

国家发展改革委联合国家乡村振兴局、教育部等十部委发布的《关于进一步加大易地扶贫搬迁后续扶持工作力度的指导意见》明确闲置宅基地治理要“宜耕则耕、宜林则林、宜草则草”。山西省发布的《关于进一步做好易地扶贫搬迁工作的若干意见》也要求按照“宜耕则耕、宜建则建、宜林则林”原则对旧宅基地进行处置。根据上述文件，为有效利用 18 个整体搬迁村的150.42公顷宅基地，云州区先后制定了两版具体方案。

一、方案一

2019年7月，云州区制定并上报第一版方案，包含拆除复耕、拆除不复和保留提升三种治理方式。①拆除复耕：涉及西坪镇大坊城、西咀2村，复耕面积13.36公顷，占全部宅基地面积8.88%，后续进行增减挂钩，结余指标可在省内外流转，收入按原则将返回村集体，用于后续产业发展。②拆除不复：涉及黑石崖、道西湾、梁庄、南坡、滕家沟、小北庄、艾家洼、东阁老山、西阁老山、黄家洼、上羊落、东水峪12村，房屋全部拆除且不复垦，拆除可获得建设用地面积87.85公顷，方案未明确此类建设用地用途。③保留提升：涉及西坪镇上高庄、东咀和瓜园乡东沙窝、西沙窝4村，房屋全部保留，计划发展特色旅游，保留面积49.21公顷，占全部宅基地面积32.72%。

二、方案二

在第一版方案中，由于复耕面积较小，未达到上级部门增减挂钩周转指标要求而被驳回修改，区政府又制定了第二版方案。第二版方案包含拆除复耕、拆除复绿、拆除不复和保留提升四种治理方式。①拆除复耕：范围从大坊城和西咀2村扩大到大坊城、西咀、东咀、小北庄、黄家洼5村，复耕面积35.51公顷，占全部宅基地面积的23.61%。②拆除复绿：涉及上高庄宅1村，由于土层较薄，上高庄无法复垦为耕地，故而进行复绿，面积13.38公顷，占全部面积的8.9%。③拆除不复：涉及黑石崖、道西湾、梁庄、南坡、滕家沟、艾家洼、东阁老山、西阁老山、上羊落、东水峪10村，占地79.94公顷，房屋部分拆除，有文化价值的古宅、因长期不在村居住而未进行同步搬迁的非贫困户住宅予以保留。据统计，10村共有搬迁户936户，未搬迁户232户，未搬迁户占总户数19.86%，拆除面积按比例计算约64.06公顷。④保留提升：由上高庄、东咀、东沙窝、西沙窝4村减少至东沙窝、西沙窝2村，两村宅基地面积21.59公顷，占全部宅基地面积的14.35%（表17-1）。

表 17 –1　云州区易地扶贫整体搬迁村闲置宅基地治理方式

治理方式	方案一			方案二		
	涉及村庄	面积（公顷）	面积占比（%）	涉及村庄	面积（公顷）	面积占比（%）
拆除复耕	大坊城、西咀	13.36	8.88	大坊城、西咀、东咀、小北庄、黄家洼	35.51	23.61
拆除复绿	无	0	0.00	上高庄	13.38	8.90
拆除不复	黑石崖、道西湾、梁庄、南坡、滕家沟、小北庄、艾家洼、东阁老山、西阁老山、黄家洼、上羊落、东水峪	87.85	58.40	黑石崖、道西湾、梁庄、南坡、滕家沟、艾家洼、东阁老山、西阁老山、上羊落、东水峪	79.94	53.14
保留提升	上高庄、东咀、东沙窝、西沙窝	49.21	32.72	东沙窝、西沙窝	21.59	14.35

资料来源：云州区政府。

三、两版方案对比

对比两版方案，整村搬迁闲置宅基地治理方式发生了较大变化：拆除复耕增加了 3 个村庄，面积由 13.36 公顷增加至 35.51 公顷，比例增加 166%；新增拆除复绿模式，涉及上高庄 1 村；拆除不复减少 2 村，面积由 87.85 公顷减少至 79.94 公顷，比例减少 9%，但始终在各种模式中占最大比例；保留提升减少 2 村，面积由 49.21 公顷减少至 21.59 公顷，减少了 56%（图 17 –1）。

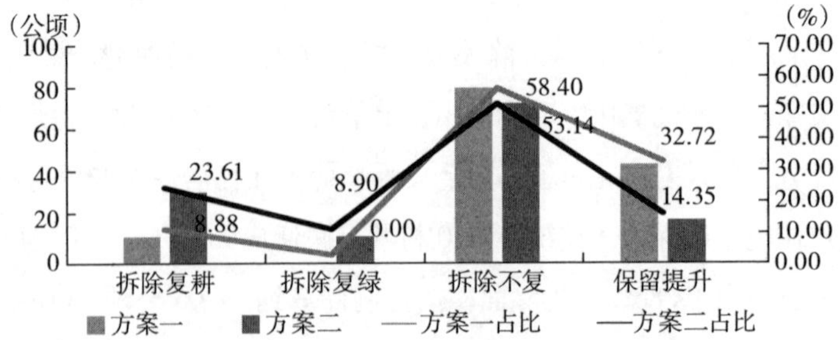

图 17 –1　治理方式面积变化

资料来源：云州区政府。

从访谈中得知，大坊城与西咀由于自然、历史条件较差，不具备发展旅游等产业的条件，同时，其土壤条件优越，因而一直被列为拆除复耕对象。东咀靠近大路，交通便利，原计划是发展旅游，进行保留提升，后发现可利用房屋较少，且都为土窑洞，文化价值较低，故更改为拆除复耕。小北庄、黄家洼面积较小，复耕难度小，在第二版方案中纳入拆除复耕。上高庄与东咀情况类似，但土壤条件无法满足复耕条件，故在第二版方案中进行复绿。东沙窝、西沙窝两村靠近桑干河北岸，村内火山石窑洞较多，风貌独特、历史悠久，全部予以保留。除此之外，在第一版方案中，保留提升的 4 个村庄未搬迁户比例都较高，西沙窝与东咀甚至分别达 69.92%、65.26%，未搬迁户房屋拆除涉及房屋价值评估、与户主协商等，流程较为烦琐，拆除成本较高且无法使用扶贫资金，应该也是方案一选择保留的考虑因素（图 17－2）。

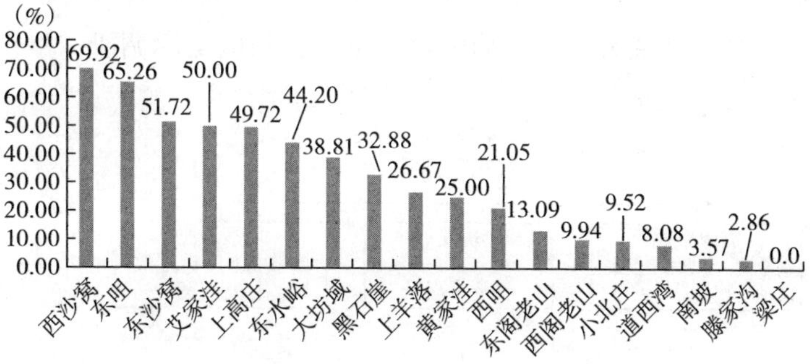

图 17－2　各村庄未搬迁户比例

资料来源：云州区政府。

第三节　治理框架

按照国家脱贫攻坚战总体部署，现行标准下的绝对贫困在 2020 年以后基本消失。但是，贫困地区人均 GDP 及可支配收入与全国水平的绝对差距会进一步拉大，实现乡村振兴的战略目标任重道远。[18] 因此，须依靠产业融合和城乡融合发展来实现均衡发展目标。在传统城市化、工业化发展规律下，人口、工商产业与土地集约利用形成了城市与工业高度聚集，资本累积、产业发达和劳动力充分流动的状态；而县城以下的广袤农村和分散村庄，则因劳动力和资本净外流形成了大量“空心村”，人口少、农业产业单一和建设用地分散且闲置，相对静态、城乡分割的二元体制特征并未从根本上破除，经济和社会发展缺乏造血机制和活力。① 作为乡村最重要的生产要素之一，土地成为连接城乡、实现城乡要素流通的重要载体和渠道，[19]也是实现“人—业—地”良性耦合与协调发展从而走出“贫困陷阱”的关键要素。[20]因整体搬迁而形成的闲置宅基地，是乡村土地资源的重要组成部分，其有效利用必须置于城乡融合发展和产业融合视角之下，因地制宜、合理规划。同时，闲置宅基地治理涉及政府、搬迁户、未搬迁户等多元利益主体，治理方式可视为既定情境下的行为或策略选择。本文基于政策整合方法，将闲置宅基地治理方式视为行动舞台，将资源禀赋、产业发展、政策激励视为外生影响因素，结合云州区实际调研，整理出如下治理框架（图 17－3）。

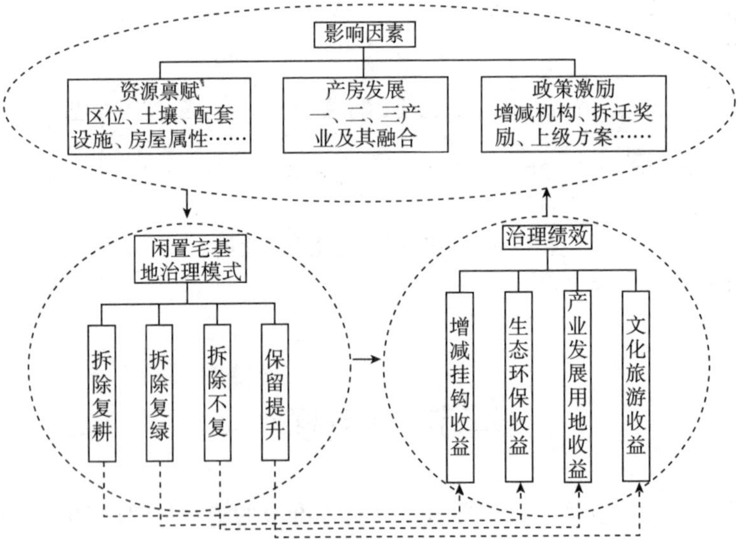

图 17－3　整体搬迁村闲置宅基地治理框架

① 张一鸣. 打通要素流动通道 破题乡村振兴[N]. 中国经济时报,2021－01－14.

一、治理方式

根据中央政府《关于进一步加大易地扶贫搬迁后续扶持工作力度的指导意见》，闲置土地治理应遵循“宜耕则耕、宜林则林、宜草则草”原则，各地区在具体落实过程中根据本地实际情况，还分别提出“宜建则建、宜林则林”“宜旅游则旅游”等具体原则。结合上述各文件精神与云州区实践，可归纳出整体搬迁村闲置宅基地治理方式：

（1）拆除复耕。将易地搬迁前房屋及附属设施全部拆除、平整之后复垦为耕地，复耕需达到“净、平、厚、细、齐”等要求，保证地表无砖瓦、木料等废弃物，翻耕深度和耕作层厚度要达到相应管理标准、满足耕种条件，土质要疏松细密，护坡、沟渠、道路等配套设施要齐全。所有工作完成后，还需经上级部门验收，方可纳入增减挂钩用地。

（2）拆除复绿。土壤层较薄，无法满足复耕条件的整体拆除村庄，可按照相关要求种植生态林或草地。如在山西省，整体搬迁村复垦为林地的，可优先纳入永久性公益林建设规划，所有权、承包权保持不变，权利人获得转移性收入。

（3）拆除不复。不具备复垦条件或者复垦成本过高的整体搬迁村，其易地搬迁户房屋按照相关要求也需要拆除，但无需立即进行土地整理，而是保留建设用地指标，后期根据产业发展要求或者规划进行开发利用。

（4）保留提升。古宅凝聚着一个地区独特的记忆，能够形象展示当地人与自然的关系和文化脉络。在闲置宅基地治理过程中，对于有独特历史、艺术、文化、科学价值的古宅旧居必须予以保留，有条件的可进一步修缮维护。此外，结构完整、质量较好、区位优越的房屋也可保留以发挥更大价值。在确定某房屋能否保留前，必须对其价值进行科学评估，以免发生“应拆未拆”“应留未留”等情况。

二、影响因素

整体搬迁村闲置宅基地治理具有复杂性、系统性，其模式选择受多方面因素影响，在其中发挥主要作用的包括资源禀赋、产业发展、政策激励等因素。

（1）资源禀赋因素。资源禀赋因素既包括原村区位、交通、土壤、地形地貌、气候、水文等自然属性，也包括配套设施完备性，房屋结构与面积，原村历史、文化、村容村貌等社会因素。一般而言，交通便利、文化历史价值高的村庄原房屋及宅基地会得到保留，如东沙窝、西沙窝。

云州区城乡发展相对均衡，2017 年城乡居民人均可支配收入分别为 19428 元、8836 元，城乡收入比为 2. 20，远低于大同全市的 3. 16，也明显低于南郊区以外的其他区县（图 17 –4）。2018 年撤县立区之后，云州区迎来了更大的城乡融合发展机遇，大同至云州新公路修通，车程由原来的近一小时缩短为十几分钟；北京至大同高铁于 2019 年底通车，两地来往时间由六七个小时缩短为两小时以内，交通便利性的提高将促使云州区更好地融入大同市及周边区域发展进程中。

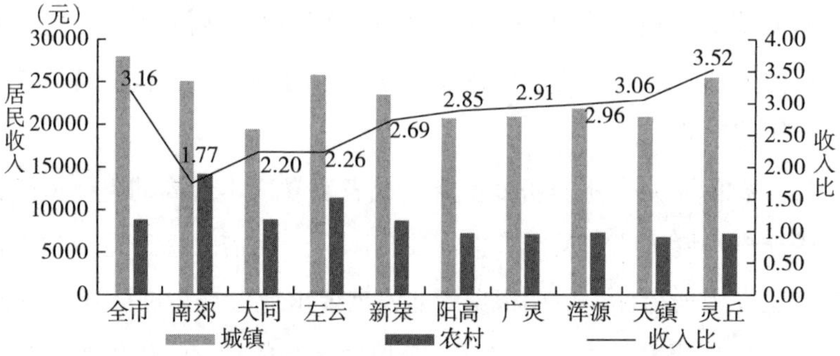

图 17 –4　2017 年大同市城乡居民收入对比

资料来源：2018 年大同年鉴。

西坪镇是云州区未来城乡融合发展的重点，发展过程中存在大量建设用地需求。西坪镇的 4 个搬迁村中，大坊城位于大同云冈机场与区政府中间位置，西咀、东咀、上高庄 3 村靠近大同火山群，是大同市去火山群的途经之地，地理位置便利。4 村拆旧复耕总面积 27. 6 公顷，复绿 13. 38 公顷，虽可以取得一定的增减挂钩收入，但无法满足未来可能产生的用地需求，建议 4 村拆除后保留，将部分村庄如大坊城，纳入农村储备用地，为未来发展预留足够空间。聚乐乡的6村中，东阁老山搬迁规模最大，占地20.52公顷，可以考虑拆旧复耕，这样既可弥补西坪镇不复耕产生的指标空缺，又可避免复耕地块分散化，有利于规模化经营。

（2）产业发展因素。城乡融合发展背景下，过去主要以第一产业为主的地区势必会涉足农产品流通、初加工及深加工等领域，从而延长产业链、提高收益率、促进一二三产业融合。产业结构调整会产生新的用地需求，闲置宅基地治理则是满足这一需求的重要途径之一。因此，政府在确定治理方式时会充分考虑本地未来产业发展情况，保证未来产业发展具有足够空间。

云州区生态环境优越，具有城乡一、二、三产业和生态融合发展的良好基础。为充分发挥农业与生态优势，云州区制定了“打响‘三张牌’，建设‘一城四地’”的发展战略，[①] 正在发展以黄花、火山群和桑干河生态为抓手，利用其独特的区位、地貌、风景和生态优势，打造集“生态观光、特色采摘、康养休闲”为一体的特色旅游目的地。首先，黄花加工、销售等环节依然较为薄弱，深度加工、品牌塑造将是未来产业发展的重点，也必然产生对建设用地的需求。其次，黄花具有较强的观赏性，云州目前也在采取各种措施发展黄花观光与采摘，建设了“忘忧大道”吸引游客观赏，进而产生了用地需求。再次，大同火山群开发利用正当其时，闲置宅基地的治理与使用也必须考虑到火山群后续开发的文化旅游用地需求。最后，目前云州区已计划围绕桑干河国家湿地公园建设打造旅游综合体，为游客提供旅游度假、休闲康养、田园体验的环境，围绕桑干河旅游开发开展的项目也必须预留相应建设土地。

在确定整体易地搬迁村时，地方政府已一定程度上考虑了各村资源禀赋与后续产业发展的衔接，围绕火山旅游区、桑干河旅游区，优先考虑规模小、人数少、地理位置比较偏僻的村庄，经过反复调研，征求村集体意

① “三张牌”指黄花、火山、生态，“一城四地”则是指火山田园城、新型产业承载地、旅游休闲体验地、健康养老养生地、特色农产品供给地。

见，双方同意后开始整村搬迁。例如，黄家洼在册人口70多户，但长期在村居住的只有3~4户，规模较小，最终确定贫困搬迁11户25人，同步搬迁13户29人，东沙窝虽同意整村搬迁，但不愿搬离旧村太远，故在距旧村东北侧2千米左右处选择新址搬迁。

（3）政策激励因素。精准扶贫战略实施以来，国家对贫困地区土地利用给予了一定程度的政策倾斜，如自然资源部允许贫困地区增减挂钩结余指标在省域范围内流转，《关于进一步加大易地扶贫搬迁后续扶持工作力度的指导意见》也允许"三区三州"及其他深度贫困县增减挂钩结余指标由国家统筹跨省域调剂使用，这些特殊政策促进了资金和土地在城乡间的流转，对各地整体搬迁村闲置宅基地治理方式选择有重要影响。

同时，在拆旧过程中，政府应对签订旧房拆除协议并按期完成拆除的搬迁户给予奖励；对签订复垦协议并自行完成旧宅基地复垦的，也给予相应奖励。明确复垦土地分类确权到户，与其他土地享受同等权益；复垦为耕地的，纳入城乡建设用地增减挂钩周转指标省域交易平台；复垦为林地的，优先纳入永久性公益林建设规划；适宜旅游开发的宅基地、住房等可保留并进行改造提升。如在云州区，区政府将旧房拆除复垦奖补资金以整村为单位下达到乡镇，乡镇政府、搬迁村"两委"根据实际情况按户、按人、按房、按院制定具体奖补办法，进行差异化补偿。

尽管如此，拆旧工作仍面临很多困难，主要表现为部分房屋仍旧承担着农具及粮食存储、牲畜圈养等生产经营用途，部分村民对拆除房屋存在观望态度、不舍心理，对新居适应性不足等问题。截至2019年8月底，很多村未搬迁户仍然较多，如东咀村未搬迁户占总户数的65%，为拆旧复耕工作带来巨大压力。政府需与居民协商，对房屋价值进行评估，按照评估价值给予未搬迁户相应补偿。

三、治理绩效

整体搬迁村闲置宅基地治理收益可主要分为增减挂钩收益、生态环保收益、产业发展用地收益、文化旅游收益四类。

增减挂钩收益是指复耕指标在增减挂钩平台上进行交易取得的经济收入，此项收益可以有效缓解集体经济发展面临的资金困境，有效促进集体经济发展和农民增收。如云州区拆除复耕面积 35.51 公顷，根据省内和省外不同交易价格，可产生 5000 万至 1 亿元的增减挂钩收益。

生态环保收益指复绿带来的景观改善、生态提升等收益，2013 年中央一号文件首次提出建设"美丽乡村"的奋斗目标，乡村生态文明建设已成为乡村振兴的重要工程之一，生态环保收益虽不如其他收益明显和直接，却是地区长久发展、人民生活持续改善的重要保证。

产业发展用地收益是指旧房屋拆除但不复垦后保留的宅基地，可以满足未来城乡融合发展、产业发展中产生的建设用地需求的收益。

文化旅游收益是指对具有历史文化价值的古村落、古居进行修缮、保护所带来的文化价值发掘与提升，该项工作可与旅游业发展相结合，依靠文化特色提升旅游吸引力和竞争力，从而为当地城乡融合和产业融合创造条件。

值得注意的是，整体搬迁村闲置宅基地治理方式选择、影响因素、治理绩效之间并不是单向关系，治理绩效反过来会对产业发展、资源禀赋甚至政策激励等因素产生影响，任何一个环节处理失当都会对当地经济社会发展产生不良影响。因此，立足长远、科学规划，对闲置宅基地进行有效治理，将有利于形成良性反馈，提升资源禀赋，促进城乡融合发展。

第四节　小结

整体搬迁村闲置宅基地是城乡融合和产业融合发展的重要资源，其有效利用能激发贫困地区活力，产生重要的经济、社会和生态效益。目前中国整体搬迁村闲置宅基地治理可概括为拆除复耕、拆除复绿、拆除不复、保留提升四种主要模式。整体搬迁村闲置宅基地治理涉及政府、搬迁户、未搬迁户等多方主体利益，治理链条长，包括前期沟通协调、中期方案制定、后期确权颁证与管理等环节，其治理方式受到当地产业发展规划、自身资源禀赋、增减挂钩等政策多方面影响，治理绩效又会反过来影响当地发展，必须慎重对待。暂时无法确定用途的，可纳入农村储备用地，为未来城乡融合发展预留资源。

虽然各地已经进行了有益的探索，取得了一定的成绩，但治理过程以行政推动为主，仍存在远期规划不足、市场力量调动不充分、政策体系需进一步完善等问题。为消解治理过程中可能产生的利益冲突，充分发挥闲置宅基地治理在贫困治理、城乡融合发展中的作用，需进一步创新政策机制，明晰利益分配体系，在政府主导下充分发挥多元主体的力量，为当地经济、社会、生态长远健康发展奠定基础。

参考文献

[1]龙开胜,刘澄宇,陈利根．农民接受闲置宅基地治理方式的意愿及影响因素[J]．中国人口·资源与环境,2012,22(9):83－89.

[2]欧阳安蛟,蔡锋铭,陈立定．农村宅基地退出机制建立探讨[J]．中国土地科学,2009,23(10):26－30.

[3]庄开明,黄敏．完善农村宅基地退出与补偿机制的思考[J]．农村经济,2017(7):11－19.

[4]佟艳,牛海鹏,樊良新,等．农户闲置宅基地退出意愿及影响因素研究——以河南省为例[J]．干旱区资源与环境,2017,31(10):26－30.

[5]杨玉珍．农户闲置土地退出的影响因素及政策衔接——行为经济学视角[J]．经济地理,2015,35(7):140－147.

[6]孙鹏飞,赵凯,贺婧．农村人口老龄化、社会信任与农户宅基地退出——基于安徽省金寨县614户农户样本[J]．华中农业大学学报(社会科学版),2019(5):137－145＋173.

[7]朱新华,蔡俊．感知价值、可行能力对农户宅基地退出意愿的影响及其代际差异[J]．中国土地科学,2016,30(9):64－72.

[8]李欢,张安录．农村宅基地退出前后农户福利测度及其动态变化——以浙江省德清县201户农户为例[J]．农业技术经济,2019(7):

79 - 90.

[9]XUESONG KONG, YAOLIN LIU, PING JIANG, et al. An ovel framework for rural home stead land transfer under collective ownership in China[J]. Land Use Policy,2018(78):138 - 146.

[10]陈利根,成程. 基于农民福利的宅基地流转模式比较与路径选择[J]. 中国土地科学,2012,26(10):67 - 74.

[11]张梦琳. 农村宅基地流转模式比较分析[J]. 现代经济探讨,2014(4):43 - 46.

[12]李荣耀,叶兴庆. 退出与流转:农民宅基地处置选择及影响因素[J]. 农村经济,2019(4):10 - 20.

[13]张梦琳. 农村宅基地流转模式演进机理研究[J]. 农村经济,2017(5):11 - 18.

[14]曾芳芳,朱朝枝. 休闲农业视野下闲置宅基地开发合理意蕴探析[J]. 东南学术,2013(3):114 - 123.

[15]陈铭,亢德芝,伍超,等. 村庄闲置空间规划中的"庭院经济"策略[J]. 规划师,2014,30(6):106 - 110.

[16]祁全明. 乡村振兴战略与农村闲置土地的开发利用——以休闲农业与互联网农业为例[J]. 理论月刊,2018(7):123 - 129.

[17]苏敬勤,李召敏. 案例研究方法的运用模式及其关键指标[J]. 管理学报,2011,8(3):340 - 347.

[18]孙久文,张静,李承璋,等. 我国集中连片特困地区的战略判断与发展建议[J]. 管理世界,2019(10):150 - 159 + 185.

[19] 陈坤秋,龙花楼. 中国土地市场对城乡融合发展的影响[J]. 自然资源学报,2019,34(2):221 - 235.

[20]丁建军,冷志明. 区域贫困的地理学分析[J]. 地理学报,2018,73(2):232 - 247.

重要术语索引表

后　记

二十载，一挥间。2004 年毕业留校伊始即进入土地资源管理学科，接手《土地经济学》这门研究生课程，边学边教、边教边研，懵懵懂懂地进入土地经济与政策研究领域；此间，因学科建设和教学需要，还为本科生和研究生讲授过《土地政策学》《房地产项目开发与管理》等课。回过头来看，竟然经历了中国城市房地产市场从成长到高涨再到调整、回落的一个完整周期；受理论经济学教育背景和所在公共管理学科叠加影响，我的研究重心也逐渐从房地产市场、房地产政策、住房政策转向了土地政策领域，并聚焦城市闲置土地政策研究，先后完成了北京市和教育部哲学社会科学基金项目等多项研究工作。集 20 年研究成果的《全面深化改革中的土地政策创新研究》于 2017 年出版，2021 年再次修订出版；相应地，如前言中所述，由我主编的《土地政策学》第 3 版，也于 2023 年出版。

从脱贫攻坚到乡村振兴。在我着手申报这个课题时，党的十九大提出乡村振兴战略尚未引起学界广泛关注，精准扶贫、精准脱贫正进入啃硬骨头、攻坚拔寨的冲刺期。我当时也正加入国务院扶贫工作领导小组办公室（以下简称国务院扶贫办）第三方评估工作。正是在大量的实地调研过程中，我注意到了农村土地闲置问题，尤其是学校闲置问题。作为从国家级贫困地区——太行山区出来的“山里娃”和曾经的民办（后转公办）教师家的孩子，我先后在三个村庄上过小学和初中。儿时的辗转求学路，让我总是对小学和初中非常怀念。每到一个贫困村评估调研时，我都会问问村里学校情况，不论尚在办学抑或早已废弃，也不管是开学还是放假，都会尽量抽空去一下村里的学校看看：遇到“铁将军”把门，就会隔着门缝往里探望，好像能找回儿时场景；若遇到正在上课，只要时间允许，都会等到课间进去跟老师们攀谈几句。像我这样能走出来的“山里娃”，离不开他（她）们这个群体的奉献和坚守……也正是看到大量的校舍闲置，让我开始思考这些农村闲置土地该如何服务于乡村振兴战略。特别感谢国家哲学社会科学规划办，将我的自选题目“乡村振兴战略背景下城乡融合发展中的闲置土地政策研究”列为2019年重点项目资助对象，也让我的研究能与“乡村振兴”这一国家战略关联起来。

读万卷书不如行万里路。从素有“一脚踏三国”之称的云南边陲小城——江城县，到与俄罗斯对望的也是中国最长最美公路（同江—三亚公路）起点的黑龙江省同江市，都留下了第三方评估师生的足迹，成为我们的宝贵精神财富。其中，山西省大同市云州区及其所属的聚乐乡西关村，成为本研究的重要案例对象和研究基地。特别感谢时任云州区委区政府的相关同志，主要有时任区委书记王凤瑞、区长周聚德、区人大常委会副主任刘德选、副区长郝明利、区委办主任李喜和副主任葛海峰、文旅中心主任孙进军、扶贫办主任张军等（还有许多，恕不一一列出），以及时任聚乐乡党委书记刘海平、西关村党支部书记李建等同志。五年来，我带领研究团队到云州区调研近20次，得到了区委区政府和乡、村三级党政干部的大力支持。也正是基于此，2019年5月22日，我和周聚德区长，分别代表北京师范大学和大同市云州区人民政府，在北京师范大学共同签署了《关于脱贫攻坚、乡村振兴和生态环境保护等领域的战略合作框架协议》。在此，谨以大同市云州区为例，向过去几年来因工作结识到的各级党政领导干部和各行各业朋友致以崇高的敬意，衷心感谢大家对课题研究提供的热情支持！

“学然后知不足，教然后知困”。课题研究过程，也是一个教学、论文指导和集体研究的教学相长过程。特别感谢北京师范大学地理学部刘学敏教授，有幸自2008年汶川灾后重建调研工作起至今，一直作为刘老师组织起来的跨学科团队核心成员，受益良多。“纸上得来终觉浅，绝知此事要躬行”，过去的八年，有幸与刘老师以及李强、程连升、哈斯、杜树山、